はじめに

信長が注目した「日本一の境地」

「大坂」という地名は、現在の天満橋《てんまばし》近くにあった上町台地《うえまちだいち》への登り口「オザカ」（キリスト教宣教師による）に起因すると言われている。当初「小坂」とも書かれたようだが、蓮如の大坂御坊、大坂（石山）本願寺を経て、秀吉の天下統一と歩みを共にするに及んで、「大坂」という表記に定着した。瀬戸内海最奥部に位置し、古代における畿内政権（古墳〜奈良時代）にとっては、西日本各地へは無論のこと、中国・朝鮮半島への海の玄関口であった。

もともと大阪湾の奥に、南から北へ摂河泉（摂津・河内・和泉の三国）を貫いて伸びた上町台地は、稜線の標高こそ二〇〜二四メートルと低いが、その北東部に淀川・大和川が流入する河内湖（弥生時代以前は河内潟）があり、大型船の碇泊に適した長柄船瀬《ながらふなせ》（現、大阪市旭・都島《みやこじま》・城東区）と呼ばれる良好な船泊りを形成していた。つまり、上町台地北端は、原始・古代においては、かけがえのない日本の政治・経済・文化の中心地であった。

しかし、王京が大和国（奈良県）から山城国（京都府）に遷《うつ》る奈良時代末（八世紀後半）から室町時代後期（一五世紀末）まで、大阪の史上に占める地位は、奈良・京都に比べて相対的に下落し、瀬戸内海航路からの移動や、四天王寺・住吉大社・大坂天満宮・高野山・熊野などの寺社参詣客を迎え入れる、渡辺のみが港津として繁栄した。

渡辺は上町台地北西隅（現・天神橋周辺）に位置することから、源義経の四国渡海の出撃地となり、また平家に焼き打ちされた東大寺再興のため、鎌倉時代初期、俊乗房重源《ちょうげん》が浄土堂を建設し、そこが淀川・木津川を遡《さかのぼ》る物資中継地となった。

再度、大阪の戦略的重要性に注目したのは、浄土真宗の蓮如が築いた大坂御坊（後の大坂本願寺）で、続いて織田信長だった。

「抑《そもそ》も大坂は、凡そ日本一の境地（政権最適地）なり。其の子細は、奈良、堺、京都に程近く、殊更《ことさら》、淀・鳥羽より大坂城戸口《きどぐち》まで、舟の通ひ（道は）直《すなを》にして、四方に節所（難所）を拘《かか》へ、北は賀茂川、白川、桂川、淀、宇治川の大河の流れ、幾重ともなく（中略）西は滄海漫々として、日本の地は申すに及ばず、唐土・高麗・南蛮の舟、海上に出入り、五畿七道こゝに集まり、売買利潤、富貴の湊《みなと》なり」（『信長公記』巻一三）と信長から讃《たた》えられたように、この地は物資中継地としての重要性に加えて広大な後背地を持ち、外国との交易にも適しているという経済的利便性、いざ戦闘となれば守るに易く攻めるに難いという防御的優位性を兼ね備えていた。

四度にわたり変貌を遂げた豊臣大坂城

信長の国内統一事業を継承した豊臣秀吉は、大坂本願寺の堅牢な城郭を継承発展させて大坂城本丸を建設して（第一期工事）、豊臣家の根城《ねじろ》（根拠地）とし、さらに、その外廻りに大河のごとき二の丸堀を建設（第二期工事）、朝鮮の役の講和協議時に、大坂城の外周を囲い込む惣構《そうがま》え堀を掘削（第三期工事）、慶長の大地震を経て晩年（一五九八年）に至り、大坂城を盤石なものとするため、第四期工事を発令する。この第四期工事については諸説があるが、近年の発掘調査によって、今まで知られていなかった新しい事実が次々と明らかになった。その一つとして、豊臣大坂城第四期工事が「三の丸造成」というよりも、町中屋敷替えと惣構え内の大掛かりな嵩上《かさあ》げに重点が置かれていたことがわかった。現在刊行されている書籍・ムックなども含め、すでに発掘成果によって覆された「大三の丸」説を取るものが多いので、それについては第三章でやや詳しくみることになろう。

大坂夏の陣（一六一五年）後、泰平の江戸時代にあって、武士階層に兵学を指南した軍学者は、大坂の陣における大坂城外郭（惣構え）の攻城戦研究を一つの主題とした。近世唯一で最大の攻城戦であったからである。

現在、近世城郭の天守や本丸御殿の建造物に興味がいきがちであるが、近世城郭の価値の軽重は、外郭にあるといっても過言ではない。豊臣大坂城においても外郭の築造のあり方、大坂の陣の攻城戦を通してのその意義に、重点をおいて執筆した。

秀吉は天正一八（一五九〇）年の関東・後北条氏を平らげることにより、天下統一事業を完遂し、全土に豊臣平和令を敷き、イエズス会宣教師フロイスをして、「日本国の諸々の古い歴史に照らし合わせてみる限り、この専制主（太閤）の下で一同が経験しているほど、全体的な平和が栄えたこともなければ、かくも平穏が存在したことも決してなかった」(『十六・七世紀イエズス会日本報告集』)と言わしめる、平和と秩序を実現させた。正に「パクス・オーザカーナ(Pax Ozacana:大坂を中心とする平和)」時代の到来であった。

この繁栄は、一般に言われているように、関ヶ原合戦において西軍が敗北し、豊臣家の地位が低下すると同時に、大坂は天下の中心としての輝きを失ったのではなく、本書の主題の一つである「二重公儀体制」の下、西日本の中心として、いよいよ煌《きら》めきを放っていたのである。

聚楽第《じゅらくてい》・伏見城を中心に活動した秀吉時代、大坂城は豊臣家の根城ではあるが、政権(公儀)の拠点は聚楽第そして伏見城で、大坂城ではなかった。秀頼時代になってはじめて、西日本の政権の拠点となったといえる。

一方で、関ヶ原の戦い前後からの徳川家康による政権の簒奪《さんだつ》によって、その西日本の中枢の地位も危うくなっていった。本書は秀吉築造の豊臣大坂城の生誕から大坂の陣で滅亡するまでを辿《たど》るものであるが、「パクス・オーザカーナ」の下地にある豊臣秀頼時代の二重公儀体制にも着目し、その権力構造の不安定さと危うさから、現在では「歴史の必定」と目されている豊臣家滅亡の舞台、豊臣大坂城の光と陰をあぶり出していく。

＊

一九八〇年代に始まる本格的な大坂城発掘調査(一辺二キロ四方の惣構え内)の成果は、豊臣大坂城の全貌を知るための新資料ともいえる。土ぼこりにまみれながらの発掘作業であったが、その出土品からわかったのは、文献には現れない新事実であった。特に、後北条氏の小田原城から学んだ巨大な外郭である物構え内に広く厚く分布する鍵層（時代判定の鍵になる地層）の新発見をもとに、大坂城下の発展を見るとともに、「関ヶ原合戦＝徳川政権の誕生」と桃山期から江戸期への流れが単線的に捉えられてきた通説に異議を唱える。

なお「豊臣大坂城」は、従来「豊臣氏大坂城」「豊臣期大坂城」などと称し、徳川再築大坂城と区別することが多い。しかし、歴史上の「氏姓」制では、「豊臣氏」は「源」「平」「藤（藤原）」「橘」などと同様「氏」として存在するが、徳川は苗字で、「徳川」の「氏」は「源氏」になり、「徳川氏」という歴史的名辞は存在しない（豊臣側の苗字は「羽柴」）。

したがって、不統一を生ぜしめないため、本書ではこの城の記述を「豊臣大坂城」「徳川大坂城」で通すことにした。

本書の考古学的論述の第一～三・五章と第七～九章の一部は黒田慶一が担当し、文献史学的論述である第四・六～十章は笠谷和比古が担当した（節末に執筆者名を記載）。また、本書で取り上げる大坂城ならびにその周辺における発掘調査地点を、地図におとしてみた（8ページ、調査地・位置図）。現在の大阪市内のどこか、位置を知る上で参照していただきたい。

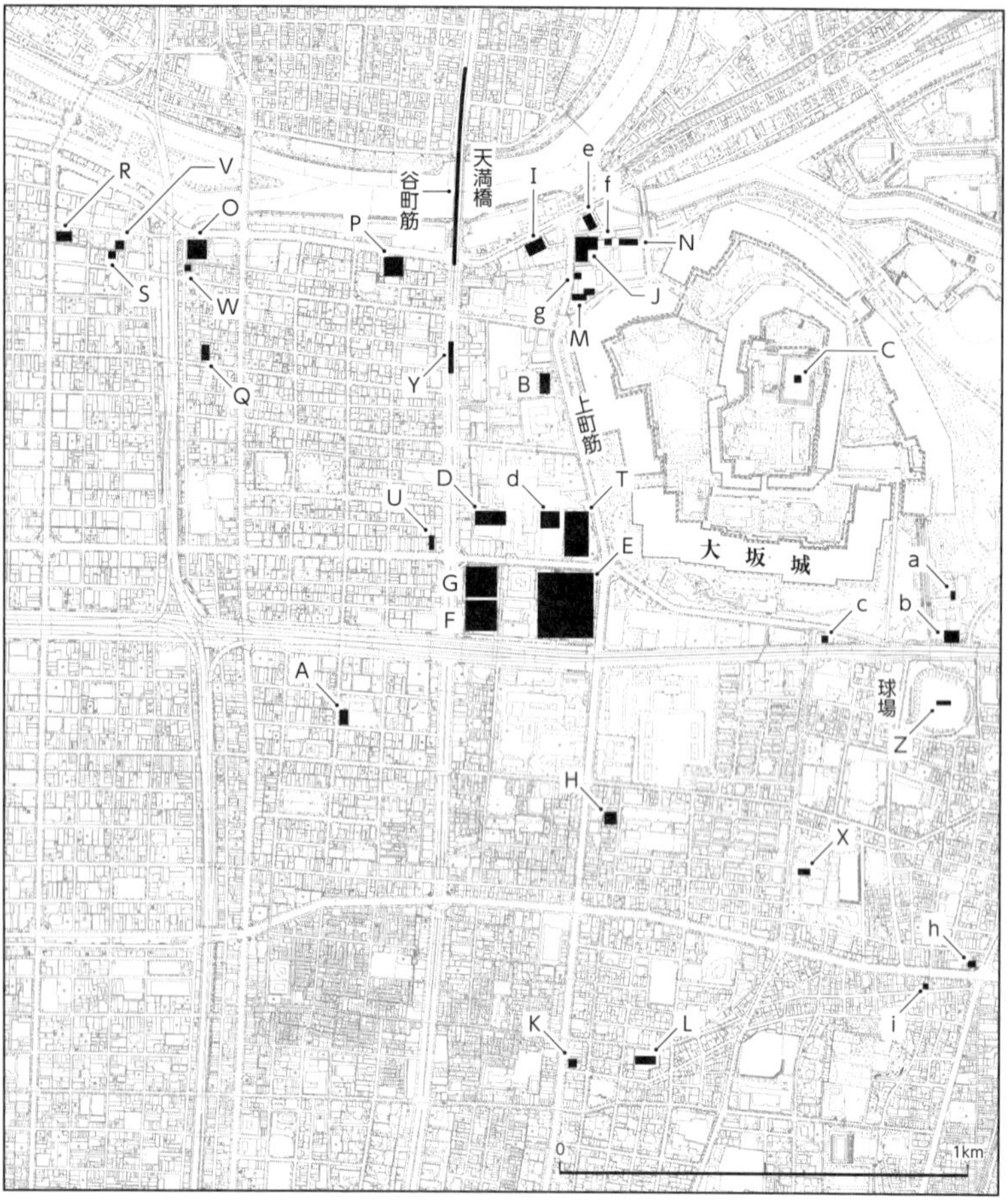

大坂城周辺調査地・位置図

豊臣大坂城　目次

豊臣大坂城

秀吉の築城・秀頼の平和・家康の攻略

第一章　秀吉の大坂築城

大坂（石山）本願寺を基礎にした第一期工事

天正一一（一五八三）年四月、賤《しず》ヶ岳《たけ》合戦で柴田勝家を破り、故主・織田信長の後継者としての地位を確立した豊臣（羽柴）秀吉は、同年九月一日を期して大坂に壮大な居城を構築することにした。大坂は、摂津・河内・和泉の三国を南から北へ貫く上町台地の北端に位置し、信長も「日本一の境地（政権最適地）」（『信長公記』）と見做《みな》していた。

それを遡ること九〇年近く前の明応五（一四九六）年九月、本願寺第八世宗主の蓮如が、当時「摂州東成郡生玉の庄内大坂」と呼ばれる地に、「一宇の坊舎」を建立した。この大坂御坊が後に大坂（石山）本願寺と呼ばれる大法城の濫觴《らんしょう》であった。

御坊創建の翌年、蓮如の命によって六人の番匠が、町の番屋・櫓《やぐら》・橋・塀・町口の木戸などを造り（『天文日記《てんぶんにっき》』）、はやくも城郭的景観が形成された。

本願寺は第一〇世証如《しょうにょ》の時、本山の山科本願寺を法華一揆のため焼かれ、天文二（一五三三）年七月に祖像を大坂御坊に移し、大坂御坊は名実ともに本願寺の本山となった。天文年間（一五三二〜五五）にすでに大坂本願寺には専門の城造りの技術者がいて、本願寺城は「摂州第一の名城」（『足利季世記《あしかがきせいき》』）と評される一大城郭となっていたのだ。

織田信長と一一年にわたる石山合戦が展開される元亀元（一五七〇）年には、加賀（石川県）から城造りの技術者を招いて、城郭施設はいよいよ強化され、『信長公記』によると、中心部の一段高いところに御坊を構え、その周囲に水を満たした堀をめぐらす城構えであったという。

信長は大坂本願寺に味方する難敵を次々に撃破し、ついに天正八（一五八〇）年三月に本願寺との和議が成立し、翌月、第一一世顕如は大坂を退出、紀伊鷺森《さぎのもり》（和歌山市）に移り、最期まで抵抗した顕如の長男教如も八月に退去して、石山合戦は終結した。その直後、本願寺は炎上し丸三日間燃え続け、全てが烏有に帰したという。

こうして大坂本願寺の地は信長の手に入ったわけであるが、二年後の天正一〇年六月に起こった本能寺の変で信長が死に、後継者争いの結果、秀吉がこの地を得ることになった。

さて、豊臣大坂城に話をもどすが、当時すでに十数年の滞在歴があり、日本の諸事情に通じていたポルトガル人宣教師ルイス・フロイスは、この秀吉の大坂築城について、天正一一年度の『イエズス会日本年報（ローマ・バチカンにあるイエズス会本部に送る年度ごとの布教報告書。以下、『日本年報』と略す）』で、次のように伝えている。

「秀吉は、最初は二、三万人をもって工事をはじめたが、竣工を急ぐあまり、今は月々工事に従事する者、五万人に近い」

当時、国内最大の繁栄を誇っていた国際貿易都市・堺の総人口が、多く見積もっても五万人程度と考えられるから、それと比較しても、秀吉の大坂築城の規模がいかに大きかったかがわかる。

新造の大坂城を見たフロイスは、天正一三（一五八五）年閏八月付けの書翰《しょかん》で、「秀吉は、きわめて宏壮な一城を築いた。その城郭は厳密に言えば五つの塔（一つの天守と四つの櫓）から成っていた。それらのうちもっとも主要な城（詰めの丸）に彼は住んでおり、その女たちも同所にいた。旧城の城壁や濠は、このようにすべて新たに構築された。そして宝物を貯え、武器や兵糧を収容する多数の大いなる地下室があったが、それらの古い部分は皆新たに改造され、警備のために周囲に設けられた砦は、その考案と美観においてやはり新建築に属し、とりわけ天守閣は遠くから望見できる建物で大いなる華麗さと宏壮さを誇示していた」と伝えている。

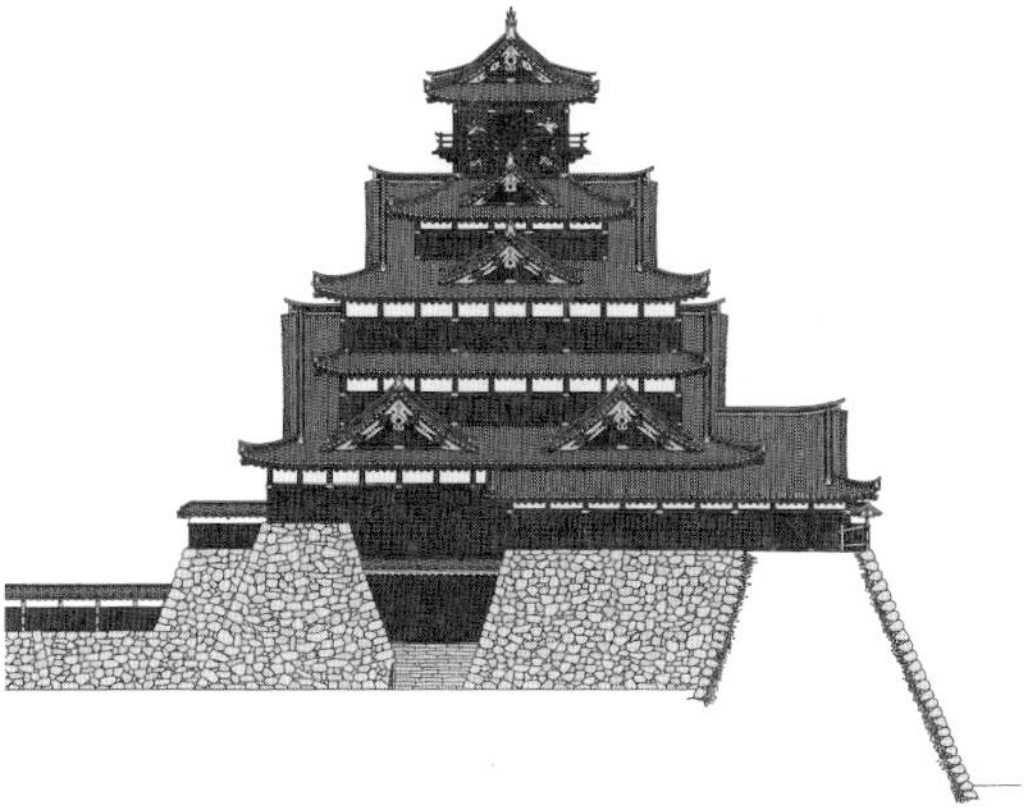

図1－1　天守復元立面図（復元：石井正明　作成：三浦正幸）

フロイスがこの記録を書いた時の大坂城は現在の本丸のみであり、本丸の縄張り（平面的な形を決める計画策定の過程。築城の最初に建設予定地の区画に縄を張って、石垣や建物を配置していく作業から、このように呼ばれる）は旧城、すなわち大坂（石山）本願寺城のものを踏襲したことがわかる（大坂本願寺は、現在の本丸を中心とし、周囲の寺内町を含めると、現・外堀〔二の丸堀〕を含めたほどの規模と想定される)。

すなわち本丸をいちから築造したのではなく、本願寺城の縄張りを基礎に、すでにあった土塁を総石垣で化粧し、そこに新規の建物が建てられたがゆえに、秀吉自身の移徙《いし》(引越し、天正一二年八月)も早めることが可能となったのだ。

また、フロイスは「秀吉は己の名をあらわすため、大坂に城と市(街)を建てることに決した。彼は市を拡張して、大坂より三レグア(一レグアは四〜五・五キロ)を距《へだ》てた堺の町まで続けんとし、工事を始めたのは本年であるが、家屋はすでに(大坂城から)約二レグアの天王寺付近まででできた」と述べ、その進捗《しんちょく》について「約四十日の間に七千の家が建った」と書き留めている。

併進した城下町づくり

町がみるみるうちに出来上がったのには理由がある。タネ明かしすると、天王寺の南東五キロの平野郷《ひらのごう》の住民を、ことごとく城と天王寺の間に移住させたのである。それで町の名も「平野町」といったのだが、フロイスは、『日欧文化比較』の中で、日本人が加工された建築部材を一ヶ所に集めて、たちどころに建物を立ち上げる技術を、驚嘆をもって伝えている。他地の建物を解体して運び、組み立てる、いわゆるプレハブ工法によったと思われるが、「石の文化」からやってきた西欧人の目には、瞬く間に新しい都市が出来上がっていく様は、まことに驚くべきものと映ったに違いない。

他の目撃者の証言にも耳を傾けてみよう。公家の吉田兼見《かねみ》は日記に、「天正十一年八月廿九日巳卯（中略）築地《ついじ》（土塀）以下の普請、目を驚かし了《おわんぬ》。宿所未《いま》だ仮屋之体《てい》也。諸侍の各屋敷の築地也。広大也。在家（庶民の家）天王寺へ作り続く也」と記している。大坂の侍屋敷の造営は、九月一日以前に開始され、大坂城南方の玉造《たまつくり》から天王寺方面に延々と伸びていた。玉造の開発は早く、細川忠興邸にあった「越中井《えっちゅうい》」が現・大阪城玉造口南西に伝わっている。秀吉は当時の有力大名に好適地を早い時期から与えた。自らの築城工事の完成を待たず、城下の町づくりを上町台地上で併わせ行っていたのだ。忠興は元織田信長の部下で、秀吉の同僚だった。本能寺の変から秀吉と誼《よしみ》を通じている。

後年、二の丸堀が完成した時点でも、大坂城二の丸の大手正面虎口《こぐち》（城の出入口）は南東側、すなわち今の玉造口であると思われる。当時、上町台地の西側には低湿地の難波《なんば》砂堆《さたい》が広がっており、ポツポツ町屋や寺院も建ち始めていたが、商業地「船場《せんば》」として整備されるのは、秀吉晩年の慶長三（一五九八）年まで待たねばならなかった。現在の「大手門」である二の丸生玉口《いくたまぐち》に正式の「大手正面虎口」が移るのは、船場完成以降である。その時、生玉口から西へ伸びる現・本町通りが、大手道となったようである。

それまでの築城術で定石《じょうせき》とされた城郭の立地とは異なる場所に、秀吉が大坂城を建設したのにはわけがある。戦国時代は時の進行とともに戦いの規模は巨大になり、戦闘の頻度も増えた。そうなると、僻地《へきち》の山城、たとえば南北朝時代の千早赤阪城などの典型的な中世城塞では、守るには都合が良くても、常に大人数の兵士を城内ないしは城下に待機させざるを得ず、長期戦には誠に都合が悪い。

山の尾根などに形成された曲輪《くるわ》へ兵粮《ひょうろう》や武器・弾薬など、おびただしい軍需物資の運搬が必要となり、山城では、これらを過不足なく補給するには、非常な困難を伴うようになった。したがって、戦国時代から安土桃山時代にかけて、城は次第に高い山から低い丘へ、ついには平地に構築されるようになる。兵站《へいたん》基地としての城下町を備えもたない砦など、もはや城として機能し得なくなっていたのである。このような理由から、秀吉の城下町づくりも交通の便の良い場所が選ばれたのだ。

秀吉は当初、京都の内裏や五山並びに主要寺院をも、大坂に移転させようとした（『一五八三年度日本年報』や天正一一年一二月一八日付フロイス書翰）。気宇壮大な構想である。後の天満本願寺のように、内裏や寺をまとめて大坂で一定の街区を形成させるつもりだったのであろう。遷都や五山移転は実現しなかったが、その城下は、それ以前にあった大坂本願寺の寺内町とは、隔絶した規模となるはずだった。

秀吉時代の本丸

現在、豊臣大坂城の本丸は、徳川大坂城によって完全に地下に埋められ、その姿を地上には全く止めていない。その事実が明らかになったのは、昭和三四（一九五九）年の大坂城総合学術調査の時であり、わずか五六年前のことである。豊臣大坂城本丸の発掘調査は、三の丸・惣構えなどの周辺の曲輪に比べて進んでいないが、それを補うかのように、信頼性の高い文献資料が残っ

図1-2 「中井家本丸図」トレース図

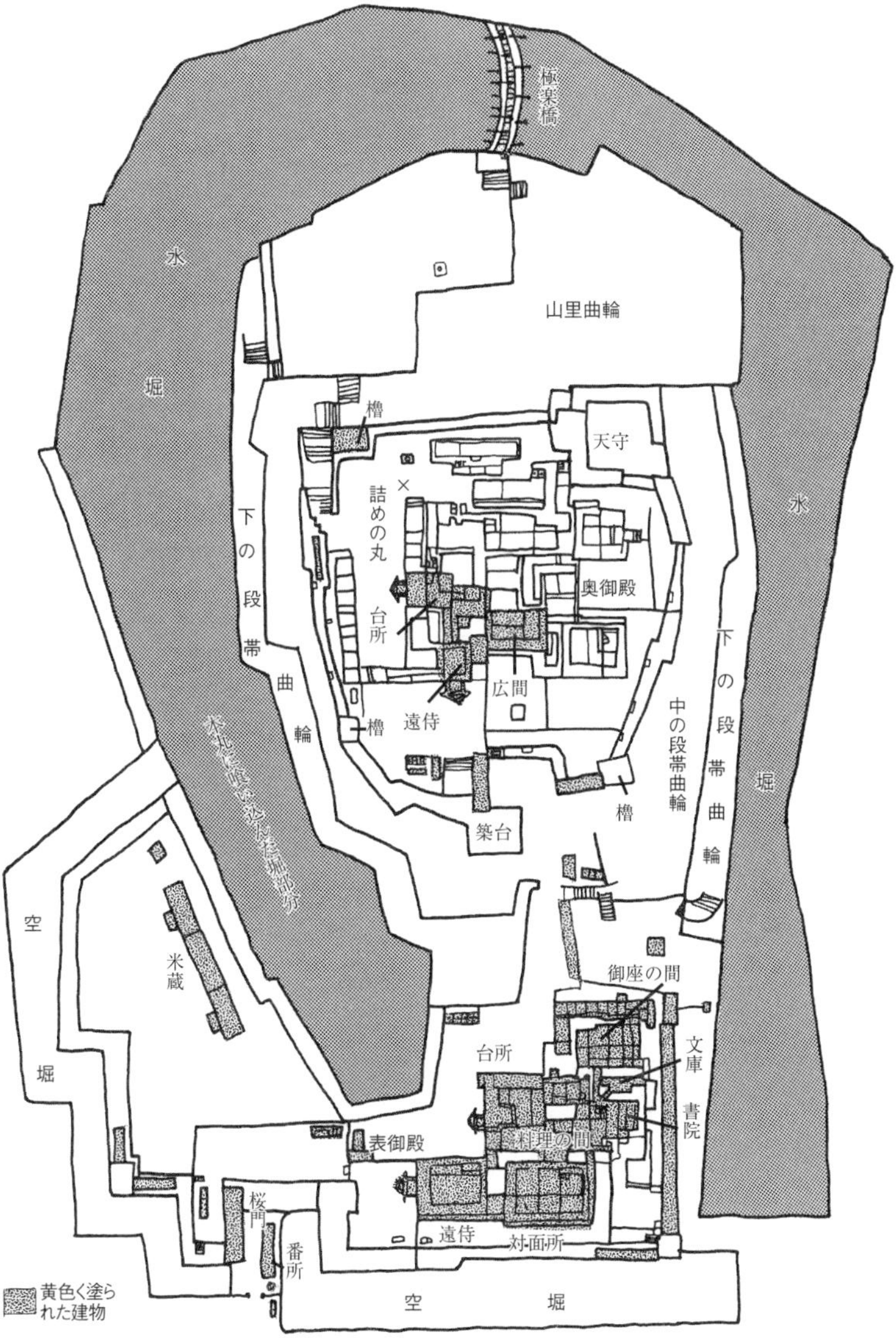

ている。徳川幕府京都大工頭であった中井家に伝わった「豊臣時代本丸図（以下、「中井家本丸図」と称す）」から、その建物配置は手に取るようにわかるのだ（図1-2）。

豊臣本丸の詳細な復元は、建築史家・宮上茂隆氏の功績によるところが大きいが、宮上氏にとっての最重要図面資料でもあった「中井家本丸図」は、縦四〇センチ×横三〇センチの薄い和紙に、原図から透き写したものである。

本丸と内堀の石垣の線、建物の平面が描かれ、井戸の位置も示されている。御殿はじめ建物平面は黄色の濃淡二色に塗り分けられ、塀は朱線、水堀は青く彩色されている。そして、石垣長さ間数、石垣高さ間数、建物の名称などの書き込みもある。さらに、黄色に塗られた建物（図1-2では網点部分）は、秀吉大坂城引越しの際、存在していた建物と考えられている。「中井家本丸図」とボーリングの調査成果から復元すると、豊臣本丸の規模は今日の本丸とほぼ同じで、南北約五三〇メートル、東西約二〇〇メートル、その縄張りは近世城郭の起源となった中世山城を思わせるほど複雑である。

全体の構成は北部に「山里曲輪」、中央部は「詰めの丸」「中の段帯曲輪《おびぐるわ》」「下の段帯曲輪」の同心円状の三段の雛壇式《ひなだんしき》になっており、さらに、南部は「中の段帯曲輪」が広く占地し、さらに、それを囲む「下の段帯曲輪」の二段式となっている。このように曲輪が入り組んでいるのは、元となった大坂本願寺城の縄張りを踏襲しているからと考えられる。

「詰めの丸」は現・本丸の北部に位置し、現地表面下一・七メートルに地表面がある。遺構面が浅く存在するのではあるが、現・天守閣（徳川天守台上に鉄筋コンクリート製で、昭和六（一九三一）年に再建〕や公共広場、配水池〔大阪市内最高所であることから、上水道タンクとして明治二八（一八九五）年に建設〕の土手などが集まっていることから、この場所を調査のために発掘することは難しい。

二〇一三年から始まった「太閤なにわの夢募金」によって、野外展示計画が進んでいる「詰めの丸石垣」は、配水池土手の南端にあり、北へは発掘を進められない。詰めの丸からさらに下に降りる「中の段帯曲輪」は、現地表面下七・二メートルときわめて深く、発掘には困難が伴う。

「中井家本丸図」では、そこに書き込まれた「石垣長さ間数」と石垣線の実長から推して、同図の一間は五厘五毛（一・六七ミリ）と算出され、当時の一間は六尺五寸（一九七センチ）なので、この図は約一一八〇分の一縮尺の実測図であることが判明した。

これほど正確な図面がなぜ残っていたのだろうか。宮上氏によると、中井家は家康の御大工だった正清《まさきよ》の父正吉《まさよし》が、法隆寺村の大工を率いて、秀吉の大坂本丸築造の大工頭を務めていたという。したがって本丸図は中井正吉のもとで作られ、中井家に伝来したと考えられる。

秀吉は信長の安土城を凌駕する城郭造営を企図したのだが、正吉は安土城の造営（天正四～七年、大工棟梁は岡部又右衛門だが、奈良大工が施工）にも加わった可能性があり、数年後の大坂本丸築造で、安土城築城の際に手にした高層天守や巨大御殿造りの技術的蓄積を生かして、秀吉の期待に大いに応えたと思われる。

本丸の縄張りをしたのは、築城当時秀吉の参謀だった黒田官兵衛孝高《よしたか》であったと考えられる。

詰めの丸は四隅に櫓を置き、その最大の櫓が天守というのは、官兵衛の息子の長政が総奉行で行

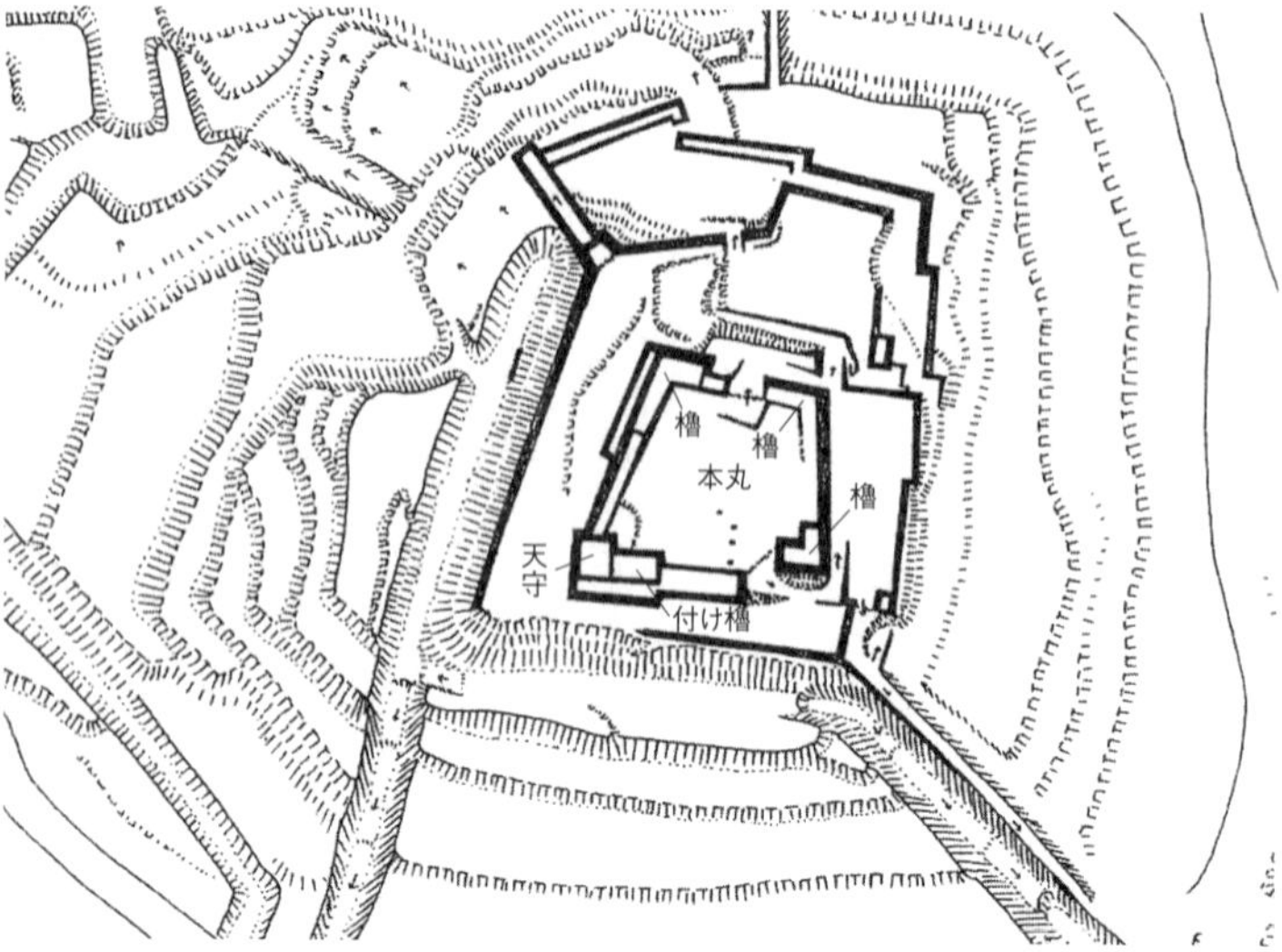

図1-3　黒田長政築城機張倭城（部分）（韓国釜山広域市、高田徹氏作図）

った肥前名護屋城（『黒田家譜』）や、文禄の役の際、長政が築城した機張倭城（韓国釜山広域市）の本丸とも共通する、黒田家が最も得意とする縄張りであった（図1-3）。

天守は、外見は五層の望楼型（入母屋《いりもや》造《づく》りの下層部の上に物見櫓が乗る構造。一方、層塔型天守は上層と下層の形が同じで、破風《はふ》は装飾として取り付けられる。層塔型天守の方が上層階の低減率が小さく容積率が高くなるので、徳川政権では層塔型天守が主流となった）で黒漆塗りの下見板張り、内部は六階に地下二階、鯱瓦や飾り瓦をはじめ瓦のいたるところに金箔がふんだんに用いられた豪華絢爛なものであった。最上階には欄干がめぐらされ、中には黄金の組立式茶室があったともいわれている。

「中の段」の表御殿と「詰めの丸」の天守

「中井家本丸図」を手引きに、秀吉築城当初の本丸内を歩いてみる。桜門《さくらもん》外には番所や腰掛などの付属屋が並んでおり、門内にも番所が立ち、通行人を取り締ったようだ。「中の段」の表御殿は秀吉入城の際、すでに完成していたようで黄色く塗られ（図1-2中央下）、「詰めの丸」の奥御殿がほとんど彩色されず、未完成だったのとは対照をなしている。

表御殿の豪華絢爛たる建物群を見ていこう。御殿とは玄関・遠侍《とおざむらい》・対面所・台所・書院・御座の間などを含めた総称である。桜門から二度右に折れ、表門をくぐると、想像を絶する規模の遠侍と対面所が東西方向に建ち並ぶ。遠侍は玄関に続く武士の詰所ないし来訪者の家来たちの控えの間で、対面所は後に千畳敷御殿に建て替えられるが、秀吉が諸大名と正式な対面の儀礼を行う場所である。

対面は近世封建制度上、大名たちの地位と格式を現出させる最も重要な儀式であるため、対面所は表御殿中で最大かつ最高級の殿舎であった。御殿は天皇家の清涼殿同様、一間＝七尺で割付けられたようである。安土城の本丸御殿が七尺で造られたのを踏襲したのであろう。後に建てられる二条城二の丸御殿は、桃山時代の武家風書院造りの代表例だが、二条城は車寄《くるまよせ》に続いて、遠侍、式台、大広間、蘇鉄《そてつ》の間、黒書院、白書院の六棟が南東から北西にかけて雁行に立ち並び、建物面積三三〇〇平方メートル、部屋数三三、畳八〇〇畳を数える。日本建築の流れからすると、「中井家本丸図」に描かれている「中の段」の表御殿は、中世書院造りと近世の二条城書院造りを繋《つな》ぐ、過渡期の形態を良く伝えている。

さらに北上し、巨大な櫓台を左に見て、渡り櫓門《やぐらもん》をくぐり、詰めの丸の階段を上がると、秀吉の日常生活の場であった奥御殿の殿舎群が並ぶはずだったが、移徙の際には遠侍・広間と台所の一部しかできていなかったと思われる。

「詰めの丸」北東隅にはさきほどの五層の望楼式大天守がある。天正一二（一五八四）年四月二七日、大坂城を訪れた貝塚（大坂撤退後の本願寺の拠点）本願寺の使者を天守内に秀吉自身が案内して、所蔵する宝物を見せびらかしている（『宇野主水日記《うのもんど》』）から、天守はそれ以前に完成していたのであろう。実質一年足らずの突貫工事だった。

「夏の陣図屏風」

もうひとつ、豊臣本丸の様子を窺い知ることのできる重要な絵図がある。それは、大坂夏の陣後、黒田長政が描かせたという言い伝えが黒田家に残る「大坂夏の陣図屏風（以下、夏の陣図屏風と称す。大阪城天守閣蔵）」である（図1-4）。この絵は、西側から本丸を俯瞰しているので、左側が北、右側が南となり、冬の陣の講和で本丸以外は破却されているので、屏風絵から当初造営された本丸の範囲がよくわかる。

平面図である「中井家本丸図」をもとに、鳥瞰図の「夏の陣図屏風」と比較してみると、次のようなことがわかる。まず、本丸右端中央の大手正面の桜門は、白壁の大壁造り（柱・垂木を全て白壁土で塗り込める）の渡り櫓門として描かれ、桝形《ますがた》（虎口に設けられた四角い空間）の西側を塞ぐように建っている。ちなみに、桜門の右側に「秀頼本陣」の字を入れたが、これは大坂落城の日、秀頼が桜門外まで出御した故事を描いていることの説明である。

図1－4　大坂夏の陣図屏風（部分　大阪城天守閣蔵）。中央左上部の天守の右下に天守に匹敵する大櫓が見える

桜門の上方、一番奥の檜皮葺《ひわだ》きの大屋根は、千畳敷御殿（書院建築）で、朝鮮の役講和にやってきた明使を接見するために建てられた。さらに、桜門の左手に天守に匹敵する大櫓が描かれている。

屏風絵では四層に見えるが、城門の高さから推すと五層であろう。その姿は大壁造りで、最上層に縁と勾欄が無く、天守建築としては新しい部類に属する。この建物は、慶長四（一五九九）年に徳川家康が大坂城に入城し、本丸外の西側にある西の丸に、本丸を見下《みおろ》すように天守を建て、石田三成挙兵の一理由ともなったところの五層天守であろう。

慶長六年三月、家康が大坂城を退去後、淀君たちが取り壊して詰めの丸の大手正面虎口の横に移したものと思われる。「中井家本丸図」を用いての散策で、詰めの丸の渡り櫓門をくぐるときに左側にあった築台上である。

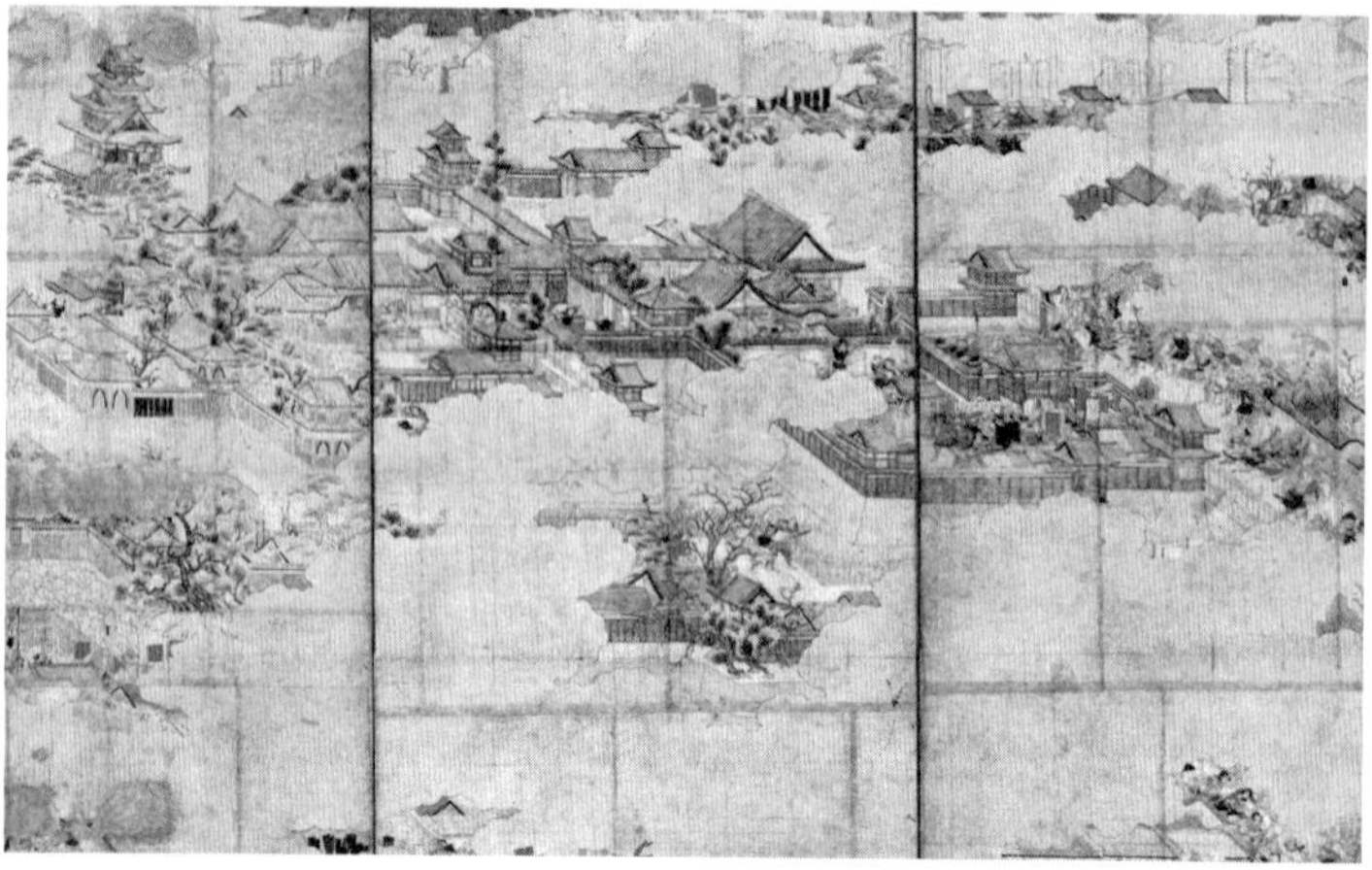

図1-5　大坂冬の陣図屏風（本丸部分）。北西から見た本丸図（「中井家本丸図」同様、中央部で本丸堀が東へ大きく喰い込んでいる。東京国立博物館蔵）

同図では八間一尺（一六・一メートル）×一〇間三尺（二〇・六メートル）の巨大な石垣の築台を描くが、ここには築城時、秀吉は建物を築かず、塀を巡らしただけの武者溜りとして利用していた。巨大な天守を移築するには絶好の櫓台になり得るし、詰めの丸に新旧の天守建築を配置する様子は、訪れる者を圧倒したに違いない。『大坂御陣覚書』に「大手の大矢倉より見渡せば」とあるのは、この櫓のことだろう。

天守の細部が異なる二つの絵図

「夏の陣図屏風」の天守は、各層壁面は黒漆塗の腰板で、最上層は南北棟、東西面に軒唐破風を設け、廻廊上下に鷺と虎を描いている。四層目は東西面に千鳥破風、三層目は南北方向の入母屋造り、二層目は東西面に千鳥破風、初層は屋根が南北方向の入母屋造りで、東西面に二つずつの千鳥破風をもつ。

初層北側の屋根が大きく張り出す様子は、後述するエッゲンベルク屏風絵の天守や「大坂冬の陣図屏風（東京国立博物館蔵）」（図1-5）の天守と共通しているが、最上層の装飾が「大坂冬の陣図屏風」では金箔押しの菊紋・桐紋・牡丹唐草文・三巴文がびっしりと描かれるのに比して、「夏の陣図屏風」のものは簡素である。両屏風絵ともに豊臣大坂城消滅後に描かれたものであるから、元となった祖本の差であろう。慶長大地震（一五九六年）では伏見のみならず、大坂・堺も大きな被害を出した。『一五九六年度日本年報補遺』は、城内の天守や千畳敷御殿などの倒壊を伝えているから、大坂城の天守も創建当時の華美なものから簡素な外見に建て替えられた可能性が高い。この二つの絵図の相違点は、地震のビフォー・アフターを示しているのかもしれない。

大量の屋根瓦をどう調達したか

一般的な城郭建築では、戦闘時の火矢による火災を避けるため、門・櫓などを室町時代後期から瓦葺きにした。御殿は基本的に檜皮葺きか、柿葺《こけらぶ》きか、板葺きだが、倉庫や火を扱う台所は瓦葺きにしたから、大坂城本丸では莫大な量の瓦を必要とした。

室町時代から兵庫県下の播州や淡路島の神社仏閣では、四天王寺や大和西の京、播州英賀《あが》（「阿賀」とも書く）の瓦工が出張生産（出職《でしょく》）し、瓦の需要に応えていた。彼らは多くの銘文を「〇〇住」と瓦に刻んだので、その足跡をたどりやすい。彼らは秀吉の姫路築城にも協力した。瓦工の出自を特定できる銘文瓦と軒瓦の文様から、大坂城の瓦工がどのようだったか、かなり詳しいことがわかってきた。

大坂築城当初の瓦は、姫路城と同笵（同じ型）で作ったものが多い。これは築城時の秀吉の根城（根拠地）が姫路城であることと、姫路築城が天正九（一五八一）年と、大坂築城のわずか二年前であり、手元にいた姫路城下あるいは播州の瓦工を動員しやすかったからだ。実際に大坂城のこれまでの調査では、姫路城と同笵の瓦が多く出土している。以下に出土例を二つあげる。

秀吉は大坂に播州姫路（英賀を含む）や三木から、瓦工を動員して造瓦を開始した。瓦工場は大阪城外堀の南西方、現・谷町四丁目交差点南西の中央区和泉町一丁目辺りにあったと考えられる。南大江小学校の敷地（調査地A）を調査したところ、一六〇平方メートルの狭い調査区でありながら、九基の達磨窯《だるまがま》を発見した。当地は上町台地の西側斜面に当り、瓦を燻《いぶ》すために必要な地下水が豊富な場所で、瓦生産地に適合した。

大坂城の近場《ちかば》では、四天王寺に瓦を供給した「四天王寺住」の瓦工がいたが、彼らは根来衆《ねごろしゅう》と関係が深く、築城開始直後に勃発した小牧長久手の戦い〔天正一二（一五八四）年〕で、根来衆が徳川家康陣営に加担したことから、四天王寺瓦工の動員はやや遅れるようで、当初の主体は秀吉の支配下にあった播州（兵庫県西南部）の瓦工であった。

秀吉晩年に築造される、三の丸の京橋口馬出し曲輪に近い大阪府立大手前高校の敷地（調査地B）で、秀吉時代の幅三間（六メートル）の南北道・東西道と、南北道に幅一〇メートルの間口をひらく短冊型の町屋（奥行二四〜二五メートル）が検出され、その町屋の溝の土留めに転用されていたのが、以下で見る「天正拾二年正月」銘をもつ平瓦である。その瓦には「播州三木郡大塚住人」の文字が見られる（図1-6）。

瓦のような割れやすい重量物は、遠距離運搬（焼きあがった製品を運ぶ）よりも、近くで作って納品するに越したことはない。法隆寺にも多くの瓦を供給した「大和国西京住人」橘氏は、後に「播州三木之住人」を名乗り、瓦を姫路市書写山円教寺や夢前町弥勒寺、加西市一乗寺などに納め、多くの文字瓦を残した。

二行目の文字は、これまで「うつミ」甚九郎・甚八と読まれてきた。読みの対案はないのだが、室町時代に「三木住人」を称した橘氏は姓が清川であり、「うつミ」とは隔たりがあるが、文字瓦を残す癖のある瓦工としては、やはり橘氏の子孫に思い至る。

図1-6　天正12年銘平瓦（大阪府教育委員会蔵）

播州三木郡大塚住人
［うつミヵ］
□□□甚九郎同甚八両作
□天正拾二年正月吉日

清川弥六・甚六兄弟の内、甚六は紀年銘瓦に書かれた年齢から逆算すると、一五三〇年生まれで、天正一二年には五四歳の壮年である。二〇歳で結婚したとなると、三〇歳前後の子供がいても不思議ではない。甚九郎・甚八は甚六と共通する「甚」字を使うことから、清川甚六の息子か、縁者であったと思われる。

図1−7　本丸出土瓦＊（＊は大阪文化財研究所提供）

豊臣大坂城で多出する播州の文様系譜の軒瓦からも、大坂での橘氏末裔の活躍は裏付け得る。「大塚」は三木城下町で、三木城跡のある高台から坂道を北東方向に下ったところにある。当時の城下町の一角に住み、おそらく大名であった別所氏の御用職人としての高い格式をもっていたであろうことからも、大坂での活躍が推測される。

再利用された四天王寺住人の瓦笵

二〇〇七年、大阪城天守閣の裏（北側）（調査地C）を調査したところ、徳川幕府が天守を再築した際、本丸を嵩上げするのに投入された夏の陣の焼土から、多くの瓦が見つかった（図1-7）。

調査地を「中井家本丸図」に当てはめると、詰めの丸奥御殿を北西に出たところである（×印）。築城（一五八三年）に近い時期のものもあるし、造替・修理時のものもある。ただいずれも下限は一六一五年の夏の陣である。軒丸・軒平瓦の①～⑤は古く、⑨～⑫はやや新しい。①は金箔押し瓦で、⑥～⑧は鯱瓦の破片。問題は④の瓦である。④は姫路城で同笵瓦が出土している。②・③も大坂・姫路両城で同笵瓦が知られていたが、④

図1-8　同笵瓦＊
左　斑鳩寺（太子町立歴史資料館蔵）、右　豊臣大坂城。▲が合致する笵傷

は大坂城では新発見である。実は④の瓦笵は、もと斑鳩《いかるが》寺《でら》（兵庫県揖保郡太子町）の講堂用に作られたもので、現在も同寺講堂の軒先を飾っている。斑鳩寺は天文一〇（一五四一）年四月、失火によって伽藍を全焼するが、一龍野城主・赤松政秀の協力を得た昌仙法師の尽力で、一五五一～六八年にかけて、太子堂・講堂・三重塔・築地の順で復興し、旧観を取り戻した。この講堂は寺伝に弘治二（一五五六）年造営と記されるが、伝来した講堂の鬼瓦（現・たつの市越部八幡神社蔵）の銘文から、翌年に瓦が作られたことがわかる。鬼瓦の左側面に「檀那赤松下野守政秀公本願昌仙大法師」、右側面に「弘治三年二月廿二日大工四天王寺源左衛門尉藤原家次」とある（図1-9）。

すなわち、④の軒丸瓦で使用された瓦笵は、実に大坂築城を遡《さかのぼ》ること二六年前に彫られ、それも大坂城のお膝元の四天王寺の瓦工の作だったのだ。弘治三（一五五七）年に斑鳩寺講堂再興のため彫られた笵は、二四年後の姫路築城、そして、その二年後の大坂築城の際、粘土を押し詰めて紋様を付けるための型として再使用されたということになる（図1-8）。

四天王寺瓦工は、秀吉の聚楽第・伏見城造りにも動員され、京都方広寺造営時である慶長八（一六〇三）年、方広寺を管理する妙法院の大書院にも鬼瓦を残している。「四天王寺住人　藤原朝臣宗左衛門家次」がその銘文である。

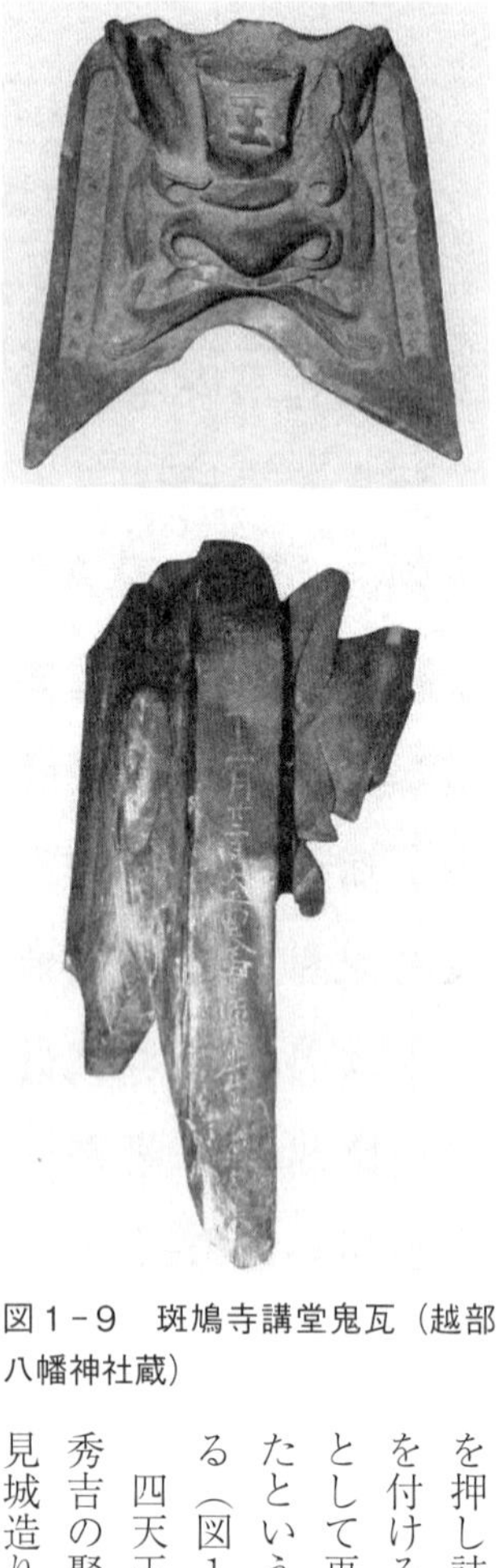

図1-9　斑鳩寺講堂鬼瓦（越部八幡神社蔵）

第二期工事をへて三国無双の城郭へ

秀吉は天正一三（一五八五）年、三月に雑賀《さいか》・根来を討って紀伊を平定し、五月からは長宗我部を討ち四国を平定し、七月に関白に任ぜられ、八月に佐々《さっさ》成政《なりまさ》を討つために北国へ出兵するなど多忙であったが、大坂において本願寺に、同年五月に大川（旧淀川）北の天満中島の地に、西は天満宮会所を限りとし、東は大川際までの東西七丁（七六三メートル）×南北五丁（五四五メートル）の地を与えた（『貝塚御座所日記』）。現在の造幣局から西側あたりに位置する。

これは天満の繁栄を計画したもので、同年、秀吉は大川に「非常に美しい木造の橋を構築させた」(フロイス『日本史』)という。これは天満橋と見られ、「京都と大坂を行き来する多くの人々、とりわけ高額な船賃の負担を余儀なくされた貧しい人々の困難を除去した」とフロイスは続ける。

さらに、第二期工事で豊臣大坂城は面目を一新する。この二の丸堀掘削開始の天正一四年は、京都の関白居城・聚楽第の建設開始の年であり、以後、秀吉は京都に滞在し、大坂城ともやや疎遠になるが、それでも天下人の二の丸造成は、当時としては最大といえる大工事だった。「大坂ニハ中国之大名ノボリテ普請アリ。人足七八万、又ハ十万人」(『宇野主水日記』)という大掛かりなものだったのである。

徳川大坂城は豊臣大坂城の本丸・二の丸の平面規模をそのまま利用しているので、現在の大阪城外堀内側から本丸堀間を、秀吉の二の丸曲輪と考えてもらっていい。

大坂城は上町台地上に存在し、北・東・西は水域や低湿地であるため、唯一の弱点となる南からの攻城に目を光らせれば盤石である。そのため、二の丸南堀はそれまでの城郭にはない、非常に巨大なものとなった。

天正一四年四月六日、島津との戦闘の助勢を請いに、はるばる九州・豊後(大分県)から大坂城を訪れた大友宗麟は、ちょうどその頃行われていた二の丸の堀普請を目の当たりにして驚愕した。まずそこで働く人夫の数である。

「豊後の祇園祭や放生会《ほうじょうえ》の人出を四つ、五つあわせても、これほどの人数にはなるまい」

そう書き残すほど、多くの人員が動員された。築造されている堀の規模は大掛かりなだけでなく、加えて作業の緻密さも、宗麟がこれまで目にしたこともないものだった。

「堀の深さ、幅の広きことは比類ない。まるで大河のようだ。堀底から大石で石垣を積みあげるさまは、実見してさえ奇特不思議だ。ましてや想像などつかないだろう」（『大友史料』）。

フロイスの訪問も同時期だった。彼の記述からは、低湿地における土木造成ゆえの難工事であったことが窺える。

「建設中の堀は最大幅四〇間（七九メートル）、深さ一五～一六間（二九～三二メートル）」「割り当てられた場所に石を据えるのに、夜間（も）大勢の人手を要し、彼らは地下から激しい勢いで湧き出る水を汲み取ることに、精一杯であった」（『日本史』）。

大坂城の二の丸堀がいかに堅固なものであったかは、大坂冬の陣の講和後、それを埋めた時の記録からもわかる。二の丸堀の破却は徳川方の加勢によって進められたが、その工事を監督した将軍秀忠は、「二の丸堀は広く、四〇間、あるいは五〇間、六〇間（一一八メートル）。いずれも石垣づくりで、水深は三～四間（六～八メートル）、浅いところでも二間（四メートル）あるため、すぐには終わりません」と家康に報告している。

このことについては、総合建設会社大林組が現代工法での豊臣大坂城築造を試算している。二の丸周辺から大阪城公園外周にかけての全体地形を推定し、そこから、土工事を算定しているのだが、堀からの大量の掘削土の運搬方法とその処理場所が問題となったようだ。地形から判断して、堀を造成するために掘った土は、水分が多く盛土材には不向きであり、堀の掘削土をそのまま城の盛土に使用できたとは考えにくい。したがって導きだされた結論は、大坂城は川に近いことから、掘削後の排土は船で下流へと運搬し、新田開発の埋め立てなどに転用したというものだった。

また、現在でも、二の丸付近の地下水位は、地表面下二〜三メートルという高位置にあり、水位を下げるために堀より深い溝を掘って排水を誘導する必要がある。大坂城の堀底の標高は、排水される旧大和川（現・第二寝屋川）水位より二〜三メートル高く造られているので、堀の掘削は排水用溝を先行して掘削し、地下水位を下げながら堀の掘削を進める方法を採らざるを得ない（『季刊大林』No.16、一九八三年）。現代から見ても土木工事の道理にかなった普請で、大がかりな二の丸築造は進められたのである。

二の丸周辺に残る鋳物生産の跡

当時の城下の商人や職人ら町人たちの生活はどうであったのだろうか。大阪府文化財センターの調査で、その一端が解明された。

二の丸堀西側、現在の大阪府庁周辺（調査地D）では、築城当初、作事《さくじ》（建築工事）に使われる鋳物生産が盛んであった。図1-10の第1期で両端に側溝をもつ東西道の両側に鋳造溶解炉（金属を溶かすための炉）の基底部が検出され、とくに北側中央ではさらに二時期に分かれて、鋳型・坩堝《るつぼ》と共に鋳造土壙《どこう》（あな）も見つかっている。また小規模のカマドが点在して確認されており、鑿《のみ》・漆篦《うるしべら》などの様々な工具も出土している。

二の丸工事が終わって金属製品などの生産は一段落したのか、図1-10の第2期になると工場

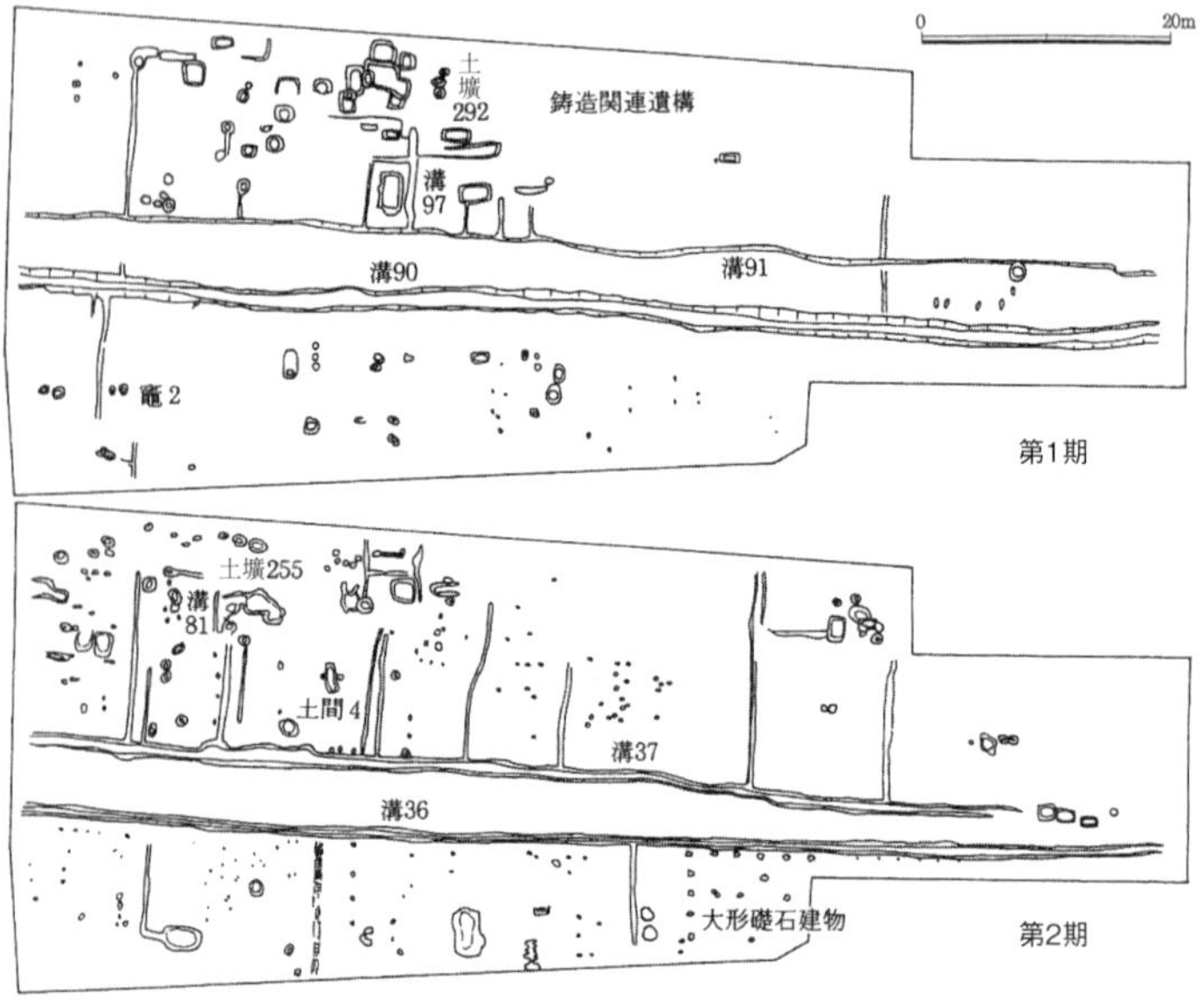

図1-10　大阪府庁周辺の築城期からの変遷（大阪府文化財センター提供）

地帯ではなく、城下町として整備される。調査区中央に側溝を有する東西道に加えて、その南北に短冊型の地割りがみえる。道を境にして、北側では間口が三～六間程度、南側では間口が五間以上で、一〇連近いカマドをもち、一〇〇平方メートル以上の瓦葺き大形礎石建物をもった屋敷地が並んでいた。この建物は大名級の武家屋敷と思われる。

調査者の鋤柄俊夫《すきがらとしお》氏は、第2期遺構を埋めて造られた建物が、「都市の中枢に近い部分の状況として、その構造は明らかに不自然であり、その意味でのこれらの施設は応急処置的なものと考えられ」るとして、大形礎石建物などは慶長大地震（一五九六年）で倒壊したと推定した。その「応急処置的遺構」が埋められ再び整備されるのが、大坂町中屋敷替え（第四期）工事（一五九八年）である。このことについては後に述べる。

聚楽第三の丸の大名屋敷配置

豊臣大坂城にずば抜けて強固な防御が施されるのは、文禄三（一五九四）年の惣構え堀造成（第三期工事）以降だが、それ以前にも、もちろん二の丸の外側に防御施設はあったであろう。すでに前例がある。

信長は安土城を安土山の麓に城壁を構築して囲い、山腹から山麓にかけては織田一族や重臣の武家屋敷を配して、いざという時、城の防戦に当らせることを考えた。秀吉も「聚楽第絵図」のように聚楽第を長方形の外郭石塁（石垣で化粧した土手）で囲い、周囲を重臣で固めたようだ（図1-11）。その石塁の内側が秀吉の金配《かねくば》りで有名な三の丸である。

図1-12は尼崎市教育委員会蔵「洛中洛外図屏風」（土佐重信筆）の左隻の一部で、天正一六（一五八八）年四月の後陽成天皇の聚楽第行幸時の東門周辺を描いている。「東の御門」の向いには「富（戸）田民部少輔《みんぶしょうゆう》家」があり、有名な「聚楽第図屏風」（三井記念美術館所蔵）が、南東から東門を俯瞰するのに対して、本図では東門をほぼ正面から描いている。戸田民部は名を勝隆《かつたか》といい秀吉直臣の一人で、「聚楽第絵図」でも聚楽第外郭石塁に接するように邸を構えている。外郭の至近には、気が置けない直臣を配しているのである。

行幸のあった天正一六年は、大坂城二の丸工事が竣工する年だから、当然、大坂城でも二の丸堀外側に外郭の防御施設が存在した可能性が高い。

そこで一つ考えられるのが、現在の大阪歴史博物館とＮＨＫ大阪放送局の敷地（調査地Ｅ）、およびその西方の大阪合同庁舎四号館（調査地Ｆ）で検出された堀や塀遺構である（図１‐13）。大手前四丁目のこのブロックの中央には、大阪合同庁舎二号館があるが、二号館の敷地東側には南北方向の段があり、東から西に崖状に落ちている。

ＮＨＫの敷地では屋敷を画する堀と塀(あ)が検出された。堀は逆Ｌ字状に曲がる幅三・五メート

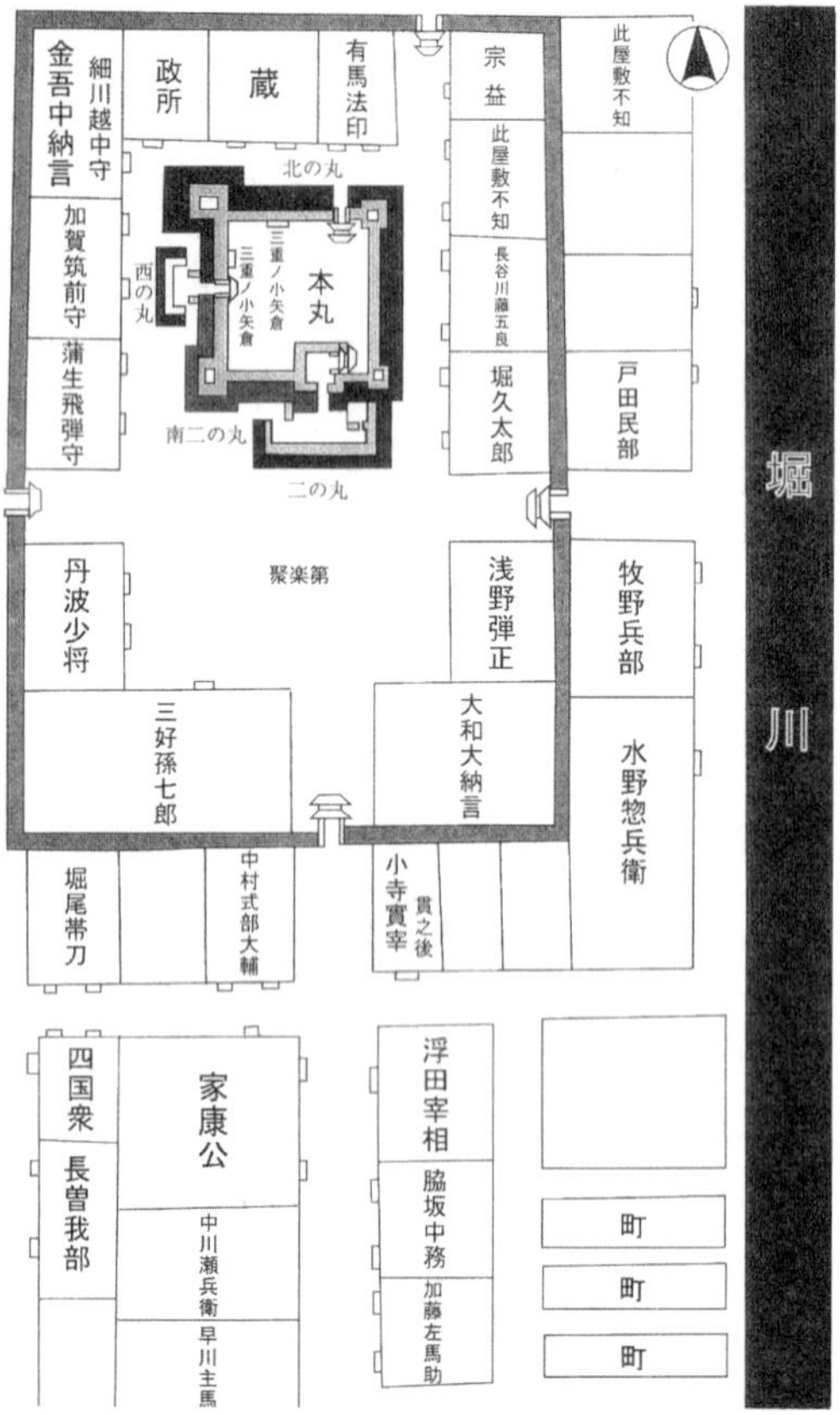

図１‐11　「聚楽第絵図」（『浅野文庫諸国古城之図』、広島市立図書館蔵）より。東西南北４つの門のある石塁の内側が三の丸となる

図1-12　聚楽第東門周辺（「洛中洛外図屏風」部分。尼崎市教育委員会蔵）

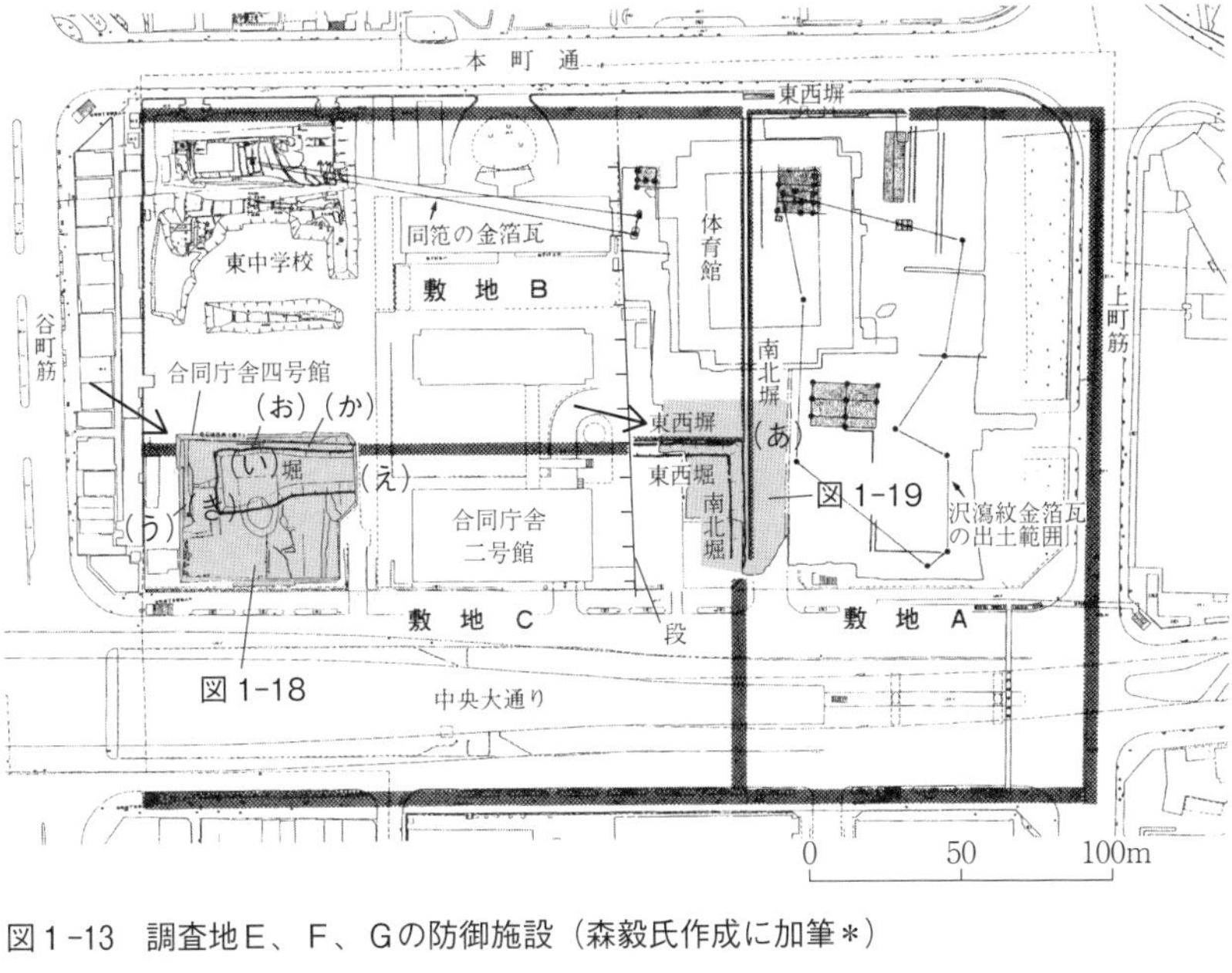

図1-13　調査地E、F、Gの防御施設（森毅氏作成に加筆＊）

ルの東西堀と、幅五メートルの南北堀からなる。深さは約三メートルを測り、豊臣前期に人為的に埋められている。

塀と考えられる柱列の一つは、東西堀に接して西から東に伸び、堀が南に折れる角でL字状をなして北へ曲がるもので、九〇メートル分確認された。また、南北堀に平行する南北塀は、堀が西に曲がってからも北に延び、総長は一三〇メートル以上に及ぶ。

調査を担当した森毅《もりつよし》氏は、豊臣前期には堀と塀によって区画された屋敷地で、大きく敷地A〜Cの三つに分かれると考えた。その根拠は、敷地Aでは沢瀉《おもだか》紋の金箔押し瓦一七点が出土し（図1-14）、同紋の出土範囲は敷地Aに限られること、敷地Bでは約一〇〇点の金箔押し瓦が出土したが、敷地Aとは全く異なったもので、反対に西一五〇メートルにある、東中学校敷地（調査地G）で同様の金箔押し瓦が出土し、敷地Bがそこまで拡がる可能性があるからである。なお本書では、家紋と認定した文様は「紋」字を使うことにした。

沢瀉紋は関白秀次の紋

一方、中村博司氏は沢瀉紋を関白豊臣秀次（図1-15）の家紋と考え、敷地Aを秀次屋敷と考えた。

秀次は秀吉の姉日秀《にっしゅう》の子で、もと「三好孫七郎」を名乗り、天正一三（一五八五）年、四国平定の功によって八幡山城（滋賀県近江八幡市）を与えられる。同城の本丸御殿跡から沢瀉紋の巨大な棟鬼瓦が出土した（図1-16）。また『諸将旌旗《せいき》図』（南葵《なんき》文庫旧蔵）には、秀次の馬標《うまじるし》として沢瀉紋が見えることから、同紋を秀次の家紋であるとした。中村説はしたがうべき卓見である。

もう一つ推理をはたらかせることができる材料がある。「聚楽第絵図」では、外郭石塁の南門を入った左側に秀次屋敷（図1-11で、通称の「三好孫七郎」と表記）がある。南北に伸びる大坂の上町筋は、大坂城二の丸西堀と平行して北上し、大川に至る道だが、大坂城生玉口虎口を通って二の丸・本丸へと続く道でもある。南から上町筋を北上すると、左手に敷地Aが存在する。大坂も京都も南に開かれているという点で共通し、天正一六（一五八八）年の同時期のことであるから、秀吉は意識して後継者と見做していた秀次に、聚楽第でも大坂城でも城南虎口を入った

図1-14　金箔押し沢瀉紋飾り瓦＊

図1-15　豊臣秀次肖像画（慈舟山瑞泉寺蔵）

図1-16　八幡山城出土沢瀉紋鬼瓦（日牟礼八幡宮蔵）

南西角の当地を与えたと考えたい。文禄二（一五九三）年に秀頼が生まれ、次第に秀次が秀吉から疎んじられ、ついに切腹を命じられるのは文禄四（一五九五）年夏のことである。

敷地Aの南北堀から派生する東西堀を西に延ばすと、合同庁舎四号館で検出した巨大な東西堀(い)の北肩のラインに続く。この堀は素掘りで、最大幅二〇メートル、深さ五メートル、長さ五〇メートルを測り、調査区のすぐ東で途切れる(え)。堀の埋土は三層に分れ、下層は水漬きの砂層で、中層・上層は人工的な埋戻し土である。東西堀の西端から西に一〇メートル離れて、幅二メートル、深さ二メートルの薬研《やげん》（断面がV字形）掘りの南北溝(う)がある。

堀のすぐ北側は南から北へ下がる傾斜面(お)で、約一・五メートル下りたところに同時期の遺構面が広がる(か)。

堀(い)と溝(う)に挟まれた部分が土橋状の通路となる(き)。この堀は谷町筋の東側を防御するために設けられた可能性がある。

大阪城付近には主要幹線道路の脇に、短い堀が掘られていることがままある。国立大阪医療センターの南東方、上町筋の東側（調査地H）でも、大坂本願寺時代の素掘りの東西堀が見つかった（図1-17）。幅七・三メートルの土橋の東側にも堀は続き、堀から当該期の瓦が出土しているから、瓦葺きの防御施設があったものと思われる。

NHK大阪放送局と合同庁舎四号館の巨大な堀を鑑みる時（図1-18）、これほど大きな堀が敷地内にあるとは考えられず、森氏が敷地Cとしたエリアは屋敷地ではなく、敷地Bの南側に開かれた虎口（出入口）空間の可能性があるのではないかと思われる。

図1-17　上町一丁目の大坂本願寺時代の東西堀　東から西を見る。幅9m、深さ4・3mで、上町筋の東側に掘り込まれていた。手前は土橋。＊

図1-18　合同庁舎四号館敷地の東西堀　北西から南東を見る（図1-13左側の矢印方向から）。＊

図1-19　NHK大阪放送局周辺の遺構（西から東を俯瞰する。図1-13右側の矢印方向から）＊

後の第三期工事（一五九四年）で惣構え内に組み込まれた城域は、往古から上町台地に刻み込まれた深い谷が幾筋も存在する、山あり谷ありの地形だった。それが現在見られる平坦化された地形に加工されるのは、のちの第四期工事からである。

天正一六（一五八八）年前後は、秀吉の主たる活動地は京都で、大坂は二の次であったから、これら第二期工事の外郭堀は、地形を利用した簡便な防御施設の築造に止めたようである。

重臣で固めた外郭内

かつて、中部よし子氏は「一部の大名屋敷は、防御に弱い方面を主として惣構え堀の外で一つの砦となるように配置され、他の大名と文吏派小大名や奉行・旗本などの直臣、さらに大名証人（人質）となる大名の重臣は、惣構え内に屋敷を配置」していると述べた。これは豊臣前期の北外郭、大川（旧淀川）と旧大和川（現・第二寝屋川）の合流地点南岸に近い大名屋敷を考える際の一視点になると思われる。

今から取り上げる大坂城外郭は、京橋口虎口や天正一三年にできた天満橋の近くで、大坂築城当初より城の縄張り内に取り込まれたことは確実である。

中央区大手前一丁目の大阪歯科大学構内（調査地Ⅰ）から、豊臣前期の二時期の石垣と、礎石建物や塼列《せんれつ》建物が見つかった。図1-20の地層断面模式図によって説明すると、Ⅰ層の盛土は裾部分に一～二段という低い石垣しか残されていなかったが、数メートル北に護岸を拡張する時に、石垣石ははずされ再利用されたため、根石部しか残らなかったと考えられる。Ⅱ層の盛土はきめ

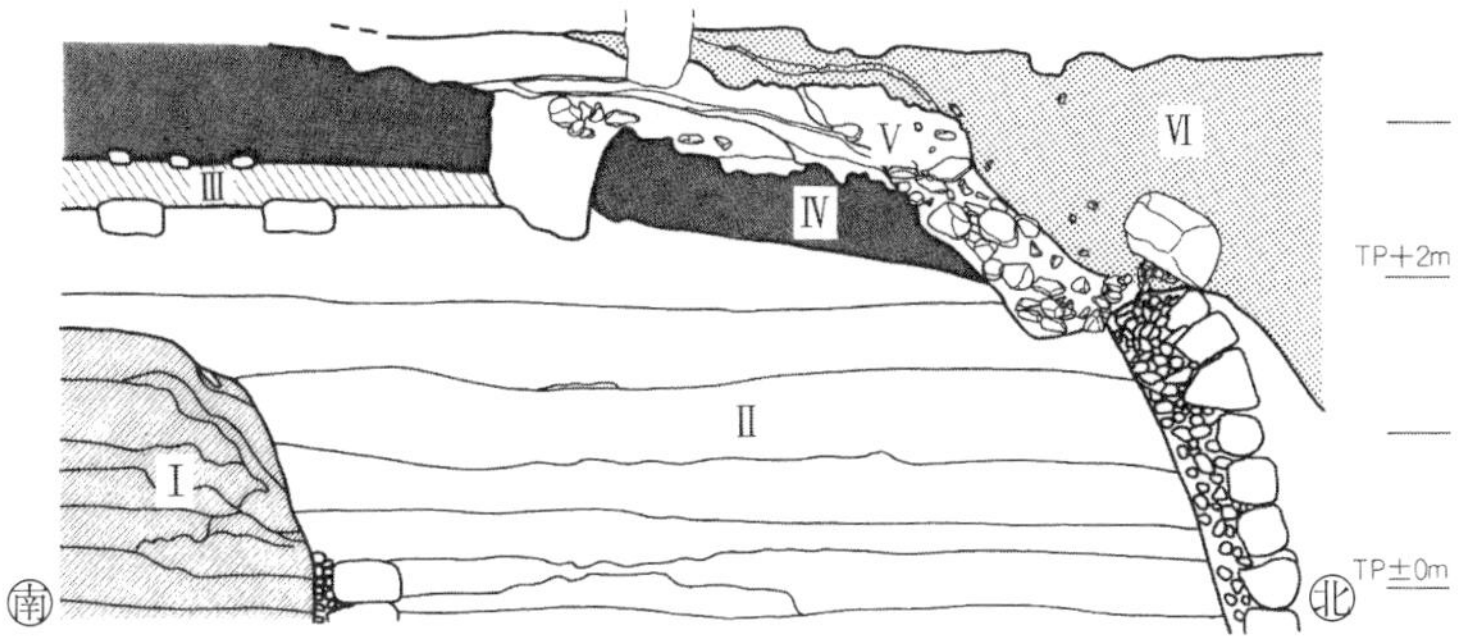

図1-20　北外郭の地層断面模式図＊

細かい川砂を積んで、海抜二・四メートルまで嵩上げし、北面する新しい石垣を築いている。石垣は生駒・六甲産花崗岩の長さ・高さとも四〇センチ前後の自然石を使った野面《のづら》積みで、裏込めの厚さは三〇センチ程度と薄い。Ⅱ層上面に豊臣前期の金箔押し瓦を葺いた礎石建物があった。

この建物廃絶後、Ⅲ層で整地し、その上に塼列建物が建てられた。塼列建物とは図1-21のように、湾曲をもたない平瓦（塼）を、基礎部から木舞《こまい》（壁の骨組）に寄り添わせて数段積み、壁土で塗り込めた壁をもつ建物で、江戸時代の海鼠《なまこ》瓦壁へと発達していくと考えられる。ただし海鼠瓦が外壁に貼られて露出しているのとは異なり、壁の芯材となる。鼠や盗人が建物下部に穴を開けて侵入することから、それを防ぐ方策と思われる。

Ⅳ層は上町台地の粘土が盛られたもので、厚いところで六〇センチ以上あり、慶長三（一五九八年）年の第四期工事に伴う盛土と考えられる。Ⅳ層上面が大坂夏の陣の被災面で、Ⅴ層は元和・寛永の大坂城再築時、当地は石の荷揚げ場だったことから、大名家の刻印石や栗石を多く含む層で、使わなかった石を

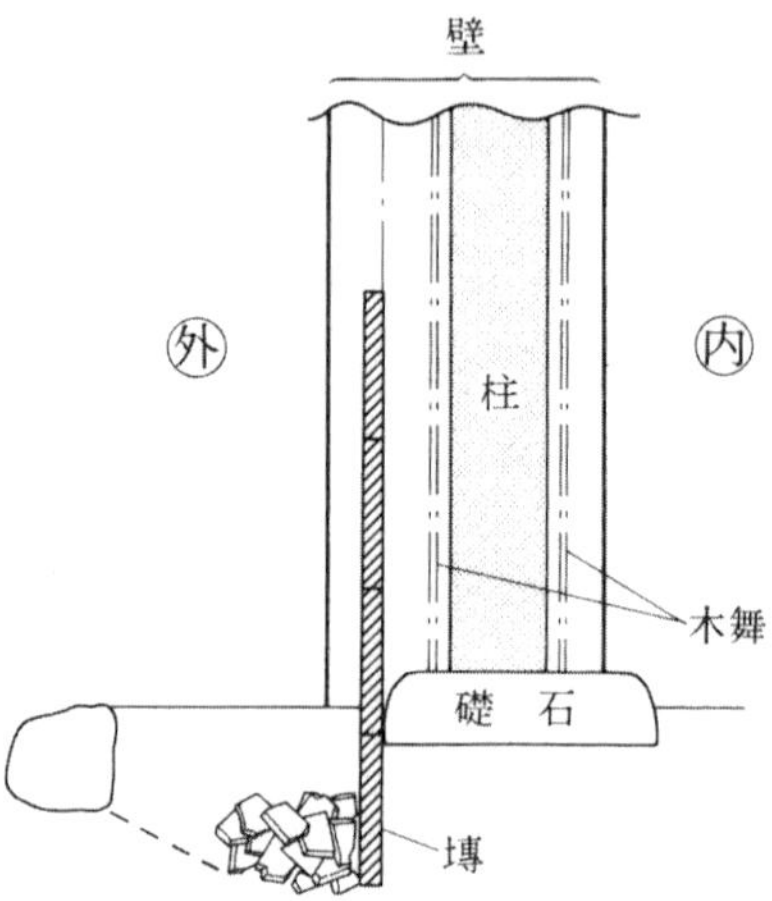

図1－21　塼列建物壁断面模式図＊

放置したと考えられる。Ⅵ層は大坂城再築終了後の江戸時代前期の整地層である。

桐紋と藤丸紋は小西か？　加藤か？

注目されるのは、Ⅱ層上面の礎石建物に伴って桐紋と藤丸紋の金箔押し飾り瓦が出土したことである（図1－22）。桐紋（図1－23）は言うまでもなく皇室の紋章で、秀吉は朝廷から豊臣朝臣《あそん》の姓を賜ると同時に、桐紋・菊紋の使用を許された。秀吉も部下の大名に豊臣朝臣の氏姓を下賜するとともに、桐紋・菊紋の使用を許したのである。ここは豊臣前期においても大坂城外郭の要所であるから、礎石建物も大名屋敷であろう。

桐紋だけでは豊臣家の施設の可能性も残るが、藤丸紋は純粋に家紋である。釘穴の位置から、上り藤丸紋（蔓《つる》が上向き）と思われるが、下り藤丸紋（蔓が下向き、図1－24）の可能性も残っている。さて豊臣前期において、桐紋を許され、藤丸紋の家紋をもつ武将とは誰なのか。姓に藤の一字を含む大名が、自身も藤原氏の出と称し、藤丸紋を家紋にしていた可能性がある。豊臣譜代として、近江・佐和山城二万石から、天正一八（一五九〇）年、甲斐・府中城二四万石に大抜擢された加藤光泰（上り藤丸紋）と、天正一二（一五八四）年、淡路・志智城一万五〇〇〇石を与えられた加藤嘉明（下り藤丸紋）が挙げられる。

　この二人が紋章学の方から追える蓋然性の高そうな人物だが、肥後・宇土《うと》城から藤丸紋飾り瓦が出土しているのも気になる。

図１-22　北外郭出土五三桐紋（左）、藤丸紋（右）飾り瓦＊

　宇土城は小西行長が築城し、関ヶ原合戦（一六〇〇年）以後は加藤清正の隠居所となる。両家とも没落が早く、家紋に関する情報が少ない。それぞれ藤原氏の秀郷《ひでさと》・道長の流れを汲むと称しているので、この両家のどちらが藤丸紋を使ってもおかしくない。

　二人とも天正一六年に、行長一二万石、清正一九万五〇〇〇石を賜わった大身で、豊臣譜代であることも共通する。ただ、清正については、天神橋南詰の中央区北浜東で、桔梗紋棟鬼瓦が出土し、こちらが清正邸であろうと言われているから、ここでは小西行長・加藤嘉明・加藤光泰の三名の名を大名屋敷の主の候補として挙げておきたい。

　いずれにせよ、どの大名かの当否は別として、秀吉が信頼のおける譜代大名を、城外郭の要衝に配したことは間違いなかろう。（黒田）

図１-23　五三桐紋

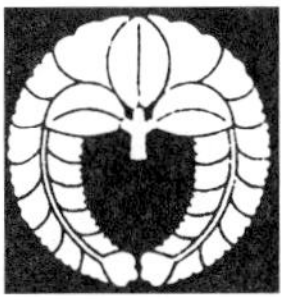

図１-24　下り藤丸紋

第二章　惣構え堀の掘削

大坂城惣構えの下に眠る地層

大阪城公園内の本丸・二の丸は国特別史跡であるから、お城整備に伴う調査以外はなかなか掘る機会がない。しかし、周辺は大阪市中央区・天王寺区のオフィス街・住宅地であるから、一九八〇年代前半から再開発に先立つ発掘調査が増え、時に土地バブルの時代であったから、加速度的に考古学的知見は増えていった。地表から順番に掘っていくと、今まで知られていなかったことがずいぶんわかってきたのだ。

一番はっきり残っているのは、大坂の陣の際に残された地層である。火災は凄まじかったようだ。冬の陣（一六一四年）においては戦況を有利に進めるため、豊臣方が城外の船場や天満に放火し、さらに夏の陣（一六一五年）においては、徳川方が惣構え内を焼き尽くした。

地面から江戸期の地層まで取り除くと、大阪市中央区北半の全域でその焼土層があらわれる。焼土層とは焼けた土壁を火事場整理時にならしたもので、被災してから整理までタイムラグが存在するであろうが、これらの層はほぼ一六一四～一五年の地層と見て間違いない。このように絶対年代のわかる地層を「鍵層」と呼ぶ。さしあたり大坂の陣焼土層は第一の鍵層だろう。

その下に、大坂冬の陣の講和で堀などを埋めた地層がある場合もあるが、問題となるのは、豊臣大坂城にはその下に、もう一層、従来全く知られていなかった分厚い盛土層が眠っていたことだ。それが惣構え内のほぼ全域に存在することがわかってきたのは、三〇年ほど前からである。また、地表面を高くするために行われた嵩上げの盛土のみならず、その時点で埋め殺しにあった堀や溝、建物跡などの遺構も、そこに埋まっていた。これは、大坂の陣焼土層の下に眠るもう一つの鍵層となり得るものだが、この分厚い盛土層は誰が何のために造成したものなのか謎だった。

第二の鍵層が分ける秀吉／秀頼時代

その答えのヒントとなりえることを、イエズス会宣教師フランシスコ・パシオが、『一五九八年度日本年報』で述べている。秀吉晩年の大坂城大改造のことである。詳しくは後にふれるが、惣構え内から住民を立ち退かせ、「諸大名に当てられた用地は、数ケ所の丘が平地に変えられている」と、この地層に関わる重要な記録を残している。秀吉は迫り来る自分の死後を案じて、大坂城の惣構え内に大規模な盛土を行ったのだ。このことがわかってから、考古学的にはこの盛土層を境に、豊臣時代を前期・後期に分け、豊臣前期＝秀吉時代、後期＝秀頼時代と理解するようになった。

たとえば、大阪府教育委員会が調査した京橋口馬出し曲輪の石垣（調査地J・図2-1）の場合、西惣構え（東横堀川周辺）と同様、分厚い盛土層上にあり、これはパシオの述べた一連の工

図2-1　京橋口馬出し曲輪の石垣（ドーンセンター北側に移築した）

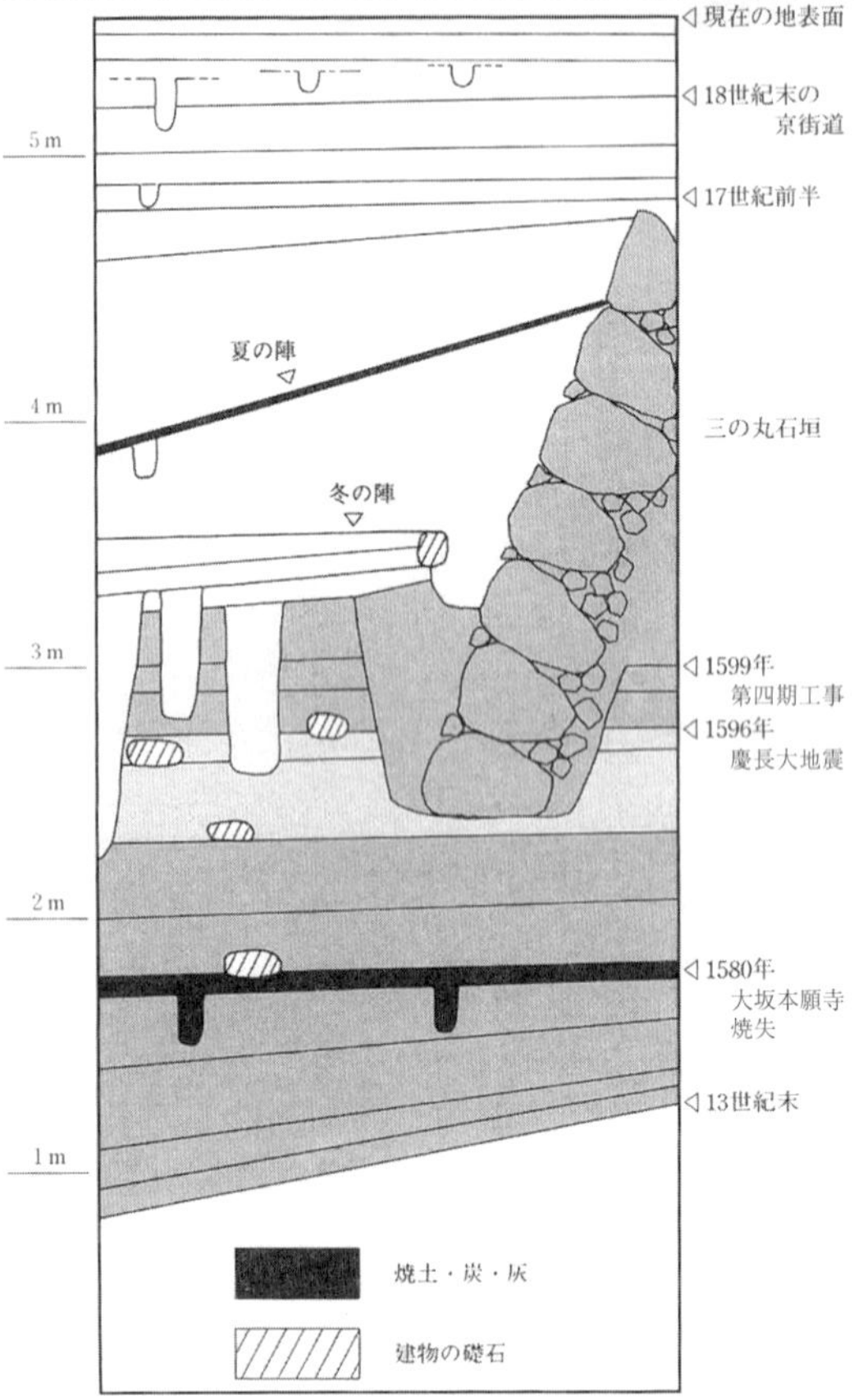

図2-2　京橋口馬出し曲輪　地層断面模式図（大阪府教育委員会提供）

事に該当すると考えられる。

図2-2の地層断面模式図（左が北。南北に断ち割っている）を簡単に説明すると、鎌倉時代（一三世紀末）から徐々に地層が堆積し、当地も大坂本願寺の寺内町に組み込まれる。その上の

黒く塗りつぶした地層は焼土層である。すなわち天正八（一五八〇）年八月、教如の石山退去と同時に発した火は三日三晩燃え続け、本願寺とその寺内町は全くの灰燼に帰したという史実を裏付ける物的証拠である。

当地は京街道を挟んで大川に面している。石垣石や栗石などの荷揚げ場にも近く、京橋や天満橋を渡った人々が行き来する道路であったことから、豊臣前期においても度々整地される。淡い色で示した整地層上面は、慶長大地震（一五九六年）によって被災する。

その上に数十センチの盛土を行い、京橋口馬出し曲輪の石垣を構築するために、掘り込み地業を行っている。石垣際には排水溝も掘られる。これが第四期工事に該当する。

その後、深さ数十センチに及ぶ柱穴などを掘ったり、また薄層で度々整地もされている。十数年ではあったが平和だった秀頼時代の痕跡である。

のちに見るが、エッゲンベルク城の屛風絵に描かれている、京橋口馬出し曲輪の石垣や人々が往来する街路はこの工事で出来上がったのだ。そして、冬の陣（一六一四年）の講和でこの石垣も崩され、半ば以上埋まった状態で夏の陣（一六一五年）を迎える。京街道に当ることから、一七世紀には石垣の天端まで埋没し、以後度々整地され、現代の地表面に至ったのである。

小田原城に学んだ惣構え堀

天正一八（一五九〇）年の小田原攻めの際、秀吉は広大な小田原城惣構えを目にして、自分の城にも同様な外郭を作ろうと決心する。包囲戦にもちこみ、内部離反と講和交渉によって開城に導いたものの、町ごと周囲を土塁と空堀で取り囲んだ堅固な小田原城を、武力で陥落させたわけではなかったからだ。

翌年に京都御土居《おどい》、四年後の文禄三（一五九四）年には、大坂城の周囲に、ぐるりと一辺二キロにも及ぶ惣構え堀を掘った。これが最終的な大坂城の外郭となる。この豊臣大坂城の第三期工事＝惣構え堀普請によって、豊臣大坂城は東西・南北ともに約二キロの広大な城郭となった。東は旧猫間川（現・JR環状線）、西は東横堀川、南は空堀跡（空堀商店街南側とその延長）、北は大川（旧淀川）と第二寝屋川（旧大和川）を限りとして町ごとぐるりと堀で囲んだのだ。

正月一九日、文禄の役（朝鮮の役）の講和交渉中だった秀吉は、鳥取城主の嫡男・宮部長熙《ながひろ》に対し、来る二月一〇日より「大坂惣構え堀普請」を開始するから、一〇〇〇人の人員を大坂に来させるよう指示した。同様の指令は全国に発せられたものと思われるが、秀吉は同日付けで、伏見城の三の丸石垣・惣構え堀普請をも発令しているので、動員力は分散化しており、四年後の第四期工事と比すれば、小規模であったものと思われる。そして、その工事の跡は、先ほどの分厚い盛土のさらに下層に埋まっている。

大坂城の外郭を囲うこととなった惣構えは、実は、今に至るまで町名に名残りをとどめている。すなわち豊臣惣構え内の町名は「内」を冠するのである。「内本町」「内平野町」などである。豊臣大坂城は壮大な惣構え堀を有したが、冬の陣の講和で大川（旧淀川）や低湿地の堀以外は徹底的に埋められた。江戸幕府は大坂再建の際にも、惣構え内を壊平し、市街化したので、徳川大坂城は現・外堀内だけの狭小な城郭となった。したがって、江戸時代の日本各地の城下町は当然のことして立派な惣構えをもつのに、徳川大坂城は外郭の防御施設をもたない裸城同然の城なのだ。大坂の陣後、水運の便のため、東横堀川は復興されるが、基本的に外郭の防御施設を全くもたないところに、徳川大坂城の最大の特徴がある。かつてあった惣構えの内側の町名に「内」を冠したのは、大坂町人の徳川幕府に対する当てこすりなのかもしれない。

さらに、秀吉はこの時、「文禄堤」(全長二七キロあったといわれる)と呼ばれる大坂と伏見をつなぐ大動脈を、淀川・宇治川の土手として整備する。淀川は左右両岸に文禄堤を造成するが、京街道が通る左岸を東国大名が、右岸を毛利一族ら西国大名が分担した。京橋はこの築堤に伴って、備前島(現在の都島区片町一丁目から網島《あみじま》町にかけての一帯)から惣構え北岸に架けられた可能性が高い。

役の講和時も次々と発せられる大土木工事命令で、諸大名は息をつく閑さえなかっただろう。

東西に伸びる空堀

山口休庵という武士が『大坂陣山口休庵咄《ばなし》』という記録を書き残している。大坂冬の陣(一六一四年)の籠城態勢を述べた部分に、以下の一文がある。

「西ハ高麗橋筋横堀の内、南ハ八町目黒門の内、町ヤハ壱軒もこぼち不申候、諸職人諸商人ニて其侭《まま》居り申候て、細工諸商売仕《つかまつり》候《そうろう》」というように、東横堀川の惣構え内・高麗橋筋周辺と、上町筋の八丁目の黒門(鉄板張りの堅固な城門。黒鉄《くろがね》門ともいう)の内では、商工業者は町屋を壊されることなく平時と変わらぬ生活を続けていたというのである。惣構え内は武家屋敷町なが

図2-3　南惣構え堀（写真は東から西を見る）。破線は推定堀底ライン。＊

ら、「八丁目」は天王寺や堺へ通じる道沿いであるから、町中屋敷替え以降も惣構え内にありながら、賑やかな商工業者の居住地だったようだ。西の「横堀」（東横堀川）が大規模な水堀であったのに対して、南惣構え堀は上町台地を東西に横断する空堀（水の無い堀）であった。

「空堀」の名をとどめる空堀商店街の上町筋側東口、すなわち上本町三丁目交差点の南東約五〇メートルの大手出版社の本社ビル建設に先立つ調査（調査地K）で、南惣構え堀の北肩（堀の縁《ふち》から斜面にかけて）を検出した（図2-3）。その結果、堀の深さは一一メートル以上、幅は二〇メートル以上あることがわかった。このビルは交差点の北東隅にあるが、その南の東西道路がへこんでいるのは、堀跡だからである。堀遺構は石垣積みをもたない素掘りの堀で、南惣構え堀は現地形の上にも凹地《くぼち》として姿を止めている。豊臣大坂城は惣構え堀掘削によって、東西・南北ともに約二キロ四方、総面積四〇〇万平方メートルにも及ぶ未曾有の大城郭となったのである。

第三期工事の状況を彷彿させる発掘現場がある。天王寺区の空清《からきよ》市営住宅建替え時の調査（調査地L）である。敷地の南側道路は堀跡で、現在も敷地と道路間には二メートルほどの段差がある。図2-4は北西から撮った写真で、遠くに大阪・奈良の府県境である生駒山脈を望んでいる。東西あるいは南北方向の畠の畝と畝間溝が見えるが、堀を掘削して出た排土で畠を埋め、さらにその上に土を掻き上げ、土塁（土手）を構築した。土塁跡は調査時には残っていなかったが、山口休庵が言う「たたき土居（叩きしめて固くした土塁）」であったろう。

すなわち図2-4は第三期工事直前の当地の姿である。畠を埋めた土砂の中からは、「天正十三

図2-4（上）　空清町から検出した畠と一石五輪塔＊
図2-5（左）　空清町と八丁目中寺町の位置＊

年　妙安童女　九月十七日」と刻まれた墓石（高さ約四〇センチの一石五輪塔）が出土し、梵字や笠の先端には金箔が貼られていた。

秀吉は築城開始直後から大坂城の周辺に寺町を建設した。上町台地上では、生玉筋中・谷町八丁目・八丁目中・八丁目東などの寺町がそれである（図2-5）。当地はその内の八丁目中寺町のすぐ北で、墓石に記された天正一三（一五八五）年は、築城開始二年目である。同墓石は当初の八丁目中寺町の寺院内墓地にあり、この墓地が九年後の惣構え堀工事で壊されたために、廃棄されて埋没したと考えられる。

秀吉は〝桃山の美〟を享受していたか

桃山文化と聞いて、豪華絢爛たる芸術を頭に描く人は多いであろう。秀吉の成り金趣味からの金キンギラギラはひとまず置くとしても、現代的なデザインにも通じる、大胆で新鮮さ溢れる意匠をもつ桃山陶磁が、その印象を我々に植え付けたことは間違いない。

茶陶《ちゃとう》の美は桃山時代、侘《わ》び寂《さび》とは真逆ながらもその斬新さゆえに、時代の雰囲気そのものであった。小田原と東北平定で全国を統一し、国内全土に平和をもたらした秀吉は、あの秀吉嫌いのルイス・フロイスですら、「このようなこと（平和）は大いに称賛に値するであろう」と評価せざるを得ず、戦争で浪費されない富は、平和の具現でもあったはずである……。

しかし待て!!　秀吉はこの〝桃山の美〟を享受していたのであろうか？

〝否〟である。

図2-6は豊臣前期（秀吉時代）の陶磁器・土器で、中国産磁器である青花の碗・皿を除いて、われわれが頭に思い浮かべる桃山時代の華やかさに欠ける。陶器と磁器を一括して、陶磁器と呼ぶことが多いが、磁器はガラス質を多く含み、白く透明性に富み、吸水性が無い硬質の焼き物である。粘土を低温で焼いて作る陶器に対して、磁器は石質すなわち長石が主成分の磁土を高温で

図2-6　豊臣前期の陶磁器・土器＊

図2-7　谷町筋地下駐車場の調査で出土した豊臣後期の陶磁器＊

図2-8　鼠志野大鉢＊

図2-9　青織部向付＊

焼くのが大きな特徴だ。

　日本での磁器生産の最初は、朝鮮の役時に渡って来た李参平《りさんぺい》（日本名は金ヶ江三兵衛。参平は三兵衛からの当て字といわれる。明暦元（一六五五）年没）が、大坂夏の陣の翌年、元和二（一六一六）年に、肥前（佐賀県）有田東部の泉山で良質の白磁石を発見し、天狗谷窯で焼き始めたことを嚆矢《こうし》とする。大坂に肥前磁器が登場するのは一六二〇年代後半と思われる。

　つまり、秀吉の時代、日本では磁器が焼けなかった。当時、日本国内に流通していた磁器は、全て明か朝鮮か、東南アジア産のものだった。それだけではない。実は、唐津《からつ》焼も織部《おりべ》焼も志野《しの》焼といった桃山時代を象徴していると言われていた陶器も秀吉没後に展開する（図2-7～9）。その事実が大坂城の発掘結果から「瓢箪から駒」で明らかになったのである。

名護屋城から唐津焼出土せず

　大坂城における陶磁器発掘の流れを振りかえると、瀬戸美濃（愛知県）焼の研究者井上喜久男氏は、追手門学院校地学術調査委員会が調査した京橋口馬出し曲輪近辺（調査地M）の発掘出土品を、生産地の編年観を通して検討し、唐津・志野焼を含まない分厚い盛土の下層遺構を、大坂本願寺の時代〔天正八（一五八〇）年まで〕に、美濃大窯V期までの資料で構成される盛土上層出土の陶磁器を、豊臣時代に比定した。それ以前の通説から導き出された推測だったが、その後の周辺の調査で、分厚い盛土（第四期工事による第二の鍵層）の下層遺構も豊臣期（秀吉時代）のものであることがわかった。

より詳しく大坂城の歴史を知りたいという願望は、陶磁器編年を一層細分化した。考古学の時代決定は、遺物の年代によるのが一般的だ。したがって、放射性炭素年代測定法や年輪年代測定法など、理化学的方法で絶対年代を出す以外は、「まず遺物の年代ありき」で、遺物の年代を決定し、それを基準にするしかない。京橋口馬出し曲輪の石垣（調査地N）を調査した鈴木秀典氏は、石垣が築かれた盛土層の下の遺構のさらに下層に、天正八年の大坂本願寺焼亡時の焼土層を発見し、その焼土層と盛土層に挟まれた地層や遺構の遺物も、豊臣時代に属し、大坂本願寺期の遺物はそれらと明らかに様相を異にすることを発見した。

大坂はこの第四期工事以降、高燥の地である上町台地以外は、近世・近代を通じて、ことあるごとに嵩上げされ、水害に強い街づくりが行われてきた。ところが、第二の鍵層であるこの盛土は、凄まじい土量でありながら唐津焼が微量しか出ない。しかも盛土工事開始時の地表面付近から出土するので、それらの唐津焼には一五九八年頃の年代が与えられる。当時の政治・経済・文化の中心であった大坂に、一五九八年の段階で唐津焼はほとんど入っていなかったのである。

唐津焼生産を朝鮮の役開始以後と捉えるもうひとつの事例がある。朝鮮への前線基地でもある肥前名護屋城（佐賀県唐津市）および陣城群において、城の使用期間である天正一九（一五九一）年一〇月の普請開始から、朝鮮渡海軍の帰還完了の慶長三年一二月にかけて、唐津焼の出土報告がないのだ。商売人が集住した平野町遺跡でも出土した陶磁器は、愛知県産の瀬戸美濃焼か輸入陶磁器で、唐津焼は一片たりとも出土していない。肥前名護屋城は後述する波多《はた》領内にあり、岸岳古《きしだけこ》窯址《ようし》群《ぐん》とは直線距離にして約二二キロの至近にある。秀吉はじめ全国の大名衆の軍団が在陣し、最盛期には人口三〇万人にも達したといわれる一大消費地であるにもかかわらず、唐津焼はさっぱり出ない。

唐津焼最古級の岸岳古窯址群

唐津焼とは、肥前国（現在の佐賀・長崎両県）で焼かれた陶器のことで、製品の積み出し港である「唐津」の名をとってこう呼ばれる。また「肥前陶器」とも呼ばれる。ちなみに文献史料上の「唐津焼」の初見は、『織部茶会記』の慶長七（一六〇二）年六月六日条の「唐津焼すじ水指《みずさし》」である。

岸岳古窯址群は、佐賀県北西部の東松浦半島の付け根、唐津市北波多・相知《おうち》町に位置し、広く拡まっている説では、一五八〇年頃、朝鮮陶工を招聘して開窯したと考えられ、旧北波多村の皿《さら》屋《や》窯、皿屋上窯、帆柱《ほばしら》窯、飯洞甕《はんどうがめ》上・下窯の五窯、相知町の道納屋《みちなや》窯、平松窯、大谷窯の三窯からなり、平安時代末期以来、肥前松浦郡を中心に活動した波多家の居城・岸嶽《きしだけ》城（佐賀県唐津市北波多・相知町。城域の長さ約一・五キロの山城）や波多城（岸嶽城の二キロほど西に位置す

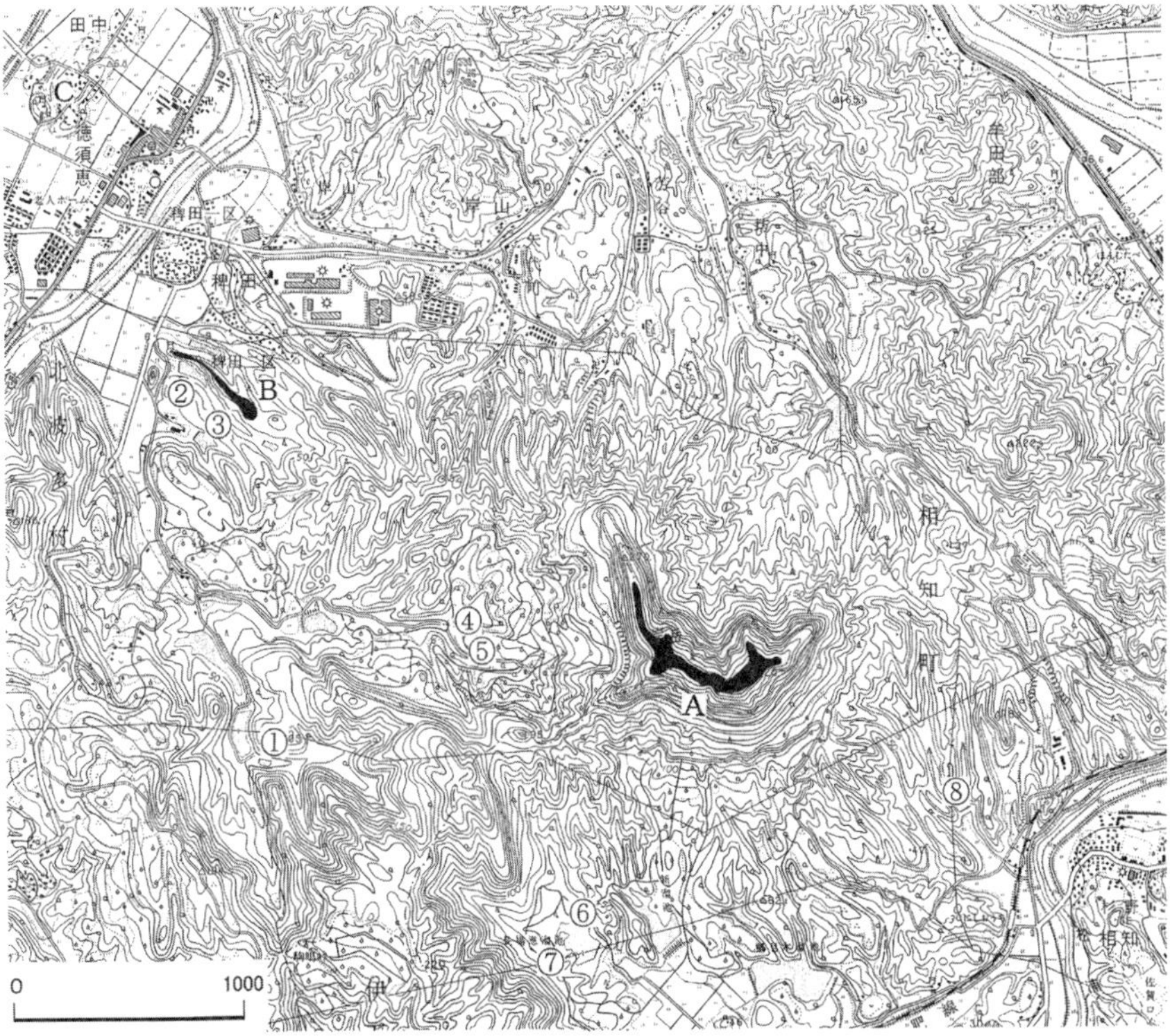

図2-10　岸嶽城跡周辺図（国土地理院地形図1／25,000「徳須恵」を使用）
①帆柱窯跡、②皿屋窯跡、③皿屋上窯跡、④飯洞甕下窯跡、⑤飯洞甕上窯跡、⑥道納屋窯跡、⑦平松窯跡、⑧大谷窯跡。A岸嶽城、B波多城、C田中村仮城。

る）の周辺に分布する窯跡である（図2-10）から、波多家の庇護下で作陶されたと推定された。しかし当主の波多三河守親《ちかし》が朝鮮の役時の文禄三（一五九四）年、秀吉により改易され、庇護者を失ったことから、岸岳古窯群は廃絶したとされる。窯数も多く変遷が見られることから、開窯はその一〇年程度以前と考えられた。

　岸岳系が最初期の唐津焼であることは間違いない。帆柱窯・皿屋窯では朝鮮好みの白磁に近い白濁色・白濁斑色を表出する藁灰釉《わらばいゆう》

（稲藁を焼いた灰を主原料とする釉薬《ゆうやく》。釉薬は「うわぐすり」ともいう）使用が目立ち、皿屋上窯、飯洞甕上・下窯からの出土品には、土灰釉《どばいゆう》（木灰を主原料とする釉薬）使用による緑褐色・深緑色のものが目立つ。藁灰釉は朝鮮では使わないが、白色を出すための苦肉の策で、稲藁を燃やして灰を取ったのであろう。土灰釉とはカマドなどの薪《たきぎ》の灰のことで、安上がりな材料である。

「一五八〇年代創始説」

唐津焼は現在も「一五八〇年代に創始された」と書く研究書は多い。朝鮮の役開始の一〇年ほど前である。

朝鮮の役とは、秀吉が引き起こし、講和交渉の休戦時を挟んで、一五九二～九八年にわたり展開され、未だ韓国・朝鮮人と日本人との民族的わだかまりの原因となっている戦争で、その際、連れて来られた朝鮮陶工が、磁器にもつながる高温焼成の登り窯を日本に導入したといわれる。一名、「やきもの戦争」とも呼ばれるが、最近の研究では唐津焼には、中国福建省の漳州《しょうしゅう》窯の技術系譜も見られるという。朝鮮の役は、朝鮮の宗主国であった明国の参戦もあり、役に関係した中国人からの技術導入も考えられ、唐津焼は朝鮮の技術だけによるのではない、と言えそうである。いずれにせよ、唐津焼創始は朝鮮の役よりも前で、その後、役の最中に渡来した朝鮮陶工の影響を受けて、発展していったという通説が、広く人口に膾炙《かいしゃ》されている。

「唐津焼一五八〇年代創始説」の根拠として、唐津焼最古級の岸岳古窯址群と岸嶽城の関係、壱《い》岐《き》・聖母宮《しょうもぐう》蔵の天正二〇（一五九二）年銘飴釉《あめゆう》三耳茶壺が唐津焼とされること、また、千利休

（天正一九年二月自害）所持の三筒の一つと貼紙した筒茶碗「子《ね》のこ餅《もち》」も唐津焼とされ、そして最大の論拠として、大阪府堺市にある堺環濠都市遺跡で、堀跡から「天正一三（一五八五）年」銘木簡とともに唐津焼皿が出土したことが挙げられる。堺市教育委員会から一九八四年に出された報告書は大きな反響を呼び、「唐津焼一五八〇年代創始説」を定説の域まで高めた。

波多城から唐津焼が出ない

まず一つ目を反証してみよう。松浦党の一族といわれる大名波多家の居城と思われる波多城（図2-10のB）は、名護屋城から二〇キロほど南東方向の、岸岳山麓の舌状丘陵上に位置し、波多家の守護神・波多八幡社が丘陵の先端部にある。発掘調査の結果、波多城は一六世紀後半まで使用されていたようだ。ここでも、青磁を中心に白磁・青花など中国・朝鮮産陶磁器が多量に出土したが、唐津焼は一片だに出土していない。波多時代に岸岳古窯址群が操業していたら、ある程度まとまった量の岸岳系唐津焼が出土して然るべきだと思われる。

旧北波多村教育委員会で岸岳古窯址群や波多城の発掘調査に当った陣内康光氏は、二〇〇五年二月、佐賀県立九州陶磁文化館での九州近世陶磁学会大会『十六・十七世紀における九州陶磁をめぐる技術交流』で、岸岳古窯址群の調査成果に触れ、大坂城の調査から唐津焼は豊臣前期に確かに存在するものの、その出土量は極めて少なく、岸岳系とされる一群についても、豊臣後期の前半段階（一五九八～一六一〇年）にその中心があり、豊臣前期後半（一五九〇～九八年）に相当する肥前名護屋城および陣跡の調査と状況は共通し、少なくともその流通時期は、従来考えられていた天正一〇年前後よりも下ること、波多氏の居館とされる波多城跡は、その縄張り構造・出土遺物から一六世紀後半まで機能したと想定できるが、朝鮮・中国産陶磁器が出土し、岸岳系唐津焼は一片たりとも出土しない事実を述べられた。

また他方で、九州大学の木島孝之《きじまたかし》氏は、波多氏のもうひとつの居城である岸嶽城（図2-10のA）は従来、唐津焼が出土することが知られていたが、縄張りや石垣構造など城郭史の常識からいって、中世山城とするのは困難で、朝鮮の役後、豊臣系新興大名の寺沢広高《てらざわひろたか》（肥前国東松浦郡・肥後国天草郡で一二万三〇〇〇石）が、織豊系の縄張り技術を駆使して、慶長五（一六〇〇）年末頃から元和「城割」（一六一五年。一国一城令による破城）までの期間に、大改修したものと考えられ、一五九四年の波多家改易をもって岸嶽城廃城、その結果、岸岳古窯址群も廃絶とすることはできないと主張している。こちらの城は一七世紀にも使われていたから唐津焼が出土する、と見たほうが自然であろう。

日本の要望で焼かれた朝鮮陶磁器

波多城跡から朝鮮陶磁器が出土するのはなぜか。

朝鮮の役以前、日本人好みの陶磁器の碗・皿は朝鮮国に発注され、日本に輸入されていた。朝鮮国は前代の高麗国が青磁を好んだのとは対照的に、まっしろに仕上がる白磁を最善とした。焼き上がりが陶胎（陶器質）で地《じ》が黒い器は、徹底的に白化粧された。

一方、当時の日本を代表する瀬戸美濃焼は黄緑色が多い。日本・朝鮮では釉薬の好みからして異なっていたわけだが、この伝統は唐津焼にも受け継がれ、根津美術館の西田宏子氏は、唐津焼を「朝鮮半島からの陶工によって造られたことを示す特徴は、きわめて少ないことに気がついた」と述懐された。

茶碗として名を馳せた熊川（日本名「こもがい」）。韓国昌原市鎮海区熊川）の窯が最近調査された。一六世紀のものである。熊川は一五世紀、日本人居留地として朝鮮王朝に認められた三浦《さんぽ》の一つ、薺浦《チェポ》のことで、一五一〇年三浦の乱で居留民が暴れた結果、居留地が釜山浦（釜山広域市草梁区）に限定されるまで、日朝交易の中心だった。ただ釜山浦の西方三〇キロという至近なので、乱以降も日本向けの作陶は続いたと思われる。

発掘した韓国研究者を驚かせたのは、熊川窯址で生産された陶磁器の質が実に多様で、鉄分をはじめとする含有成分も千差万別だったことだ。製品も大部分皿または碗だが、種類、大きさ、深さも多様性の極致をなしていた。「一見、規格化されているようでありながら、細部的な形態に変化を追求し、節制されているようでありながら、自由奔放なスタイルを駆使している。釉色もそうであるが、素地粘土の質感も器ごとに異なるほどで、高台の削り、口縁部や底部の形態、轆轤《ろくろ》痕跡など、器形も実に多様な変化をみせている。まるで高次元の技術的熟練度を基礎に、多様なスタイルを試している」かのようだ、と報告書で述べている。

秀吉の故主・織田信長は、武功があった家臣に、領地ではなく茶陶を与えて恩賞とした。茶碗一個が何千貫、あるいは何万貫の価値があると見做された時代である。朝鮮への発注仕様書は、微に入り細を穿っていたのであろう。しかし一方、茶陶のみならず日常雑器も注文した。天正三

（一五七五）年の一揆によって放棄される一乗谷朝倉氏遺跡（福井県福井市）でも、朝鮮産陶磁器は出土するが、それらは波多城跡同様、朝鮮国内では見られない器形・釉色の碗や皿で、当時の状況を想像してみると、日本側が好みの形や色、材質を記して発注していたとしか思えない。

唐津焼大坂到来は一五九八年頃

朝鮮産と唐津焼との違いは、朝鮮陶器が器全面に釉薬をかけるのに対して、唐津焼は釉薬を一部省いて、露胎（陶器の地が露出すること）にしていることだろう。器胴体外面下部に釉薬がしたたり落ちるような態をなすのが唐津焼である。

窯詰めの際、たくさん焼くために重ね焼きすると、釉薬はガラス質になり、他の器と癒着して離れなくなり、捨てるしかなくなる。重ね焼きする時は釉薬がない方がいいのである。

大量生産のためには、日本・朝鮮でおのおの様々な工夫がなされた。

釉薬は粘土や灰などを、水に懸濁《けんだく》（溶かした粒子が大きく、濁った状態）させたもので、その液体に器を漬ける。全面に施釉《せゆう》するには、桶に溜めた懸濁液に、ドップリと器全体を漬ければ済む。唐津焼の碗・皿は、内面と口縁部外面を懸濁液に漬け、外面は釉薬が流れ落ちるままにしたか、外面に柄杓《ひしゃく》で釉薬をかけたに相違ない。

「唐津焼一五八〇年代創始説」の一論拠にされているものに、壱岐・聖母宮（長崎県壱岐市勝本町）蔵の天正二〇年銘飴釉三耳茶壺（図2-11）と、形状・作調・大きさ・釉薬・胎土がほぼ同じで、書体・筆致・奉納者名が同一の三耳茶壺がある。

どちらも飴色の釉薬が流れ落ちる態から唐津焼とされるが、熊川窯址からは柄杓かけ釉薬をもつ破片や黒釉陶器も出土しているから、釉薬の流れ落ちる態だけで判断するなら、三耳茶壺も朝鮮製の可能性があろう。

まず問題の銘文を検討する。聖母宮蔵の陰刻銘《いんこくめい》は、

「進上／日本いきノしま／風本宮／聖母大菩薩／御進物ちやいれヲ／是心サス　喜斎／百二良内村ノ生／宗䨥《そうかく》沙門（花押）／天正廿年敬白」

もう一つの壺の陰刻銘は、「進上／有安村／玉泉寺／御本尊茶入／宗䨥（花押）今月今日　敬白」（個人蔵）である。

天正から文禄への改元は、天正二〇年一二月八日で、朝鮮の役初年度の大半は、天正年間として戦われた。銘文に見える壱岐の風本（壱岐市勝本町）には、秀吉の朝鮮渡海時の御座所にするために築城された風本城があるから、文禄の役との関係が深い土地柄である。

沙門の宗䨥とは元岡修理《もとおかしゅうり》のことで、壱岐城主の日高喜《ひだかこのむ》（喜斎）とともに朝鮮に従軍したという伝承が地元に残っている（聖母宮ホームページ）。日高喜は戦死したが、元岡修理は帰国した。元岡修理は仏門に帰依《きえ》し、宗䨥を名乗り、飴釉三耳茶壺を朝鮮で作らせて、壱岐へ持ち込んだと考えられないか。胎土や釉調のみから、唐津焼と断定する根拠はないように思われる。

千利休（天正一九年二月自害）所持の箱書きをもつ奥高麗《おくごうらい》「子のこ餅」は、器形も珍しい深筒で、唐津焼と言われている（図2-12）。閑事庵宗信〔坂本周斎（一六六六～一七四九年）〕が箱に、「千利休所持の三筒の一つ」と貼紙し、内箱蓋表にある「子乃この餅」の箱書は、「内箱書付

は細川三斎老」と細川忠興（一六四六年没）が書いたことになっている。しかし、この「子のこ餅」も、「茶聖千利休所持」ということで、大切に伝世されたであろうが、やはり後世の箱書きから年代を特定するのは危険で、「細川三斎老」の書付けを信用するとしても、一七世紀中葉までしか遡り得ず、付会の可能性を払拭できない。

また、最後の拠所、堺環濠都市遺跡で、堀跡から「天正十三（一五八五）年」銘木簡とともに唐津焼皿が出土した事例についても、木簡と唐津焼皿は同じ遺構から出土したとはいえ、埋没した時期が異なる可能性があるのである。

木質は空気中に放置すると短期間で腐り消滅するから、木簡が残るには水分の安定した土中に継続してあることが必要である。しかし次のような状況も想定せねばならない。すなわち、堀や

図2-11　天正二〇年銘飴釉三耳茶壺（聖母宮蔵）

図2-12　奥高麗「子のこ餅」

溝のような、たびたび溝さらいされる遺構の場合は、特に年代の推定に注意が必要で、木簡だけが浚渫《しゅんせつ》されず、古い堆積土と共に堀内に残る可能性がある。この事例についても、堀が最終的に埋められる時点で唐津焼皿が混じり、すでに長らく堀内に埋もれていた木簡が、発掘調査で一緒に出土したものと思われる。

以上検証すると、唐津焼は朝鮮の役時に連れて来られた陶工たちの技術で、肥前・岸岳古窯址群で始まり、大坂には一五九八年頃にようやくもたらされたと考えるのが妥当だろう。

旧北波多村の調査成果は、二〇一〇年三月と一一年三月に、唐津市教育委員会から『波多城跡』、『岸岳古窯跡群Ⅲ』として相次いで上梓された。出土遺構・遺物を網羅し、現在考え得る海外・国内遺跡との比較を駆使して、淡々と遺跡・遺物の性格を浮かび上がらせている。

朝鮮陶工の技術が日本にもたらされても、朝鮮人の白磁好みだけではなく、そのスタイルも焼き方も、日本人好みの自由奔放なものに変わっていった。

すなわち白色の藁灰釉系列では帆柱窯→皿屋窯と移り、深緑色などの土灰釉系列では皿屋上窯→飯洞甕上窯→飯洞甕下窯の順序で変遷する。土灰釉系では後出で新しい飯洞甕下窯が、藁灰釉系初期の帆柱窯と、時間的あるいは技術的な接点が存在するというから、唐津焼創始期の作陶においては、黄緑色系の瀬戸美濃焼を模したものである土灰釉系が先行し、その後、朝鮮好みの白磁に近い藁灰釉系が後追いした構図がみえる。

日本人の好みは、白色系統まで幅を拡げ、国内産桃山陶器のレパートリーは、いよいよ豊かなものになっていくのである。

（黒田）

第三章　慶長大地震と町中屋敷替え

難攻不落の城郭に変貌した第四期工事

文禄五（一五九六）年、京都伏見を中心に大地震が起こり、伏見城天守倒壊など、京坂一帯に大きな被害をもたらした。元号は文禄から慶長へと改められた。この慶長大地震の二年後、慶長三（一五九八）年八月一八日、秀吉は伏見城において死去する前、目に入れても痛くないほどかわいい〝国主〟秀頼を守るため、大坂城の大改造を命じる。これが豊臣大坂城にとって四期目となる大工事となった。将来この城の城主となる秀頼は、文禄二（一五九三）年生まれ、秀吉没年には五歳の少年に過ぎなかった。

たとえば、大川（旧淀川）に沿った惣構え北岸（調査地O）の造成は、大震災の経験からか、土運搬用の土手を築き、その両側の低いところに礎石建ちの柱を配置し、格子状に板壁を立て、板で囲まれた区画に土を入れていくといった、非常に手の込んだ工法を駆使したものであった。そうして出来上がった北岸の景観を、通称「川上家屏風」と呼ばれる「大坂城図屏風（大阪城天守閣蔵）」は、豊臣大坂城惣構え北部を北西から南東方向に俯瞰した図として提示してくれている（図3-1）。右下には東横堀川にかかる「浜の橋」（現・今橋）の欄干が見える。東横堀川と合流する大川沿いには、現在の土佐堀通りに当る東西道がはしる。

寛永年間（一六二四〜四四年）に成立した『当代記』の慶長五（一六〇〇）年条に、すでに東横堀川には北から「浜の橋・高麗橋・平野町橋・淡路町橋・備後橋・本町筋橋・久太郎町橋・久法（宝）寺町橋・かんとうし（安堂寺）町橋・うなき谷町橋」の橋名が見え、すでに橋が架設され、橋名を冠した各町割もできていたと思われる。第四期工事（町中屋敷替え）に伴う造成後、極めて素早く惣構え内の橋・道路は整備されたのである。

図3-1　川上家「大坂城図屏風」（大阪城天守閣蔵）

図3－2　八軒家船着き場跡の石碑（天満橋駅前）

　江戸時代、京坂間は淀川を行き来する三十石船で結ばれていたが、大坂側の船着き場は土佐堀通りの八軒家《はちけんや》だった。明治末年に淀川左岸をはしる京阪電鉄にとって替わられるまで、京坂の主要交通手段はここ発着の船だったのである。この船着き場は豊臣時代まで遡ると考えられ、京阪電鉄天満橋駅南側の老舗昆布店の前に、八軒家を顕彰する石碑が立っている（図3‐2）。

　筆者が二〇一三年に調査したのは、実にこの石碑の西隣の敷地（調査地P）だった（図3‐3）。当地には、土佐堀通りと南側の石垣で擁壁された高さ一〇メートルほどの崖に挟まれた、奥行き三〇メートル弱の東西方向の帯状の街並みが続く。

　発掘してみると、豊臣前期には南側の崖上の石町《こくまち》（古代の摂津国府からの遺称）から一直線に大川の河原まで落ちる崖地で、第四期工事では河原を四メートルほど嵩上げして、惣構え護岸を築成したことがわかった（図3‐4）。

　秀吉生前には当地は崖の迫る大川の河原で、大川は大坂城のすぐ北側で大和川と合流したから、水量も多く、とても船着き場をおけるような状態ではなかったようだ。第四期工事後、土佐堀通りが出来上がってからなら、八軒家の船着き場が当地に置かれても不思議ではない。ただ、慶長一六（一六一一）年、秀頼が加藤清正・浅野幸長《よしなが》らに守られて、二条城で待つ家康の元に船で出発する際には、当地は位置的に大坂城本丸から西方でありすぎるので、もっと本丸寄りの船着き場から乗船したものと思われる。

「大坂町中屋敷替え」令を伝える宣教師パシオ

ここで、先学諸氏が従来引用することが多かった、イエズス会のジャン・クラッセが一七世紀末に書いた『日本西教史』について、少し触れておきたい。同書の翻訳は明治一一（一八七八）年と非常に古く、しかも太政官翻訳局という国家機関によるものであった。

図3-3　天満橋京町の現場＊

図3-4　第四期の造成＊

実は明治新政府も幕府から禁教令を引き継ぎ、キリスト教信者を弾圧したのに対し、欧米諸国はこれに猛烈に反発し、禁制は明治六（一八七三）年に解除されると同時に、国家事業として同書を翻訳することとなったのである。ただ短期間の翻訳・編集のため、省略や誤訳も多く、また原書自体、後世の編纂物で、史料的価値は低い。したがってここでは、その原典であり、前章でも引用した宣教師フランシスコ・パシオの『日本年報』の記事を取り上げる。

パシオの文章を箇条書きにすると、

1　秀吉は死去後の戦乱を防ぐために、大坂城に新たな城壁〔長さ三里《レグア》〕をめぐらして、難攻不落のものとした。

2　大坂城内に主要な大名たちが、妻子とともに住めるように屋敷を造営させる。

3　伏見から大坂へ屋敷を移さねばならなくなった諸大名には、金、銀、米をもって出費を補う。

4　大名屋敷予定地には、商人や工人の家屋（七万軒以上）があったが、住民自らが二、三日中に取り壊した。

5　立ち退いた住民に対しては、長く真っ直ぐな道路で区分けされた代替地（船場を指す）が与えられた。家屋は軒の高さを揃え、檜材を用いるよう命じられた。

6　秀吉死後二週間ほどたつが、大坂の普請は進捗しており、諸大名に当てられた用地は、数ヶ所の丘が平地に変えられている。

レグアはスペイン・ポルトガル語圏で使われる距離の単位で、国と時代によって長さは異なるが、一レグアは徒歩で一時間に進める距離、だいたい四キロから五・五キロの範囲だといわれる。惣構え一周八キロであるから、やや齟齬があるが、当時、宣教師の眼には、惣構えは非常に大きく映ったに違いない。

この工事は、大坂の陣によって悉く文献史料が焼失した大坂にあって、「大坂町中屋敷替え」（光徳寺文書・浄照坊文書）令として伝えられている。その改造の主眼は、惣構え内の地盤を嵩上げ・整地し、惣構え内は武家屋敷で固め、商工者の町家は城郭外とりわけ船場に移転させて、防御と商工機能を分離して充実させることにあった。

ただ前章でも見たように、山口休庵が大坂冬の陣の籠城体制下でも、「西の高麗橋筋横堀の内と、南の八丁目黒門の内は、商工業者はそのまま商売している」と特筆している。惣構え内の一部、人の往来が絶えないところのみ商工業者がおり、その他は武家屋敷地だったのであろう。

慶長大地震を示す噴砂痕跡

上町台地を谷町筋の方から西に下りてくると、東側から松屋町筋、堺筋、御堂筋の順に南北道路が現れる。現在は大阪市を代表するオフィス街だが、元は難波砂堆の低湿地だった。松屋町筋と堺筋の間に城の内外を分ける、西惣構え堀である東横堀川があり、現在頭上を阪神高速道路がはしる。

図3－5　惣構え内　高麗橋東詰めの地層断面＊
（大阪歴史博物館特集展示「新発見！なにわの考古学2014」リーフレットより）

図3-5は、二〇一三年度に行われた、惣構え内である松屋町筋と東横堀川に挟まれた高麗橋東詰めの現場（調査地Q）での地層断面である。「豊臣前期の整地層」とあるのは文禄三（一五九四）年の惣構え堀普請時（第三期工事）の排土による盛土層である。この上面で礎石建物などが検出されているが、実はこの面が慶長大地震（一五九六年）の被災面である。

上町台地上に刻まれた南惣構え堀（調査地K・L）は、洪積台地を掘り込む空堀であったから、第三期工事の惣構え堀掘削から、冬の陣の講和で埋められるまで、さほど手を加えられることはなかったと考えられるので、遺構の時期の見極めは簡単である。しかし、この現場のような、低湿地である東横堀川の周辺は、第三期の掘削で出た土で盛土し、四年後の第四期工事で城内側も船場も盛土で嵩上げされるので、どちらの工事に伴う盛土かの判断に困難が伴う。また、たった四年の時間差を、陶磁器や土器の年代観から判断するのは不可能で、混乱に輪をかけた。

実は、その盛土がいずれの工事によるかを明確に見分けるコツがある。全ての調査現場で確認できるわけではないので、運に左右されるが、ここではひとつ城外である船場の好例をみよう。

図3-6は、東横堀川から高麗橋をわたって二〇〇メートルほど先、地下鉄堺筋線北浜駅の上に立つランドマーク「北浜タワー」の調査（調査地R）で検出した噴砂痕跡である。噴砂とは地震で地盤が液状化した際に、地盤の亀裂から大量に砂を含んだ地下水が噴出する現象で、一九九五年の阪神淡路大震災以来、お茶の間の話題にものぼるようになった。一円玉の斜め上方に伸びる痕跡は、水とともに噴き出した砂が地盤の割れ目に詰まった状態を示している。

当地はもと北浜三越の地である。図3-7の地層断面模式図の下部で、丸い凹凸《おうとつ》状に描いているのは、第11層を作土とする畠の畝や畝間《うねま》溝《みぞ》で、慶長大地震の揺れで第11層に亀裂ができ、地下水が噴き上がったのである。その上の第10層にその亀裂が及んでいないことから、第10層は地震時には存在せず、その後の盛土であることがわかる。魚商人の町屋だった時期が過ぎると第5層で盛土して、その上に第3層で整地した後、小規模だがしっかりした蔵（塼列建物）が建てられる。西隣地は第4層で嵩上げした後、東面する低い石垣が築かれ、東敷地よりも一段高くなっている。この第3・4層上面で大坂冬の陣の火災を受ける。第2層としたのは冬の陣の焼土層である。

図3-6　北浜三越第11層畠検出の噴砂＊

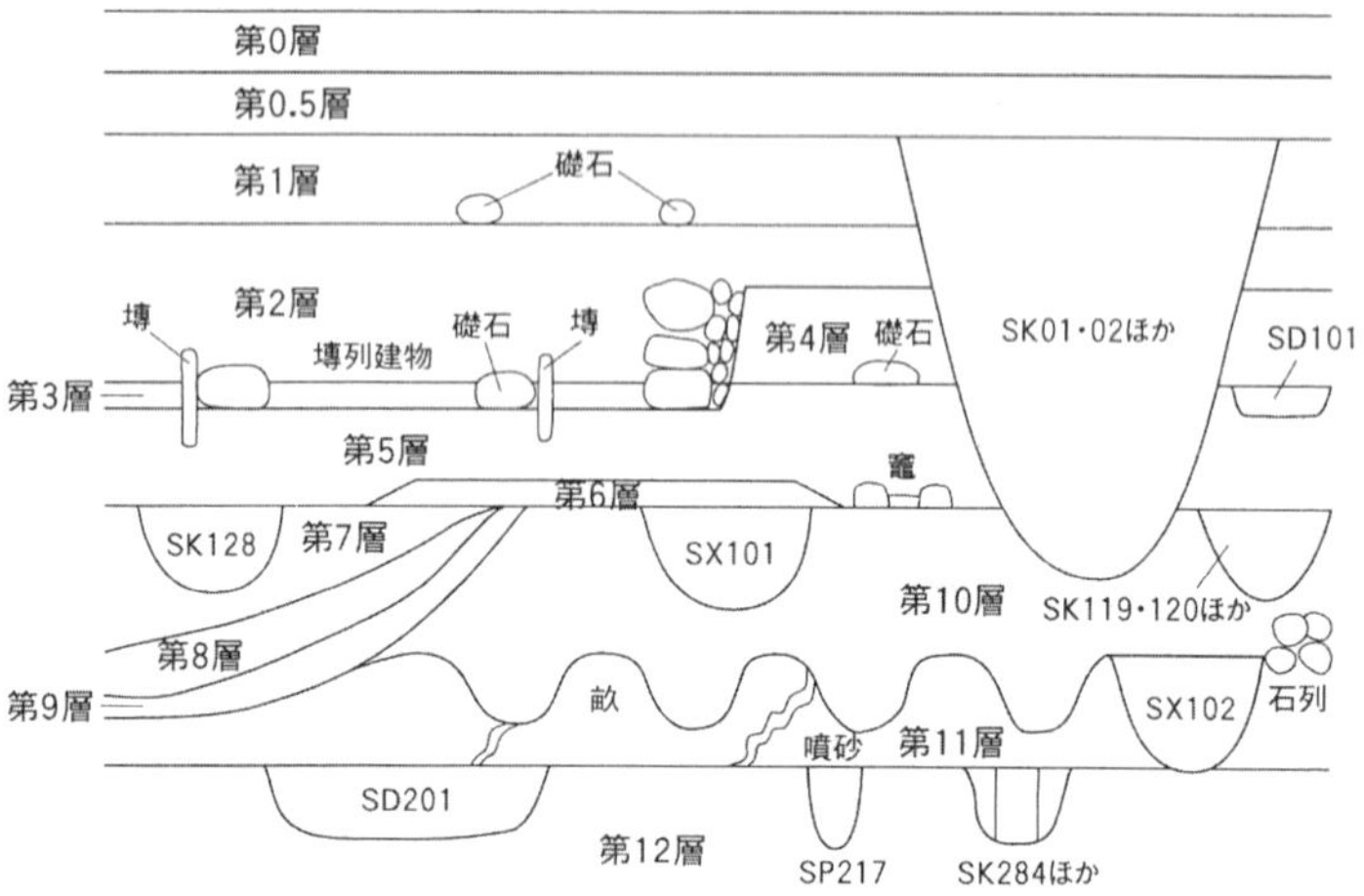

図3-7　北浜三越地層断面模式図＊

一五九六年の大地震時には、ここは畠として耕作されていたが、同じ時期、その南には鋳物屋《いもの》がいた形跡がある。一九八五年度の調査（調査地S）で、鋳物屋の作業場跡が検出され、掘立《ほったて》柱建物《ばしらたてもの》や溶解炉跡、粘土を貯蔵した施設などの遺構と、多量の鉱滓《こうさい》や鋳型《いがた》など、鋳物に係わる遺物が出土した。

ここで作っていたのは、農具の犂先《すきさき》や鍋など日用品で、屋根をもった作業場内部の北東隅に、ほぼ完形の犂先の鋳型が四個並んで置かれていた。建物の内部には、長辺四・五メートル、短辺二・五メートルの穴が掘られ、穴の中からも犂先と筒状のものを作る鋳型の完形品が出土した。一般に鋳型は、溶かした金属を流し込む「鋳込《いこ》み」作業が終わった後、製品を取り出すために壊される。

したがって、完形の鋳型が出土するということは、鋳込みの準備をしながら、鋳型ごと放棄したのである。わざわざ手間ひまかけて用意したものを、打ち捨てて退去したことから、当時の緊迫した状況が読み取れる。

土器・陶磁器から豊臣前期であることは確実で、鋳物屋が計画的ではなく、突然移転せざるを得なくなった事態は、秀吉の急な船場整備に伴う強制的な移転を想起させる。第四期（町中屋敷替え）工事が発令されたのだろう。

通常、鋳物屋など火を扱い、空気を汚《よご》す職業は、城下町でも周縁部に置かれる。鋳物屋があった頃は、当地は城下でも縁辺部に位置し、隣地では畠で野菜なども作られていた。言い換えれば、慶長三（一五九八）年まで船場の開発は、さほど進んでいなかったことを物語っている。第四期工事発令の瞬間を垣間見せてくれる、考古学的に非常に貴重な調査成果といえる。

造成された船場の範囲は、北は道修町通り《どしょうまちどお》、南は南北久宝寺町《きゅうほうじまち》の境あたり、東は東横堀、西は心斎橋筋あたりと考えられている。

宣教師パシオは『日本年報』の中で、「(惣構え内にいた) 商人や工人の家屋 (七万軒以上) があったが、すべて木造だったので、住民自らの手ですべて二、三日中に取り壊されてしまった。ただし (立ち退きを命ぜられた) 住民に対しては、長く真っ直ぐな道路で区分けした代替地が与えられた。そしてそれぞれの家屋は軒の高さが同じになるようにして、檜材——日本における最良の材木——を用いるようにと命令された。この命令に従わなかった者は、地所も (建築に) 必要な材木も没収されるということであった」と記しているが、この文中に見える代替地が、すなわち船場である。つまり、新しい町人町ではきわめて計画的な都市づくりがなされたのだ。

町ごと堺が船場に引っ越し

この城下の拡張、特に船場の開発の目的は何だったのか。話は二年前に遡る。

実は、隣の堺が慶長大地震でほぼ壊滅していたのである。宣教師の『日本年報』によると「堺の被害は一層ひどく、三時間にわたってのこの地震の振動で、沈んだ諸建築物を五年間でも復元させることはできまい」という惨憺《さんたん》たるありさまであった。

秀吉は大きな投資を必要とする堺復興の道よりも、築城以来、相当充実してきていた大坂の商業や港湾機能の充実を促進する道を選択したのだ (もちろん大坂の陣で、堺は徳川方の兵站基地にされるくらい、地震後ほぼ二〇年で、それなりに復興していたことも事実である）。

慶長大地震は大坂でも、「とりわけ川沿いで倒壊し、噂によると（大坂市中で）死せる者六百余人」（『日本年報』）と、低地部での建物倒壊が目立った。

したがって、第四期工事において、土地の嵩上げと同時に、城の内外の新埋立地の地盤強化が取り沙汰されたようである。そして、本章冒頭で述べたとおり、まず土手を構築し、それに接して礎石建ちの柱を配置し、格子状に分厚い板壁を立て、その板に囲まれた各空間に土を充填していくという工法が取られた（図3-8〜11）。

新しい商業の中心地・船場を重要視したことは、城の正面玄関ともいえる大手門を、南東側の玉造口から南西側の生玉口にしたことからもわかる。大阪府警本部敷地（調査地T）検出の生玉口馬出し曲輪は、「コ」字形を呈する堀をもつ角《かく》馬出し（方形の馬出し。ほかに弧を描く「丸馬出し」がある）だが、その南堀と南虎口（城の出入口）は本町通りに面している（図3-12）。『大坂陣山口休庵咄』によると、冬の陣の真田丸攻防で、大坂方が討取った本将出雲守の首を、「三

図3-8　惣構え内の北浜東で見つかった造成時の土手＊

図3-9　北浜東の板壁を用いた造成技法＊

図3-10　北浜東の地層断面模式図＊

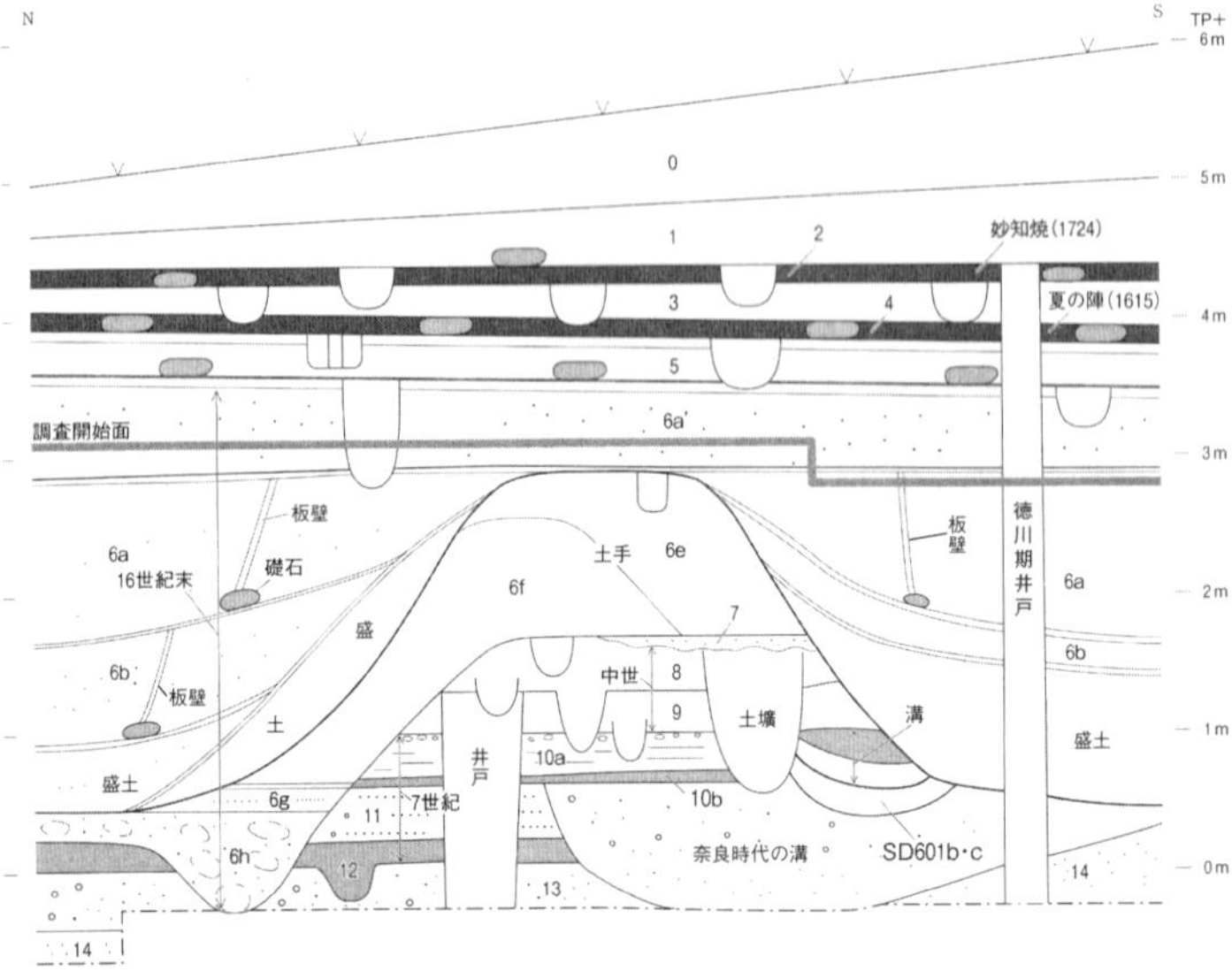

の丸西の大手に首をもならべ置かれ候」とし、大坂の陣の頃には、生玉口が大手門であったことを伝えている。

秀吉が船場の町屋に、軒の高さを揃えることや、檜材の使用を命じたのは、国際港湾都市としての体裁にこだわったからである。船場と東横堀川を横切る橋々が完成すると、東西に並んで位置する物構えと船場は一体化した。本町筋橋から城内（物構え内）に入ると、現・本町通り（町

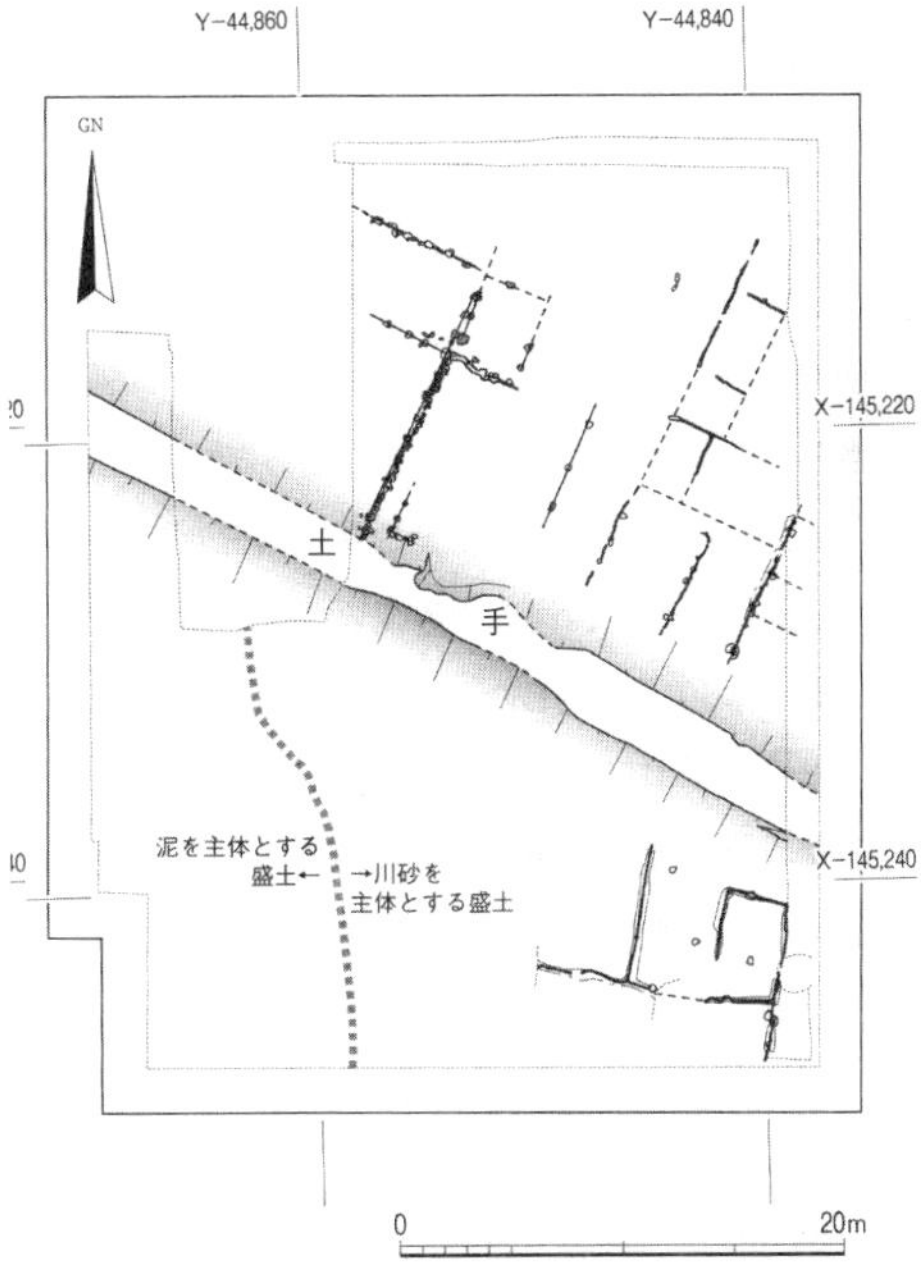

図3-11　北浜東の土手と板囲い平面図。格子状の板壁の跡が残る＊

図3-12　生玉口馬出し堀と本町通り（大阪府文化財センター提供）

図3-13　調査地Uの石垣と石組み溝＊

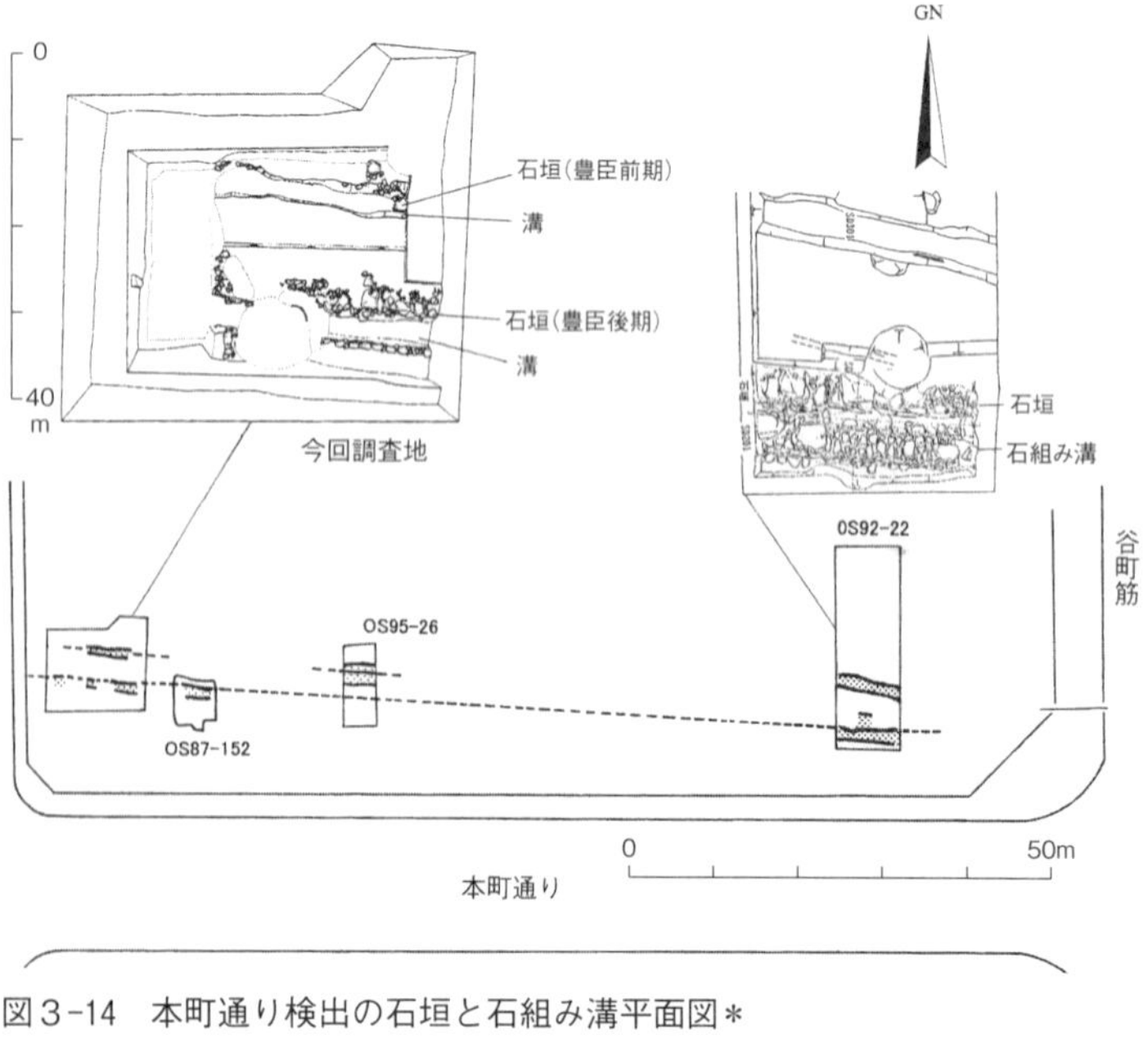

図3-14　本町通り検出の石垣と石組み溝平面図＊

名は「内本町」）の北側には東西方向の石垣と、この石垣に沿って設置された石組みの排水溝がある。この道は船場の中心に通じ、大手道の風格を整えていた。

本町通り北側の敷地（調査地U）には、もともと豊臣前期の石垣と素掘りの東西溝があったのだが（図3-13）、それを第四期工事で埋めて、この石垣と石組み溝を新たに構築した（図3-14）。これらも夏の陣（一六一五年）で被災するが、石垣は最も良く残っているところで、高さ一・二メートル強、傾斜角度は約七〇度で、裏込め石（石垣石と土壁の法面《のりめん》の間に詰める栗石。石垣の水抜きを良くする）はほとんどない。石垣は下部より上部に、より大きな石が使用され、矢穴《やあな》〔石を割るためのクサビ（矢）が入るように、直方体に彫った小穴〕をもつ石垣石もあった。

石組み溝は幅一メートル、深さ〇・四メートル前後である。壁は比較的平らな石を二段に積み、底にも壁と同様の石が敷き詰められていた。この石組み溝は上町台地の東から西へ水を落とす、基幹的な排水施設であったと考えられる。

ゴミ穴からわかる船場の変遷

北浜三越跡（調査地R）の地層断面模式図（図3-7）から、第四期工事以降の船場の変遷を見ておきたい。

当地に建っていた北浜三越は、江戸時代中期以降、「呉服町」として全国に名を馳せた高麗橋通りでも、著名な大店《おおだな》「三井越後屋」の直系である。大坂の町は基本的に「両側町」と言って、通りの名称がその道路を挟む両側の町屋の地番になっている。船場の町名は、大川を北限として、南へ順に、北浜・今橋・高麗橋・伏見町・道修町……と続いていくが、筆者の担当した北浜三越の調査区は、伏見町側だけであった。北に接する高麗橋の敷地は、大正一三（一九二四）年の三越呉服店のデパ地下建設で、既に遺跡は消滅していたからである。

この伏見町一丁目は、江戸時代の絵図に「本靭町《もとうつぼまち》」と記される。近世大坂の魚市場としては、船場の西方、津村葭島《よしじま》の「靭《うつぼ》町」が名高い。元和八（一六二二）年に魚市場が葭島に移転する以前の地が、正に当地であることから、「もと」を付けて呼ばれたのである。そもそもの「靭町」の名称は、秀吉が付けたという伝承がある。

図3-7をみると、慶長三年の盛土である第10層は左で落ち込み、第7～9層が堆積して平坦化しているが、これは町屋の敷地の奥が、ゴミを捨てやすいようにしばしば掘られて凹地《くぼち》をなし、ゴミ投棄とともに次第に埋まっていく様子を示している。船場の町屋遺跡で、まま見られる現象である。魚木簡はこのゴミ捨て場から、無数の魚骨と共に出土した。当地の東隣の一九八五（調査地S）・八七年度調査地（調査地V）でも、ゴミ穴から魚木簡が多数出土しており、当時の魚市場の賑《にぎ》わいを窺わせる。

慶長三年に当地に魚市場が移って来た当初は、生魚商と塩干魚《えんかんぎょ》商が共に軒を並べていた。大坂の陣後、市場として再開する元和四（一六一八）年に、生魚商のみが南の上魚屋町（現在の中央区安土町一丁目・備後町一丁目）へ移転し、続いて延宝年間（一六七三～八一年）になって、生魚商は大川河口に近い雑喉場《ざこば》に移り、明治に至るまで繁盛した。ゆえに雑喉場は生魚商だけで、先述した元和八年の靭町への移転は、実は塩干魚商のみで行われた。調査地Vではその移転に際して、塩干魚商が掘った不用品処分用ゴミ穴から、莫大な量の唐津焼が出土し、現在日本全国における「唐津焼編年」の一定点を示す基準資料となっていることも、一言申し添えておきたい。

室鯵《むろあじ》・鯵・鯖の荷札

魚木簡は魚貝類に付けられた荷札である（図3-15）。その形態はさまざまで、最も多いのは木札の頭部に切り込みを入れ、下端を尖らせるものである。頭部の切り込みは、紐を巻きつけて荷物に結わえ付けるためのものであり、下端の尖んがりは、荷物に差し込むためのものである。この点、古代の荷札木簡と共通するが、豊臣期に見られる特徴もある。その一つが木簡の頭部の屋号と思われる符号である。

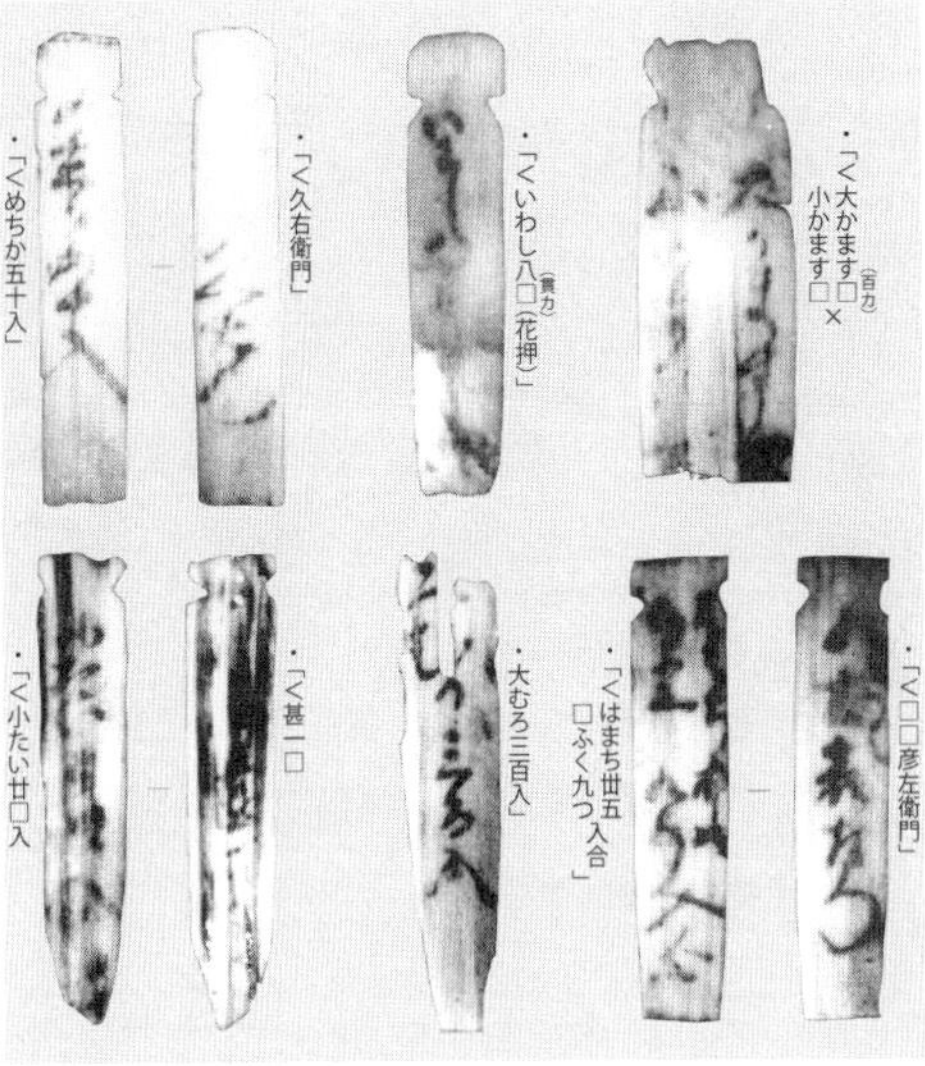

図3-15　北浜三越跡から出土した魚木簡＊

木簡に書かれている文字は、「品名」「数量」「送り主」の三項目が基本であり、どの木簡にも表裏に文字が書かれている。木簡に記された品名は、わずかな例外を除いて魚貝類に限られる。たとえば、片面に「はまち卅五□ふく九つ入合」、もう一面に

図3-16　蔵（塼列建物）（南西から）＊

「□□彦左衛門」というように、片面に魚名と数量が、他の面に人名が書かれたものが多い。しかし両面に人名があるものなどもあり、書式が決まっているわけではない。

また、数量の表現も「大むろ（室鯵）三百入」「大ひらめ五十れん」「めちか（かれい）四十まい」などの色々な単位が使われている。この表現の差は、付けられた荷物の種類によるようで、鮮魚は「入」「入合」、乾物は「さし」、鰹節は「束」が用いられている。「さし」は乾物を刺し通していたからであろう。

人名には、一枚の木簡に二人の人名を記したものがある。たとえば、「□惣左衛門殿　七右衛門」と書かれたものの場合、七右衛門から□惣左衛門へ荷物を送ったということであろう。一人だけの人名と、片面に魚名・数量を書く場合は、「殿」「様」などの敬称がないから、荷物の送り主と思われる。魚市場に集まった品物には、鯛・鯖・室鯵・鯵・こち・がしら（カサゴ）・はも・ちぬ・鰯《いわし》・ぶり・ふぐ・ひらめ・かます・はまち・めちか・あわび・いか・蛸・いそいを（磯魚）・鯨・鮫・鰹節などがあり、なかでも室鯵・鯵・鯖の荷札が多いが、これらは江戸時代には「下魚」とされたもので、高級魚である鯛・はもなどは少ない。調査地Vのゴミ穴から魚木簡と共に出土した木製品のなかに、「正月吉日辛酉元和」「元和六年卯月吉日」と書かれたものがあり、元和辛酉は元和七（一六二一）年に当り、文献史料の元和八年、葭島靭町移転を裏付ける資料となった。

その後、北浜三越調査地から魚商人は引越ししたのか、再度敷地は嵩上げされ、立派な蔵（塼列建物）が建つ（図3-16）。当地はこの塼列建物の時期（図3-7、第3層）に、大坂冬の陣（一六一四年）を迎えるのである。

砲弾の鋳型は「朝鮮の役」用か？

噴砂以外にも、年代決定に益する遺物がある。一九九〇年の高麗橋東詰めの調査（調査地W）で出土した砲弾の鋳型である（図3-17）。

秀吉が引き起した「朝鮮の役」は一五九二～九八年で、正に豊臣大坂城の改造・修築の時期と重なる。役は秀吉死去で終焉するが、第四期工事は秀吉が死ぬ直前に発令される。

朝鮮の役は勃発当初、秀吉軍の火縄銃の精確さに恐れをなした朝鮮正規軍が逃散し、一時は破竹の勢いで北進したが、朝鮮側が態勢を整え、明国も参戦するや、兵粮・弾薬など軍需品の補給自体が困難となった。

火砲に関しては明・朝鮮側に一日《いちじつ》の長があった。朝鮮では火器は高麗時代末の恭愍王《きょうびんおう》代（在位一三五二～七四年）前後に導入された。すなわち種子島へ鉄砲が伝来したとされる天文一二（一

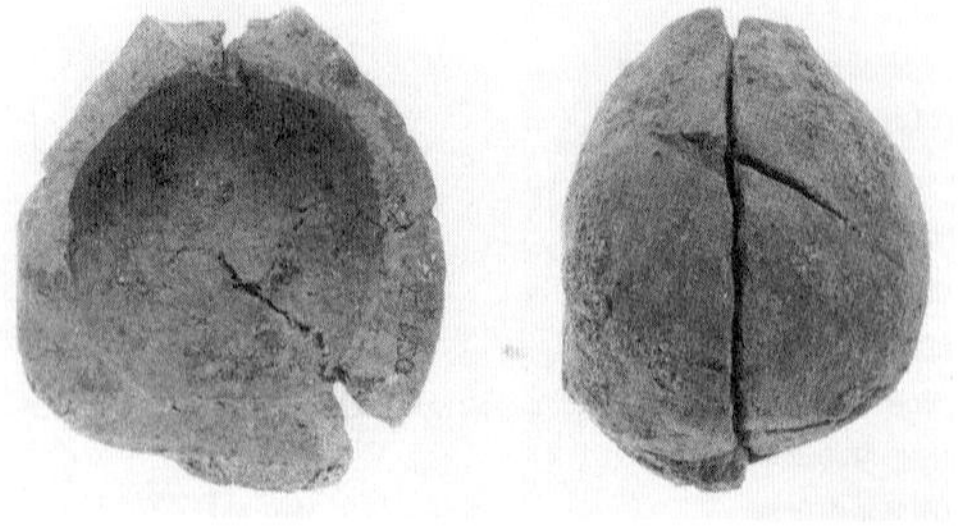

図3-17　砲弾の鋳型（上部の湯口から溶かした金属を流し込む）＊

五四三）年を遡ること一七〇年以上前である。高麗・朝鮮両王朝とも、火器の情報が日本人に漏れることを恐れ、実際、火器は長らく倭寇の撃退に威力を発揮した。

　朝鮮の火砲は基本的に大型で、名称は大口径から小口径へ向って、漢字手習いである「千字文《せんじもん》」書き出しの「天地玄黄」の順に一字が付され、「天字銃筒」「地字銃筒」などと名付けられ、大型は主として艦載砲で、陸上の運搬には不向きだった。日本の火縄銃クラスは「黄字銃筒」となるが、黄字銃筒はただの金属製パイプに近く、命中率はすこぶる悪かった。

　日本では大砲のことを「石火矢《いしびや》」と呼ぶ。大型火砲は、山がちな日本国土では運搬に労があるから、普及はかなり遅れた。関ヶ原の戦いやその前哨戦の大津城攻めなどに用いられた大砲は、朝鮮の役時の鹵獲《ろかく》品であろう。

　また大砲の弾といえば、現代人は着弾と同時に爆発する榴弾《りゅうだん》（炸裂弾）を思い浮かべるが、当時は陸上競技の「砲丸投げ」よろしく、金属製のムクの球だった。

　高麗橋東詰めの調査で、第四期工事の嵩上げのために築堤された土手の直下から、洋梨形の砲弾の鋳型が一〇〇個体以上出土した。これらが鋳型であることは、洋梨のヘタに当る部分が逆円錐形に切除され、湯（溶かした金属）を流し込む「湯口《ゆぐち》」になっていることからも間違いない。

洋梨を二つに割り、芯を中心に果肉部を直径四・〇〜五・四センチの半球状にくりぬいた形態であった。

しかし実際の鋳型製作では、球形の模型に布をかぶせ、粘土で包み、「相印《あいじるし》」と呼ばれる相方と合わせる際の目印を付けた上で、真っ二つに割り、模型と布を除去し、再度、相印で相方と合わせて砂混り粘土の外皮でくるんで焼いた。これを地面に埋め並べて、湯を流し込んだものと思われる。

鋳型の付着物から鉄製品を作っていたこともわかった。当時の大砲は「石火矢」の名のとおり、大石を砲弾として火薬の爆発で飛ばす「射石砲《しゃせきほう》」（『日葡辞書《にっぽじしょ》』）であり、少々弾が歪んでいても問題なかったのである。

役開始当初から、朝鮮・明軍の火砲に対抗するため、秀吉は大型火砲の鋳造を急がせ、播州（兵庫県南部）野里《のざと》村鋳物師《いもじ》芥田《あくた》家に命じて播磨一国の鋳物師を動員し、石火矢を造らせた。弾丸も朝鮮半島で必要であるから、水運の便が良い大坂で急造したのであろう。砲弾の鋳造場の放棄は、第四期工事開始の時期、すなわち朝鮮の役終結の一五九八年である。

鉄砲の荷札が出土した玉造大名屋敷

兵器に関する出土品は他にもある。一九九五年四月の、大阪女学院（大阪城玉造口より六〇〇メートルほど南に位置する）の発掘調査（調査地X）で、表に「てつはう卅三ちやう□　五ちやうゆい」、裏には「□《たカ》つの」と読める文字がある墨痕鮮やかな荷札木簡が見つかった（図3-18）。

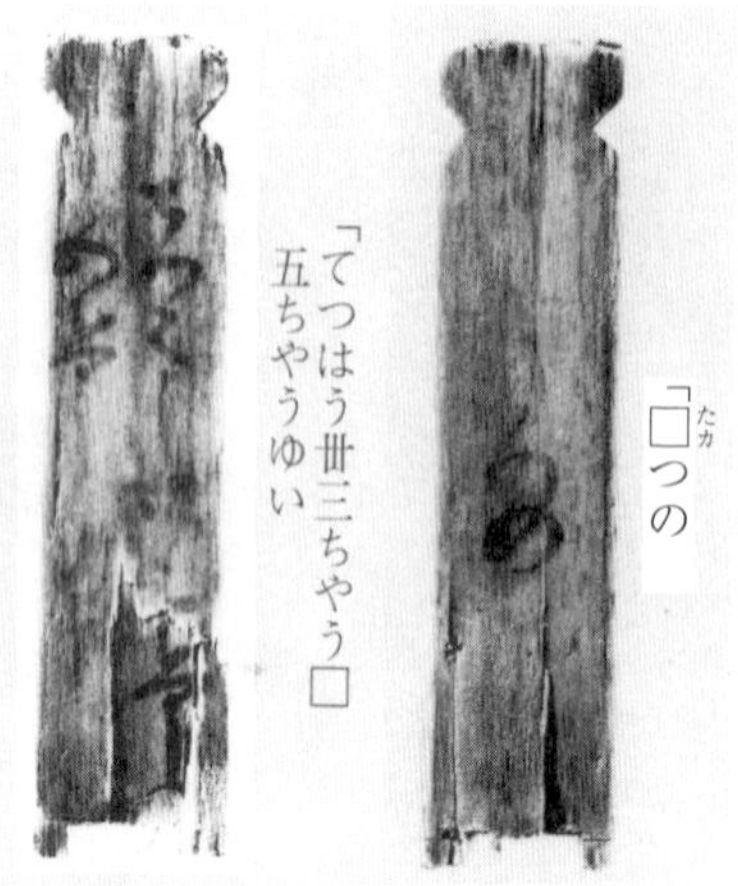

図3-18　鉄砲荷札木簡＊

この木簡は第四期工事の層厚三メートル以上の盛土下層から一六世紀末までの陶磁器や瓦と共に出土した。

「てつはう」は「鉄砲」のことで、「ちやう」は「挺」のことだから、表は「(荷物は)五挺で束にした鉄砲三三挺」といったところで、裏は送り主の名か発送地名、或いは宛て先の人名か地名と考えられる。下部は欠けており、木簡の大きさは、残存長一〇・五センチ、幅二・四センチ、厚さ〇・四センチと小さい。

さて、鉄砲荷札の裏の文字だが、最後の「の」を含めて三字とするか、二字とするかで読みが異なる。三字とした場合、最初の字は「多」のくずし字の「丶」の可能性が高いと思う。中央の字は、「の」とのつなぎがやや不自然だが、「つ」と考えられる。したがって、「たつの」である。二字とした場合は、平仮名の「ら」や「ろ」に似ている。しかし、「らの」「ろの」では意味をなさないように思われる。

「たつの」に関連する大名としては、天正一五(一五八七)年から文禄二(一五九三)年まで、播州・龍野城主を務めた木下勝俊が挙げられる。勝俊は「たつの侍従」と呼ばれるが、大坂屋敷の存在を窺わせる史料はない。

次いで文禄三～四年に龍野城主になるのが小出吉政である。吉政は大政所（秀吉の母）の妹と小出秀政の間にできた長子、すなわち秀吉の従弟《いとこ》で、父秀政は秀吉が羽柴を称していた時代、秀吉の弟秀長以外では唯一、羽柴を称したほど、秀吉の寵愛を受けていた。吉政も永禄八（一五六五）年に尾張中村に生まれ、長く秀吉に仕えていた。ただ管見の及ぶ限りでは、吉政は官職名である「大和守」で呼ばれており、「龍野様」の呼称はみられない。また小出吉政以降、慶長三（一五九八）年までは、龍野は蔵入地《くらいりち》であって、該当する城主をもたない。

しかし、細川家の家伝である『綿考輯録《めんこうしゅうろく》』で小出吉政の使者が語る記事と、その中で記されている細川忠興邸があったと言われる越中井の位置を鑑みる時、やはり、この「たつの」は小出吉政に関係する可能性が高い。宛先が「たつの殿」や「たつの様」ではなく呼び捨てであり、用が済んで廃棄された荷札であることから、宛先の地名を示したと考えられる。細川邸の「越中町」、宇喜多邸の「岡山町」（江戸時代、越中井の東側に「岡山町」あり）など、豊臣期の玉造界隈は、町名を大名の領地名で呼んでいるから、小出邸を「龍野町」と呼び、龍野城主を解かれた文禄四年以降も、慣例で「たつの」と呼ばれていた可能性を考えたい。

吉政の父・小出秀政は秀吉の死の直前の慶長三年八月一四日、大坂城本丸裏門の番を仰せ付かっている。この番のため、急遽《きゅうきょ》息子の吉政邸に鉄砲を運び込ませた可能性もあろう。荷札木簡は日にちを置かず、投棄され第四期の盛土の下に封じ込まれたことも考えられよう。現在は失われてしまった玉造大名屋敷配置復元の一助になる木簡の発見であった。

図3-19　越中井

細川忠隆奥方の逃走経路

先に述べた「越中井」（府指定史跡）は、細川忠興邸の台所の井戸であったという言い伝えをもつ（図3-19）。ガラシャ夫人の壮絶な最期は、関ヶ原合戦（一六〇〇年）で徳川方に勝機を与えたとも言われている。

時代は下って、大坂夏の陣で先陣を果たした加賀藩将士が、「越中殿やけ屋敷迄《まで》参り候」と首取り状に書き付けた（『元和大坂役将士自筆軍功文書』）から、その後一五年間の秀頼時代、焼け跡は放置されていたことがわかる。

「首取り状」とは、敵味方入り混じっての乱戦中では、後の恩賞の証拠品たる敵将の首を持ち歩くわけにはいかないので、首は打ち捨て、味方の武将を証人に立てて、後日、藩重臣や軍《いくさ》奉行宛てに、武功を明記して提出した書状のことである。手柄をたてた場所、証人、日時、進撃経路、高名場所の状況など、かなり詳細な内容をもつものもある。

細川忠興は、将軍足利義昭に仕えた細川藤孝《ふじたか》の子で、初め織田信長に仕え、本能寺の変後は秀吉と誼を通じた。丹後宮津一二万石と、それに加え豊後杵《き》築《つき》六万石を領有していたが、関ヶ原合戦の戦功でさらに加増されて、豊前中津三九万九〇〇〇石となった。

さて越中井は、徳川開幕とも係わる遺跡であるから、寛政一〇（一七九八）年刊行の『摂津名所図会』でも一項が立てられ、二〇〇〇年の時空を超えて人口に膾炙された。現在、この推定細川邸の地にカトリック教会の聖マリア大聖堂が建っている。大聖堂関係者に、聖堂建立に当ってガラシャ夫人旧邸址を選択したか否か、問い合わせたことがあるが、別にそういった経緯はなかったという。しかし、なにか歴史の因縁を感じる。

越中井の脇にたたずむ新村出《しんむらいずる》氏選の碑文にその由緒をたどると、「大阪城南玉造門を去る数町、越中町あり。細川越中守忠興の邸址と称せられる。慶長五（一六〇〇）年、関ヶ原役起るに先立ち、忠興、徳川公に従いて東征し、秀林（ガラシャ）夫人が邸に留守した。石田三成等を頭に、忠興を牽制しようと思い、夫人を城中に誘致して、これを人質としようと謀《はか》る。夫人応じず。三成等強要すること頻《しき》りであったが、固持して遂に出なかった。ここにおいて七月一七日、城兵を派遣して邸を囲み、夫人を捕えようとした。（細川の）家臣は急を告げた。夫人は毅然として、まず伯母の武田氏、長男夫人前田氏等を退去させて、老臣小笠原松斎に介錯《かいしゃく》を命じて、落ち着いた様子で死に就いた。家臣等は火を邸に放って、これに殉じた」というものである。これにより、石田三成は機先を制せられ、前哨戦の人質作戦は失敗に終わるのである。

しかし、碑文にあるように細川忠隆（忠興の長子）の奥方千世は、義母ガラシャのように自害はせず、近所にある実家の前田利長邸へ逃げた（それが理由で、忠興は忠隆に千世との離縁を迫り、拒否した忠隆は廃嫡された）。では、この越中町を起点に、千世が実家へどのように逃げたのか、そのコースを細川家史『綿考輯録』から復元してみる（図3-20）。同書慶長五年七月二六日条は、小出吉政の使者が忠興に語ったところを次のように記す。

「大坂御屋敷は七月十七日戌の刻（午後八時頃）ばかりに火かかり、御簾中《れんじゅう》様（ガラシャ夫人）御自害なされ、（長男）忠隆公の御奥様は、乗物三挺にて此の方（小出）屋敷の前を御通り、前田肥前殿屋敷へ御入り候由、見もうした」とある。細川邸から前田邸に行くには、小出邸の前を通らねばならなかったことになる。『細川忠興軍功記』によると、前田邸と宇喜多邸は隣同士で、『武徳編年集成』慶長五年七月条によると、細川邸の隣に宇喜多邸がある。細川邸には表裏二門があり、侍女が残した『霜女覚書《しもじょおぼえがき》』に「表門　西の門」とあるから、西の表門から逃走したのだろう。

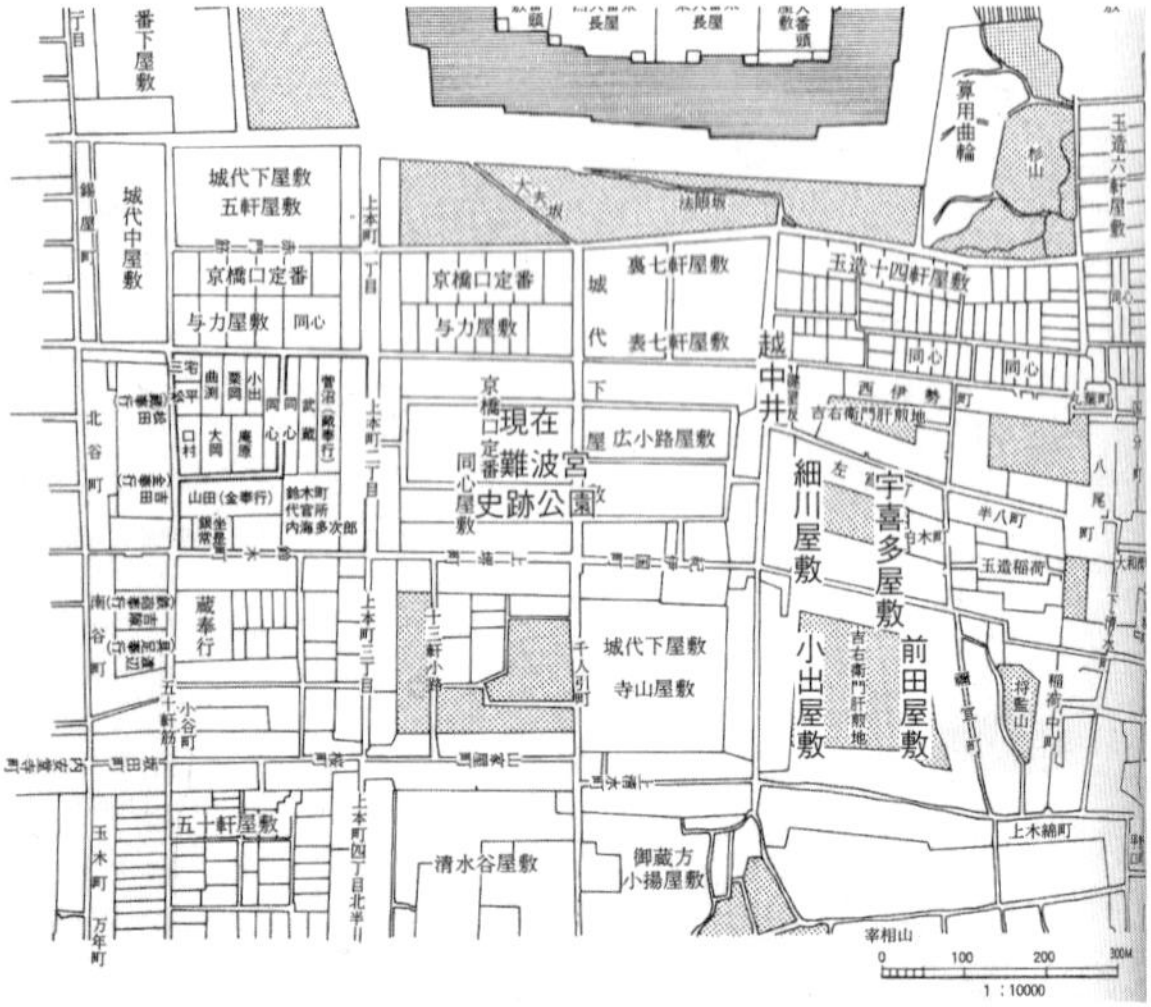

図３-20　玉造大名屋敷の推定図〔江戸時代文久４（1864）年の地割上に、関ヶ原合戦当時の推定される屋敷名を入れた〕＊

　秀吉は前田利家の娘・豪姫を養女に貰い受け、豪姫は宇喜多秀家に嫁ぐ。忠隆夫人の千世は豪姫の妹なので、秀家は義兄に当るが、秀家は三成派だから、宇喜多邸を避ける必要を感じたのではなかろうか。前田邸に逃げ込むには、越中井そばの西側の門を出て南下するしかない。すなわち大聖堂の南西隅を左折して久宝寺橋通り（難波宮史跡公園の南側の東西道路）を東へ進むか、さらに南進して一本南の安堂寺橋通りで左折したはずである。前田邸と宇喜多邸は隣同士ということであるから、久宝寺橋通りを挟んで、北側に宇喜多邸、南側に前田邸があったと推定されるからである。

これら秀吉取立て大名の内、第一章で見たように、細川・前田両家は聚楽第の三の丸内（石塁の内側）北西部に邸宅を構える。秀吉とは昵懇《じっこん》の間柄であった。宇喜多秀家は岡山城主宇喜多直家の息子で、若くして秀吉に気に入られ、養女・豪姫を貰い受けた秀吉期待の若武者であり、聚楽第では徳川家康邸の東向いに邸を構えた。忠興に注進した小出吉政は秀吉の従弟で、数少ない秀吉の血縁者である。この大坂城のお膝元・玉造の地は、築城当初に昵懇の大名に屋敷地を宛がった可能性が高い。小出邸が大聖堂の南方、大阪女学院（調査地X）の地と考える所以《ゆえん》である。

谷町筋に並ぶ徳川四天王の武家屋敷

京都大学の横田冬彦氏によると、秀吉の生前、聚楽第が機能していた天正一五（一五八七）年から文禄四（一五九五）年まで、京都が徳川や毛利・伊達・島津など、外様大名をも集住させ得た豊臣政権の首都だった。対して大坂は、秀吉子飼いの家臣や豊臣取立大名は屋敷をもっていただろうが、それ以外は「宿所」と呼ばれる着替えをする程度の家屋をもつに過ぎず、とても大名の妻子を居住させられるような代物《しろもの》ではなかった。

図3-21　谷町地下駐車場発掘現場（北から）＊

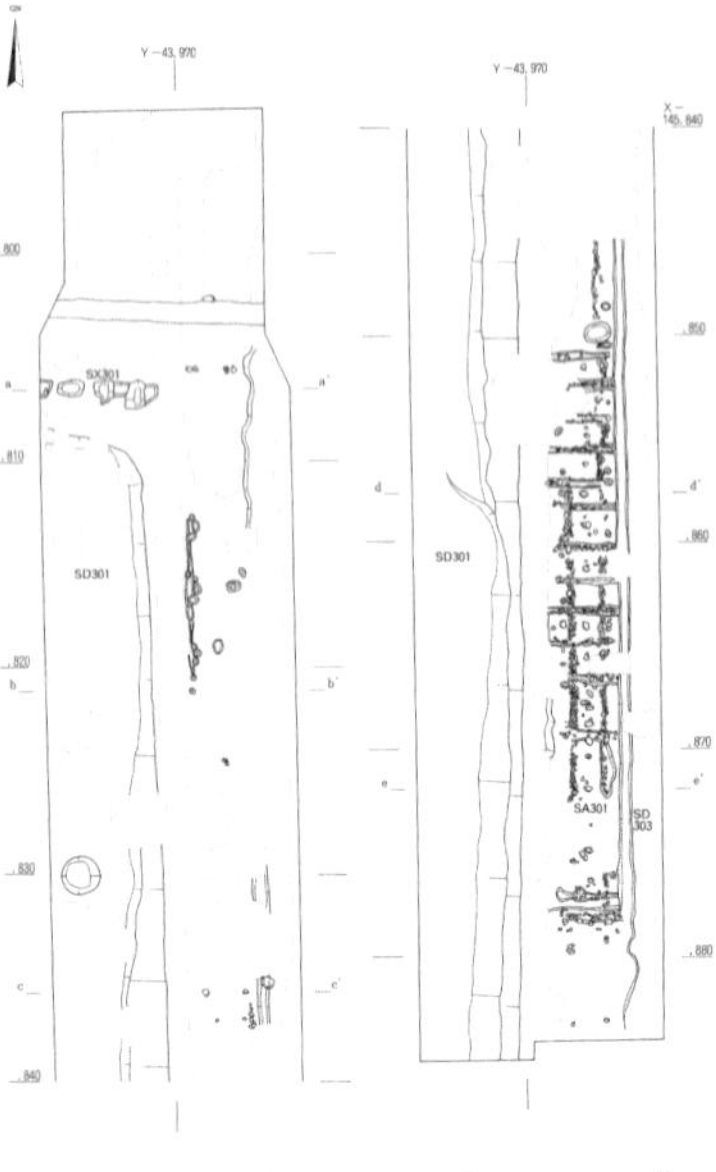

図3-22　谷町地下駐車場　袋土塀址平面図＊

天正一六（一五八八）年、毛利輝元上洛の際、大坂での宿泊・饗応の記事（『輝元公上洛日記』）から、黒田孝高・宇喜多秀家・毛利吉成らの大坂屋敷が、また、文禄三（一五九四）年二月の秀次の大坂滞在の記事から、蜂須賀家政・宮部継潤《けいじゅん》・小出秀政・宇喜多秀家らの大坂屋敷があった（『駒井日記』）ことがわかる。これらの多くは大坂築城当初からの城下、玉造周辺にあったようだ。立花宗茂《むねしげ》や生駒親正《ちかまさ》など西国大名は、豊臣前期に大坂屋敷をもっていたが、東国大名は第四期工事以前には、京都にしか屋敷はなかった。

第四期工事後、東国大名は伏見城から大坂城惣構えに屋敷を移転させられる。そして、慶長四

（一五九九）年三月、秀頼の補佐役の前田利家が死去すると、九月には東国大名の頭目である徳川家康・秀忠父子が大坂城に移り、家康は西の丸に、秀忠は二の丸に住した。

二の丸の西側、谷町筋の地下駐車場建設に伴う調査（調査地Y、図3-21）で、秀頼時代の大

図3-23　袋土塀址検出状況＊

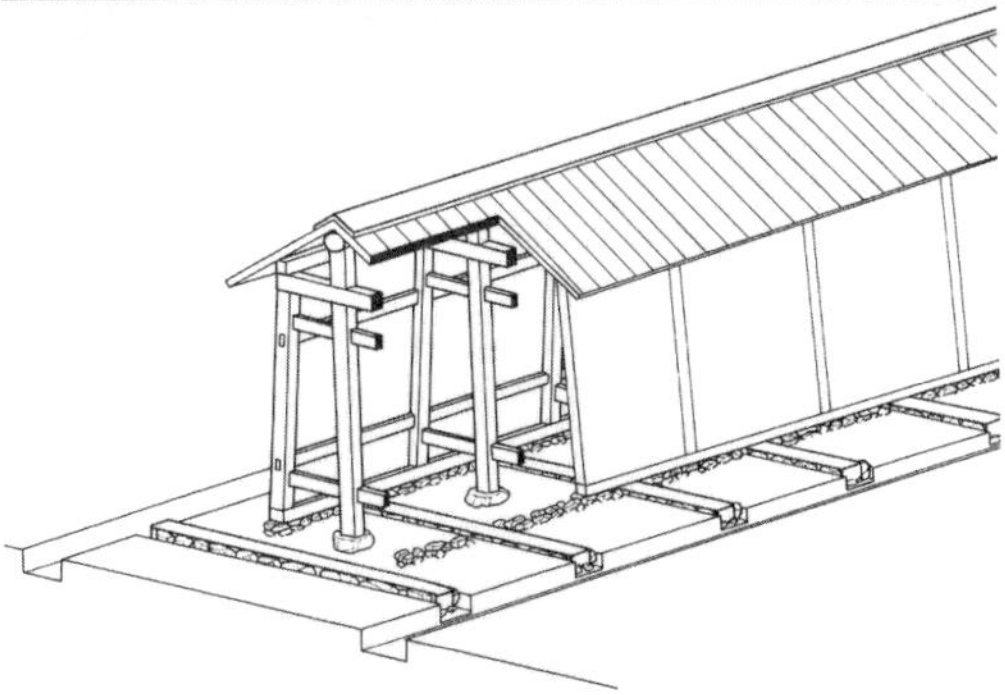

図3-24　袋土塀復元図（李陽浩氏作画）＊

図3-25　金箔押し井桁紋軒丸瓦＊

図3-26　金箔押し井桁紋飾り瓦＊

図3-27　袋土塀の棟復元案＊

図3-28　榊原家の「源氏車」紋軒丸瓦＊

名屋敷の袋土塀《ふくろどべい》が見つかり、塀の雨落ち溝から「井桁」と「橘」紋の金箔押し飾り瓦と同軒丸瓦が出土した（図3-22~27）。井桁紋や橘紋は、徳川四天王の一人井伊直政（一五六一~一六〇二年）の井伊家の家紋であるから、井伊家の塀であることは間違いない。

また、雨落ち溝からは、棟（屋根の背部分）に積まれる熨斗瓦《のしがわら》が、他の瓦類に比して非常に高い割合で出土している。熨斗瓦の比率の高さは、塀に用いられた瓦であることを示す。なぜなら、塀は使用される普通の丸瓦・平瓦の量が、建物に比べて少量で済むからである。しかも熨斗瓦の外部から見える側面に金箔が貼ってあって、非常に豪華である（図3-27）。袋土塀の現存例として、京都市妙心寺龍泉庵《りょうせんあん》があり、下端幅が〇・七五メートルで、高さは一・四メートルを測る。井伊家の塀は、下端幅がほぼ倍の一・六メートルあり、比例させると高さ三メートルにもなる。

家康の近臣としての威厳を保つと同時に、全国の大名が徳川と反徳川のどちらに転ぶかわからない、関ヶ原前夜の不穏な空気の中での屋敷建設であったから、徳川側近の大名といえども、より豪華絢爛を滲ませる金箔押し瓦を採用したのかもしれない。

さらにもうひとつ、有力な東国大名の遺物が出土した。井伊家の袋土塀のすぐ北側で、「源氏車」紋軒丸瓦も見つかったのだ（図3-28）。この家紋はやはり徳川四天王の一人、榊原康政（一五四八～一六〇六年）の榊原家のものである。慶長四年の段階で徳川四天王の屋敷が、谷町筋に面して、南北に連なって建設されたことは注目してよい。

関ヶ原合戦から先の歴史を知るわれわれは、徳川四天王と呼ばれた家康の側近、井伊直政・榊原康政・本多忠勝・酒井忠次の四武将の内、井伊・榊原二家の家紋瓦が惣構え内で見つかったことに意外な印象を受けるかもしれないが、結局のところ、四天王の四人とも家康家臣でありながら、秀吉からも寵愛を受けていたのである。榊原康政に至っては、豊臣の姓も授けられている。彼らが谷町筋という交通の要衝に屋敷を構え得たのは、家康の大坂入城とは別に、死に臨んだ秀吉が、自分への直接的な忠誠を望んだゆえの命令によるのかもしれない。

このほか大阪府庁の発掘現場（調査地Dそば）から、佐竹家の「扇に月丸」紋軒丸瓦が出土し

図3-29　佐竹家の「扇に月丸」紋軒丸瓦（大阪府文化財センター提供）

ている（図3-29）。「さ（佐）竹内」と書かれた荷札木簡も同敷地から見つかっているから、常陸水戸五四万石の佐竹義宣（一五七〇～一六三三年）の屋敷があったことは間違いなかろう。義宣は小田原攻め（一五九〇年）から秀吉軍に加わり、秀吉に忠誠を尽くし、石田三成とも親しかった。関ヶ原前哨戦の会津攻めにおいては、曖昧《あいまい》な態度をとったため、合戦後の慶長七（一六〇二）年三月、大坂で秀頼・家康に謁見した直後の五月に、秋田（二〇万石余）へ減知転封を言い渡された。その年以降は大坂とは疎遠になったと思われる。

豊臣大坂城「大三の丸」説

一九七〇年、当時通説であった豊臣大坂城三重構造説（本丸・二の丸・惣構えの堀三重からなる）に異議を唱える人物が現れた。大阪城天守閣主任（館長職）であった岡本良一氏である。岡本氏は文献史料に「三の丸」が見えることから、四重構造であることを提唱し、大阪城公園の南・西方に存在する崖に注目し、その高台で構成される地域が三の丸だと、岩波新書『大坂城』で公表した。ちょうど岡本説の三の丸域を発掘調査していた難波宮址顕彰会（大阪文化財研究所

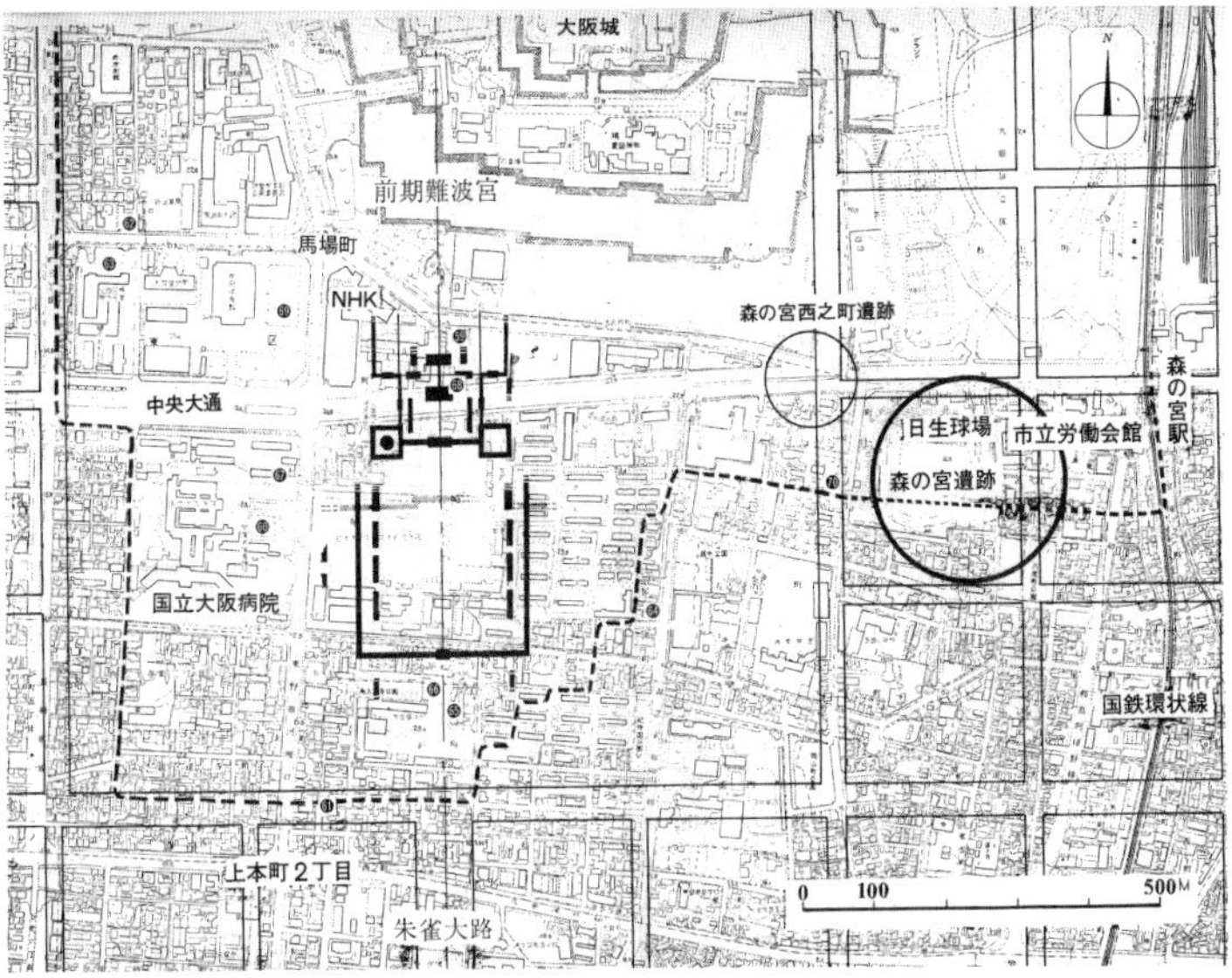

図３-30　岡本良一氏説の三の丸の範囲＊
（破線部分。『難波宮跡研究調査年報1974』（1976年）より）

の前身）が、難波京復元予想図の上に破線でそのラインを示したのが図３‐30である。これで三の丸の西限は現・谷町筋とされることになり、難波宮跡の報告書では枕詞《まくらことば》のように「豊臣大坂城三の丸」の語が頻出することになった。

その後、一九八〇年に渡辺武《たける》氏（元大阪城天守閣館長）が宮城県仙台市の個人宅で、伊達政宗の一代記『僊《せん》台武《だいぶ》鑑《かん》』を見つけ、その内の「大坂冬の陣配陣図」（以下、『僊台武鑑』図と称する、図３‐31）に、二の丸外に堀と堀を連結して二の丸を囲う塁線（城壁）があるのを発見し、史料的拠り所のなかった大坂城三の丸論が、にわかに活気づいた。その堀・塁線に囲われた地域が三の丸であるとしたのである。

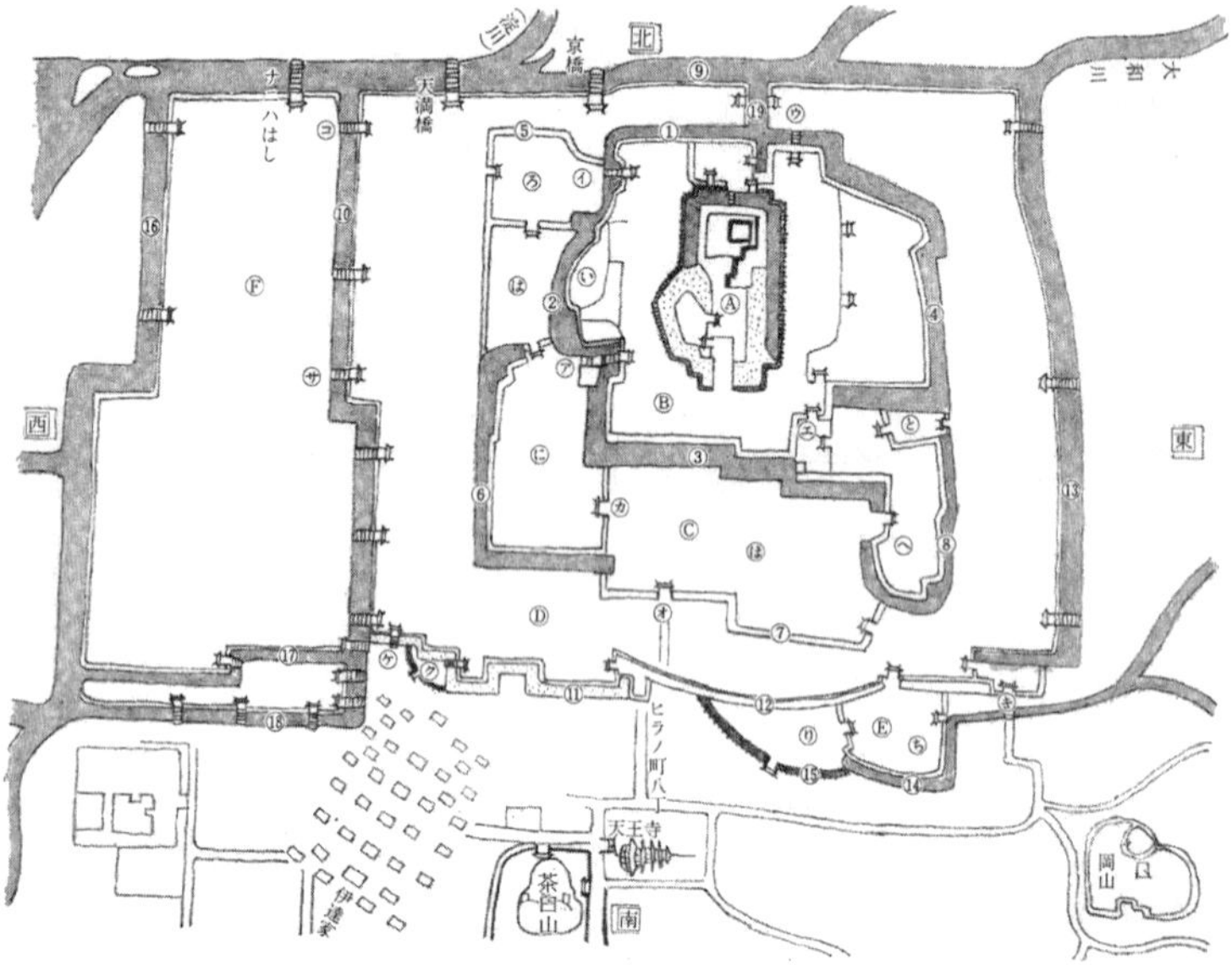

図3-31（上）『僊台武鑑』所収「大坂冬の陣配陣図」＊

図3-32（下）松尾信裕氏の大三の丸説＊

渡辺氏の見解に対して正面切った反論は現在に至るもない。以後その堀の確認に何びとも注目しなかった。

渡辺氏が『僊台武鑑』図の「三の丸」だと示唆したものと、宣教師パシオが一五九八年に「新しい城壁」と称したものが融合し、「大三の丸」という常識が一気に出来上がったのである。すなわち「三の丸」は周囲三里《レグア》の巨大なものであるという通説である。

渡辺氏は論文で「二の丸京橋口の北側からグレーで彩色された二重線で城壁らしいもの⑤が西へのび、天満橋の南延長線よりやや東寄りから南向きに直角に折れ曲り、城門一つをはさんでまっすぐ南下して、二の丸大手口西方付近で水堀⑥に接続している。さらに、南下して東へ直角に折れ曲った水堀⑥の末端付近から⑤と同様の城壁らしいもの⑦が二個所の城門をはさんで東へ屈曲しながら延び、二の丸玉造口の東南部を円くとりかこむように築かれた水堀⑧の西南部に接続している。水堀⑧の東側北端部は二の丸東外堀④の東南角と城門一つへだててほとんど接続している。これを要約すれば、⑤⑥⑦⑧の城壁らしいものや水堀が連続して二の丸の西面および南面をとりかこみ、一つの大きな外郭を形成しているということになる」と三の丸の範囲を示した（図3-31）。

また『駿府記《すんぷき》』に冬の陣の最中である慶長一九年一一月、片桐且元《かたぎりかつもと》が家康に大坂城図を献上したとあることから、『僊台武鑑』図を精緻な設計図であると推定した。且元は家康との内通を疑われ大坂城から退去する一ヶ月余り前まで、大坂城の最高幹部の一人であったからである。

『僊台武鑑』図が精確なものに違いないという雰囲気のもと、松尾信裕氏の復元図（以下、松尾氏図と略す）は製作された。松尾氏図は『僊台武鑑』図を現況地形図に落としたものに近いことから、一般に受け容れられ、以後は発掘で確認した遺構を、同氏図上でその性格を考えるのが当然、といった風潮になった。

松尾氏図は三の丸の一部、生玉口馬出し堀の西限を谷町筋に、玉造口馬出し堀を、旧日生球場を縦断する巨大なものとして復元している（図3-32）。

出てこなかった三の丸堀

旧日生球場内の試掘調査が、一九九八年度に行われた（調査地Z、図3-33）。その結果、同球場のほぼ全域で層厚二・五〜三・〇メートルの上町台地の洪積土を用いた盛土層が確認されたが、松尾氏図のような堀跡は存在しなかった。調査担当者の辻美紀氏は「盛土の途中で水平面が確認されたほか、1区西端部と4区において遺物を多く含む溝状の窪みが層中で検出され、盛土は数回の大きな単位に分けて行われたと考えられる。盛土は大規模でかつ短期間のものである（中略）。焼土層や焼土塊が層中や下面で確認されず、層中の出土遺物の中に、志野焼・織部焼など豊臣後期を代表する遺物が含まれないことから、豊臣期の盛土であると判断した」と記し、また盛土下層からの豊臣前期の金箔押し瓦や軒瓦、陶磁器の出土を報告した。

これは第四期工事の盛土で、盛土に用いられた土は、玉造口馬出し堀を掘った際の排土の可能性が高いだろう。

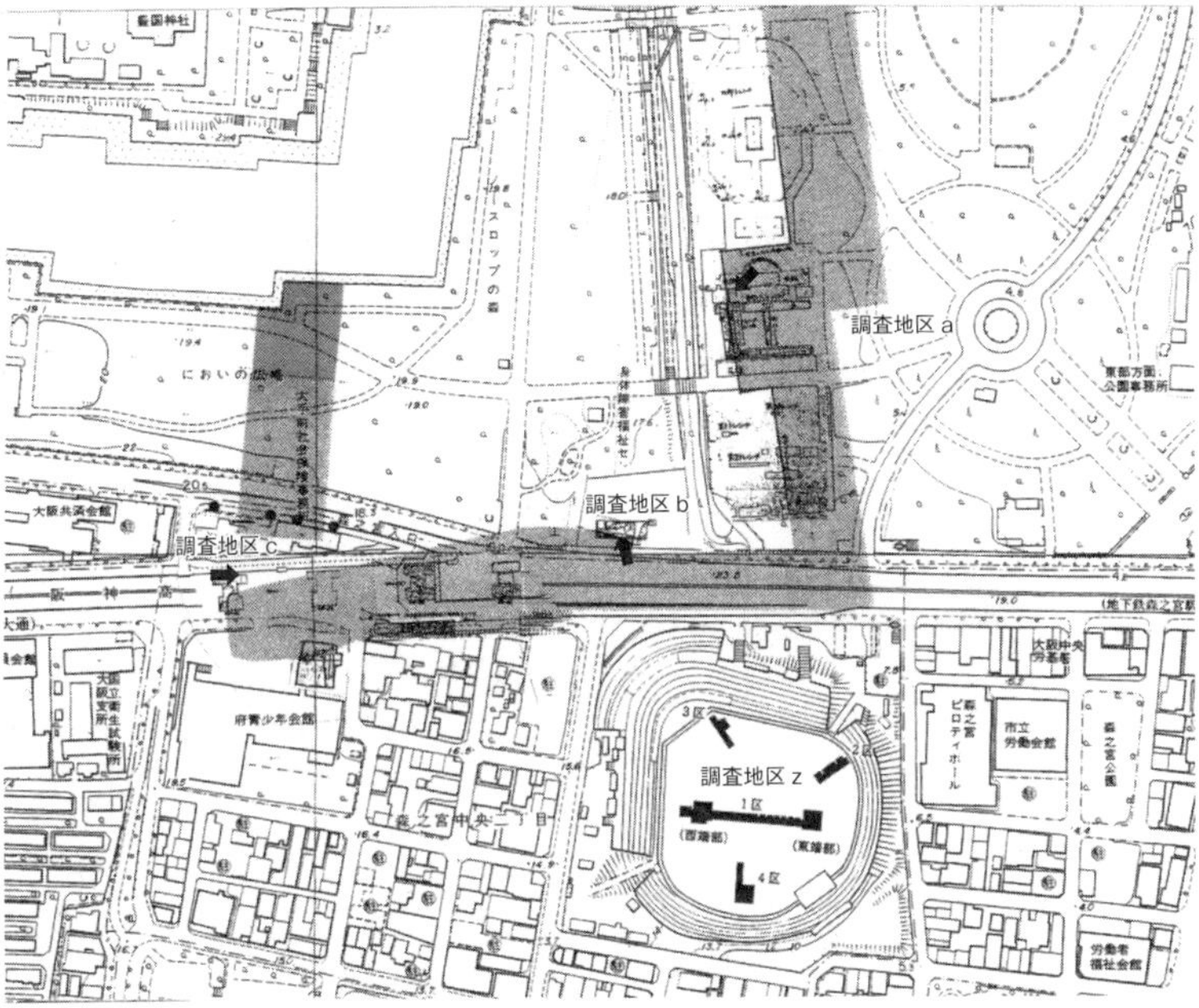

図3-33　玉造口馬出し堀復元図と旧日生球場の調査地（⬆は写真の位置、方向）

図3-34　野外音楽堂の石垣（北東から）＊

玉造口馬出し堀は中央大通り北側に収まる

そもそもこの堀の発見は、一九七九年、大阪城野外音楽堂建設に先立って、東西方向に長さ五〇メートル×幅五メートル、南北方向に長さ二〇メートル×幅三メートルの試掘トレンチ（調査地a）をT字形に入れたところ、南北トレンチは全て堀の埋土で、東西トレンチの西端近くで東面する野面積み石垣（図3-34）を見つけたことに始まる。この試掘調査を受けて、石垣の延長部を確認する調査が行われ、石垣を三〇メートル分検出した。この時の堀の掘り込み面は標高六・三メートルで、石垣の天端は標高五メートル、石垣の最大遺存高は二メートルだった。

その後一九八八年に、旧日生球場から中央大通りを挟んで北の、大阪国際平和センター敷地（調査地b）で、東西方向の南面する堀が検出された。この堀は下部のみ野面積みの石垣が構築されていた（図3-35）。

当初、発掘担当者の植木久氏は、『僊台武鑑』図に描かれた二の丸堀の一部に比定したが、その後の検討で、玉造口馬出し堀の一部であることが判明した。やや詳しくこの堀を見ると、堀は標高一二・五メートルの地山層上面で確認され、深さは一一メートル以上にも及ぶ。石垣の天端は標高六メートル、高さ二メートル分確認したが、ボーリング調査で、石垣の高さは四・九メートルであることが明らかとなった。石垣の傾斜角度は七五度である。石垣は上端部がかなり壊れていたが、西半部の上面がほぼ平らに揃うことから、石垣部分はこの高さまでで、せいぜいあと一段程度が積まれていたに過ぎないと考えられた。堀上半部は地山層を斜めに削り落としただけの素掘りで、水に浸かる部分のみ石垣にした、いわゆる腰巻き石垣だったのである。

石垣石は長辺が五〇~七〇センチ程度の無加工の花崗岩だが、中には三個ばかり矢穴があるものが見られた。また石の表面には多数の墨書が発見され、⧄・⊗・⊙などの記号のほかに土と漢字で書かれたものや、ひらがなを書いたものも見つかった（図3-36）。

さてそうなると周辺の過去の調査が気になる。一九七五年に行われた難波宮第七一次調査（調査地c）で、玉造口馬出し堀の土橋《どばし》上で、石垣と塀で囲われた武者溜り状の空間と階段を検出していたのである（図3-37）。調査区の写真では、北側の東西に伸びる高地の頂上面が現地表面で

図3-35　大阪国際平和センターの玉造口馬出し堀石垣（調査地b）＊

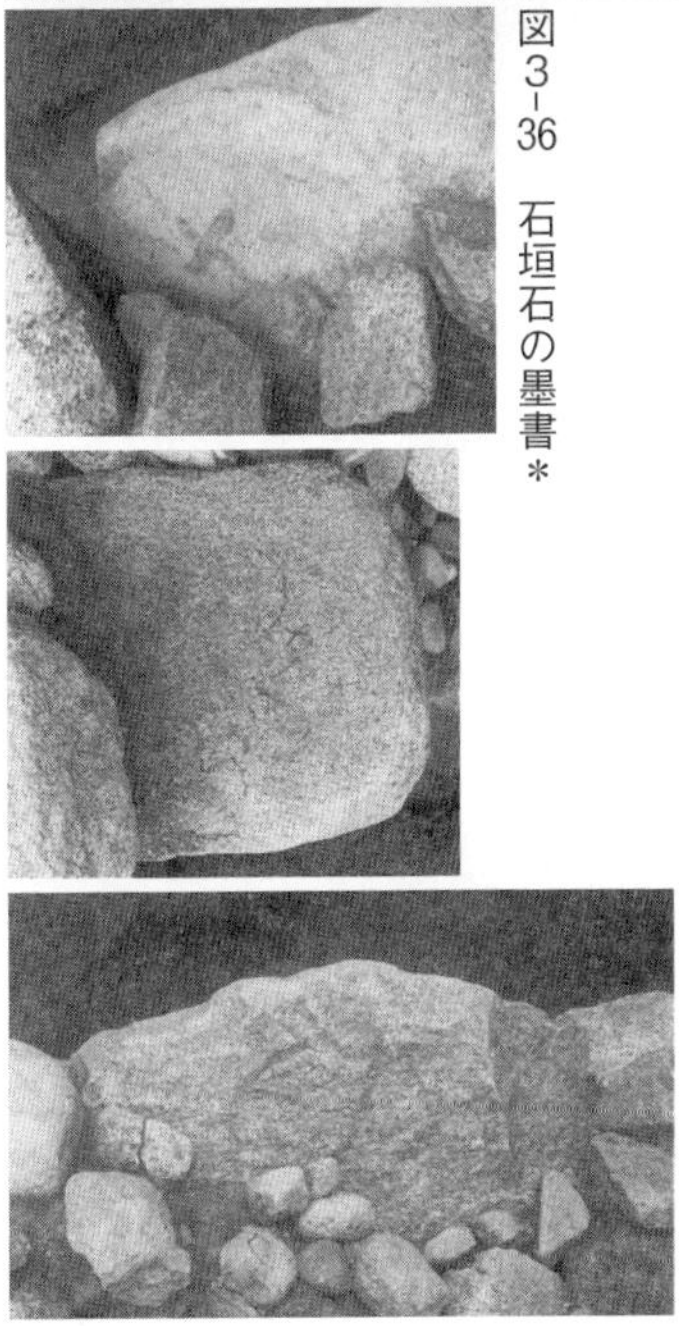

図3-36　石垣石の墨書＊

図3-37　玉造口馬出しの虎口の石垣と塀（西から東を見る）（調査地c）＊

ある。もともとはここが低地で、そこに幅一〇メートル余りの南への登り坂があり（写真ではトレンチ状に掘られた通路）、四段の石段を上がると、幅四メートル、東西一四メートルの平坦地と、その奥に北面する石垣と武者溜りの掘立柱建物の塀が現れる。

この遺構を調査担当者の八木久栄氏は、「戦国時代以降発達した城がまえ、郭《くるわ》の一部と推定しておきたい」とした。

玉造口馬出し堀は、中央大通り内の阪神高速道路東大阪線の調査（一九七六年、調査地cの南二〇メートル）で、東西堀の痕跡と武者溜りの塀の続きが検出されている（写真の、右上部を斜めに走る道路の地下）。先の旧日生球場内の試掘調査結果を勘案すると、中央大通り内で玉造口馬出し堀は、ほぼ収まると考えられる（図3-33、左側矢印下あたり）。そして、二つの調査結果から武者溜りの空間は東西一四・〇メートル×南北二〇・〇メートルで、その内側（南側）に東西一〇・四メートル×南北四・〇メートルの掘立柱建物が立っていたことが確認された。

『僊台武鑑』図と相容れない生玉口馬出し堀の規模

二〇〇三年度の大阪府警本部敷地（調査地T）での発掘調査で、L字形に曲がる巨大な堀が姿を現した（図3-38）。これは二の丸生玉口の大手正面虎口を、コ字形に囲む角馬出し堀の一部で

図3-38　生玉口馬出し堀全景（北西から、大阪府文化財センター提供、図3-39～41も同じ）

図3-39　生玉口馬出し堀掘削時に埋められた豊臣前期の礎石建物（北から）

図3-40　堀底の畝障子

あることは、誰の目にも明らかだった。

松尾氏図では谷町筋を西側の堀とする生玉口馬出し堀が、三〇〇メートル以上も大阪城寄りで検出されたのである。この堀はこれまでに発掘された堀の一部を合わせると、南北長二五〇メートルに達し、南端で直角に折れて五〇メートル以上東へ延びる。二の丸南堀とこの堀の東端との間には土橋があり、虎口（出入口）が開いていて、本町通りから出入りしたはずだ。

また、生玉口馬出し堀を掘った際、その排土で埋められた礎石建物も見つかった（図3-39）。建物の大きさからいって武家屋敷と思われるが、遺物は豊臣前期の陶磁器と土器である。

さらに、前年の府警本部敷地の調査（調査地d）で、生玉口馬出し堀築造のため埋めた谷から、「申三月廿五日」と書かれた木簡が出土していた（図3-41）。年代確定の有力な手がかりとなり得る遺物である。

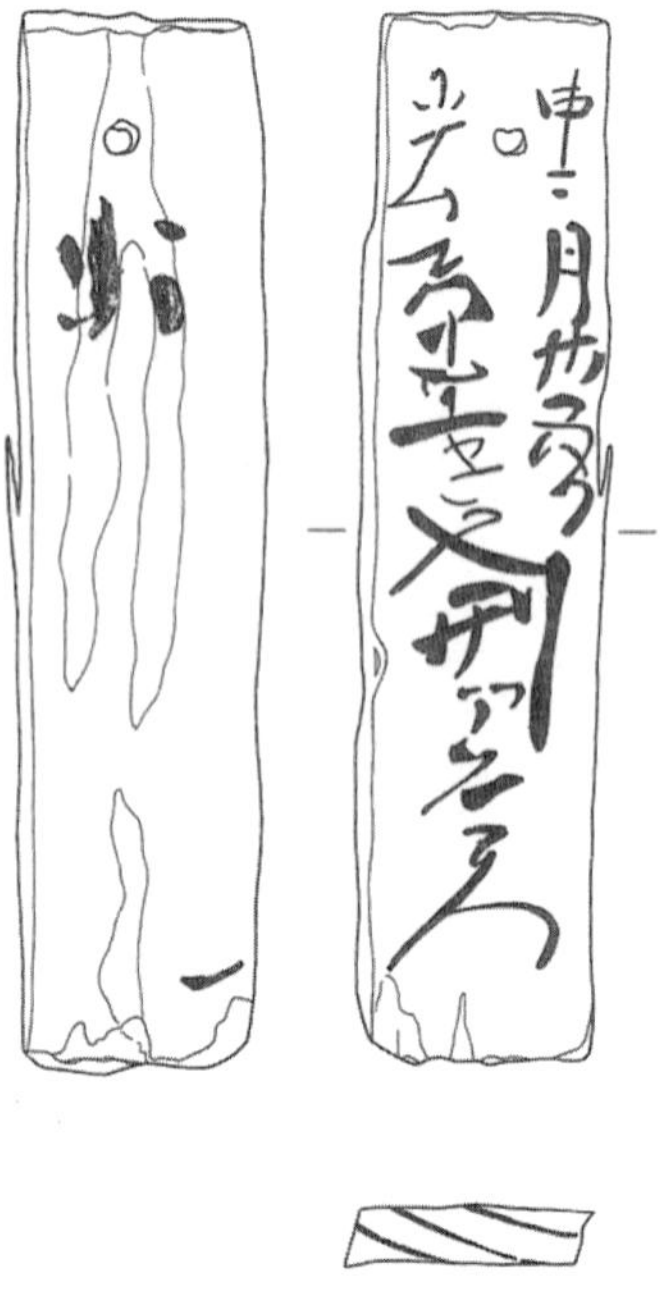

図3-41　「申年」木簡

分厚い一括盛り土の中から発見されたこの木簡は、ヒノキ材の穿孔のある短冊形で、長さ九・七センチ、幅二・五センチ、厚さ〇・四センチを測る。

表面には上段に二行、下段に一行の墨書があり、上段左側の墨書は判読できないが、右側には「申三月廿五日」と書かれる。下段には「刑マ（部）右衛門」なる人名が記されている。裏面にも墨痕が確認されるが不明瞭である。

上段右側の「申」は干支による年代表記であると考えられる。天正一二（一五八四）年は甲申年で、申年に当るが、本丸築造の最中でここまで工事が進んでいたとは思えない。また、二の丸工事の天正一四（一五八六）～一六年の間に谷を埋めたとするには、出土遺物が新しすぎる。その次の丙申年つまり慶長元（一五九六）年の木簡とすると、慶長三～四年の第四期工事混入の可能性が高く、層位関係からも整合的である。次の戊申年イコール慶長一三（一六〇八）年は、「パクス・オーザカーナ」で泰平の夢をむさぼっている頃であると同時に、遺物の編年観とも合わない。

つまり、「申三月廿五日」木簡の申年について、三つの可能性の中で一番該当するのは、慶長元年であり、第四期工事に伴う生玉口馬出し堀の掘削時に埋没したと考えられる。

この生玉口馬出し堀は、石垣のない素掘りの堀だが、幅は上端が二五メートル、下端が一三メートル、深さは平均六メートルにも及ぶ大規模なものだった。堀の斜面は、発掘調査で凸凹のない平滑な面として検出されたことから、築造後一五～一六年を経て、豊臣方は冬の陣に先立って丁寧に削り直したと考えられる。地山は海成粘土層であるから、平滑にされるとすべるし、足をかけるところもないから、徳川軍がもし城内に攻め込んで来たとしても（実際には惣構え内に一兵たりとも入れなかった）、難渋したと思われる。

曲輪内の南西隅の屈曲部は、堀の上端幅が五メートルほど狭くなっており、馬出し曲輪内に隅《すみ》櫓《やぐら》が建っていた可能性が高い。堀の底部は幅、高さとも数十センチのアゼを残して掘り下げ、堀底に障壁をこしらえて、堀内に侵入した敵の動きを封じ込める障子堀という形態を取っている（図3-40）。主に関東の後北条氏の勢力範囲内に分布することから、後北条氏の発明ともみられ、今も静岡県三島市にある小田原城の支城・山中城で見ることができる。小田原攻めに参加した豊臣方の壮年の武士たちが、その利点を思い出し、馬出し堀に取り入れたのかもしれないし、真田丸でも障子堀があったようなので、真田幸村の発案であったかもしれない。

さて、『僊台武鑑』図が精確な設計図で、豊臣大坂城の三の丸が同図のとおりであれば、大手口を逆コの字で囲んでいたこの堀は、谷町筋まで拡がると考えられていた。しかし、その大きさは天下人の城を守る堀に恥じない規模ではあったが、松尾氏図と比してみると明らかに小ぶりで、曲輪の規模は東西一五五メートル×南北二〇〇メートル。「大三の丸」説が想定していた大きさの二〇分の一以下である。

第四期工事は惣構えの嵩上げ整備

結局、「大三の丸」説の論拠となった『僊台武鑑』図は、冬の陣時に伊達政宗隊が、井楼《せいろう》か、築山《つきやま》（攻城のために造った小丘）の上から描き取った縄張り図で、精確な設計図ではないことは、攻城戦では重要でない四天王寺などがデフォルメされたり、省略されて描かれていることからも明白である。

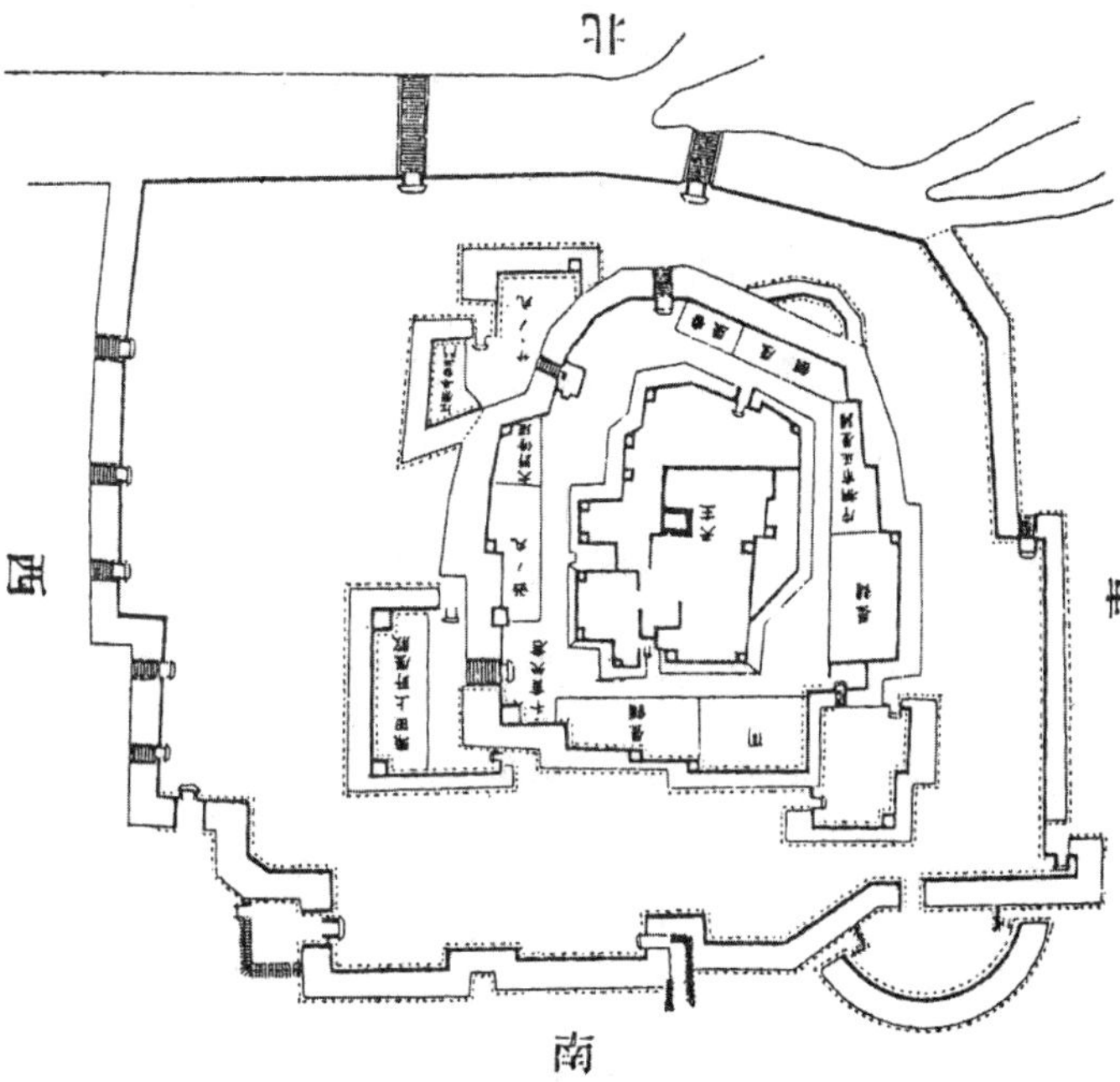

図3-42　『金城聞見録』所収「大坂城慶長年間之図」（大阪城天守閣蔵）

ただ『僊台武鑑』図の発見は、秀頼の大坂城の構造を知る上で重要であった。『僊台武鑑』図はそれが発見される前、よく参考にされていた『金城聞見録《きんじょうぶんけんろく》』所収の「大坂城慶長年間之図」（図3-42）と同様、石垣や堀の位置関係を知るための概念的な模式図といってよい。

豊臣大坂城築城の経緯をふりかえると、第三期工事は惣構え堀普請（一五九四年）、慶長大地震（一五九六年）を挟んで、第四期工事の中心は慶長三（一五九八）年の「大坂町中屋敷替え」令による惣構え全体の嵩上げ整備と船場建設であった。豊臣大坂城は四度大がかりな工事を経て、本丸を堀や城壁で四重に囲む大城郭に変貌し、冬・夏の陣をむかえるのだが、宣教師パシオのいう「（大坂城に新しく）巡らされた城壁の長さは三里《レグア》にも及んだ」という「城壁」は、発掘成果からも「三の丸」域に止まるのではなく、城全体を囲んでいた「惣構え」全体の嵩上げ構築のことなのである。確かに、玉造口・生玉口・京橋口などの虎口に馬出し曲輪を造成したように三の丸の堀・城壁を構築したのは事実であるが、それは外郭をもう一回ぐるりと囲むというよりも小規模な工事で、少人数でも城を守ることのできる、より効果的なものであった。

第四期工事の惣構え内の盛土の厚さは、上町台地上では調査地Jで数十センチであったように、一メートル以下の薄い地点もあるが、谷地形を埋めた部分では四～五メートルに達する。上町台地西麓の沖積平野地では、先に見たように北浜東の調査地Oで、三メートル盛土し標高三・五メートルまで嵩上げされ、高麗橋東詰めの調査地Qでは、第三期工事で一メートル嵩上げされたこともあり、第四期盛土は層厚一・三メートルに止まるが標高四メートルで均《なら》されている。松屋町筋を東に渡った島町二丁目でも盛土層厚は一・八メートルに達す。土佐堀通り南側の調査地Pは、層厚三メートルで、標高四・五メートルまで嵩上げされている。

つまり、上町台地上では標高一〇～二二メートル、西の沖積平野では四～五メートルの高さまで嵩上げし、できるだけ平坦な面積を増やした。

いったい城郭とは、本丸・二の丸などの内郭を造った後、惣構えなどの外郭の構築に移るもので、一度造った内郭の石垣や堀などは、落城や改易で新城主を迎えない限り、大改造はしない。和歌山城を例に取ると、まず豊臣秀長の家臣桑山重晴が本丸石垣を緑泥片岩で築造し、浅野時代に二の丸を砂岩で構築、徳川時代に外郭を花崗岩で築造するという風に、石垣に用いた石材が異なるから、石材を見ればだんだんと外に拡がって築造されていることがわかる。黒田孝高なり藤《とう》堂高虎《どうたかとら》、加藤清正ら築城の名人が、しっかりとした実戦プランに基づいて縄張りをするから、その後増築する際、外に向かって拡がることはあっても、いったん造った堀の内側に、さらに大規模な堀割を加えるようなことはしないのである。（黒田）

第四章　関ヶ原合戦後の政治体制――「太閤様御置目の如く」

豊臣大坂城で惣構え全体の嵩上げ整備が終わり、難攻不落の城塞に生まれ変わった翌年の慶長五（一六〇〇）年、天下分け目の戦いであった関ヶ原合戦が行われた。その後、大坂の陣に至る政治史的展開はどうだったのだろうか。関ヶ原合戦は紛れもなく時代を画する大事件であったが、それでは同合戦によって従来の政治構造がどのように変化し、どのような新しい政治体制が形成されたか、特に、秀頼と豊臣家とはこの関ヶ原合戦後の新たな政治体制の中でどのような地位にあったか、時系列的に精密に検討していきたい。

従前、関ヶ原合戦における家康率いる東軍の勝利をもって、「二六〇年余にわたる徳川幕府の全国支配にとって盤石の基礎を築いたこと、そして、他方、秀頼と豊臣家は関ヶ原合戦ののち六五万石の一大名に転落した」と、広く捉えられてきたが、はたしてその通説は正しいものであるのかどうか。後述するように当時の多くの事実は、むしろそれを否定する傾向性を強く示している。

関ヶ原合戦の意義をめぐる従来の理解では、勝利をおさめた家康と徳川家とは同合戦の結果として、日本全土の半分近くを獲得したという印象ではないだろうか。しかし実際はそれと異なっている。家康が同合戦の結果として獲得した徳川系大名の領地は日本全土の三分の一に過ぎなかったのである。

図4-1は同合戦後における諸大名の領地配置を示したものである。ここでは一〇万石以上の大名を表示している。■の印を付けたものは外様大名、白丸印は徳川系大名で○は譜代大名、◎は家門大名いわゆる親藩である。この図を見るとき、大名の全国的領地分布においては、非徳川系大名の占める領地が圧倒しており、徳川系大名の領地が劣勢であることが一目瞭然であろう。

詳しく見たとき、徳川系大名の領地分布は、東は鳥居忠政の陸奥岩城平一〇万石を限りとし、それより関八州および東海道筋の諸国は徳川系大名の領地である。しかしながら、その徳川系大名の領地も近江国で終わってしまう。井伊直政の佐和山（のちに彦根）一八万石ないし戸田一西《かずあき》の膳所《ぜぜ》三万石が徳川系大名領地の西の限りをなしている。

信州は豊臣系と徳川系の混在である。森忠政の川中島一三万八〇〇〇石、仙石秀久の小諸五万石、石川康長の松本八万石が豊臣系の領地。徳川系としては小笠原秀政の飯田五万石、保科正光の高遠二万五〇〇〇石、諏訪《すわ》頼水《よりみず》の諏訪二万七〇〇〇石、皆川広照の飯山七万五〇〇〇石、真田信之の上田九万五〇〇〇石が挙げられ、徳川系大名の領地は信濃国の半国といったところであろうか。北陸方面では家康の二男である結城（松平）秀康の越前国六七万石が存在するが、それ以外は、すべて豊臣系である。

以上に掲げたものが徳川系大名の領地であるが、結局それにとどまるということである。国数

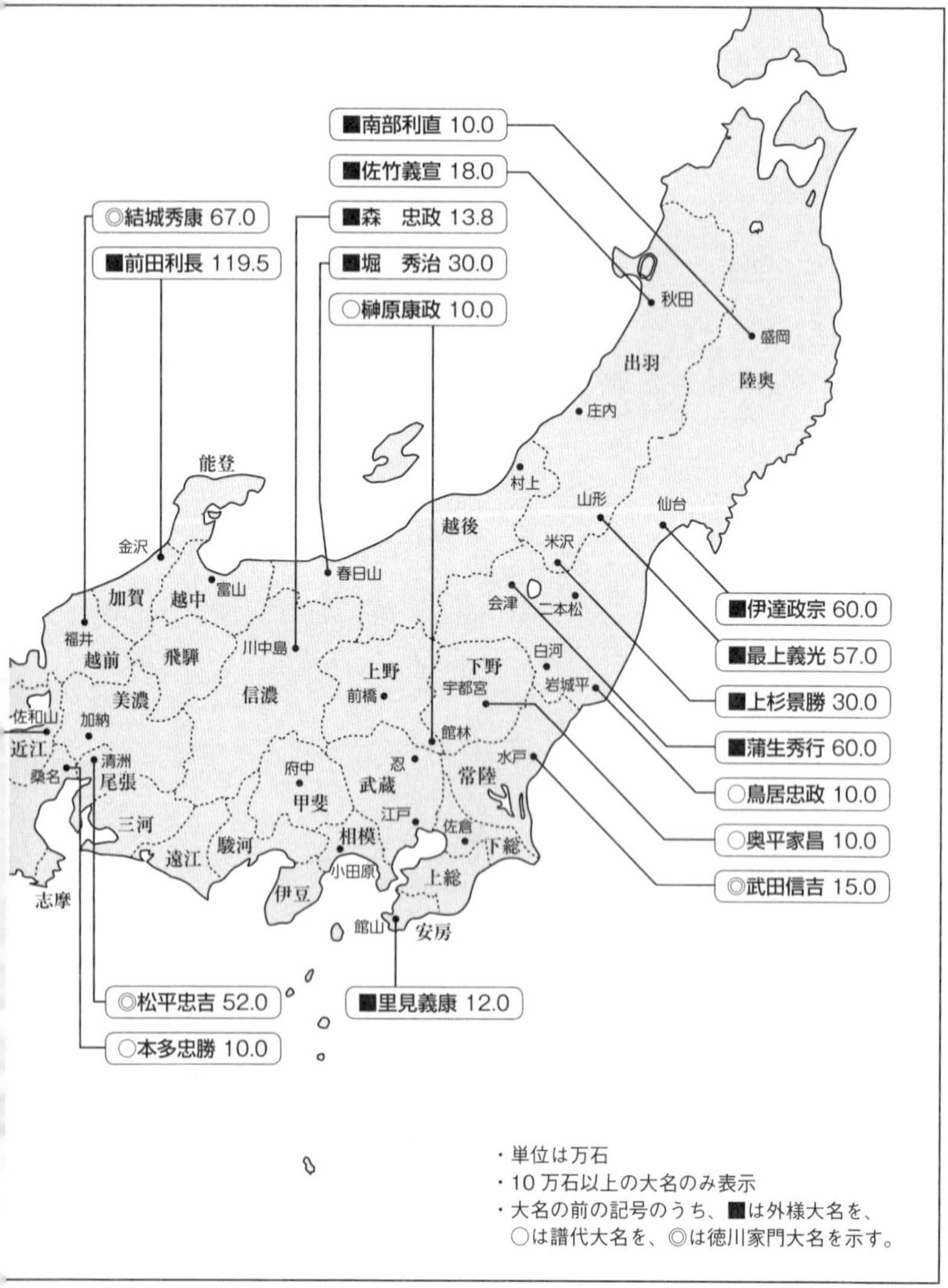
■南部利直 10.0
■佐竹義宣 18.0
◎結城秀康 67.0
■森　忠政 13.8
■前田利長 119.5
■堀　秀治 30.0
○榊原康政 10.0
■伊達政宗 60.0
■最上義光 57.0
■上杉景勝 30.0
■蒲生秀行 60.0
○鳥居忠政 10.0
○奥平家昌 10.0
◎武田信吉 15.0
◎松平忠吉 52.0
○本多忠勝 10.0
■里見義康 12.0
秋田
盛岡
出羽
陸奥
庄内
能登
村上
山形
仙台
越後
金沢
米沢
春日山
富山
加賀
越中
会津
二本松
福井
越前
飛騨
川中島
白河
上野
下野
岩城平
信濃
前橋
宇都宮
美濃
佐和山
加納
館林
近江
清洲
府中
忍
水戸
桑名
尾張
甲斐
武蔵
常陸
江戸
三河
相模
佐倉
遠江
駿河
下総
小田原
上総
伊豆
志摩
館山
安房
・単位は万石
・10 万石以上の大名のみ表示
・大名の前の記号のうち、■は外様大名を、
○は譜代大名を、◎は徳川家門大名を示す。

図4－1　関ヶ原合戦後の全国的領地配置図

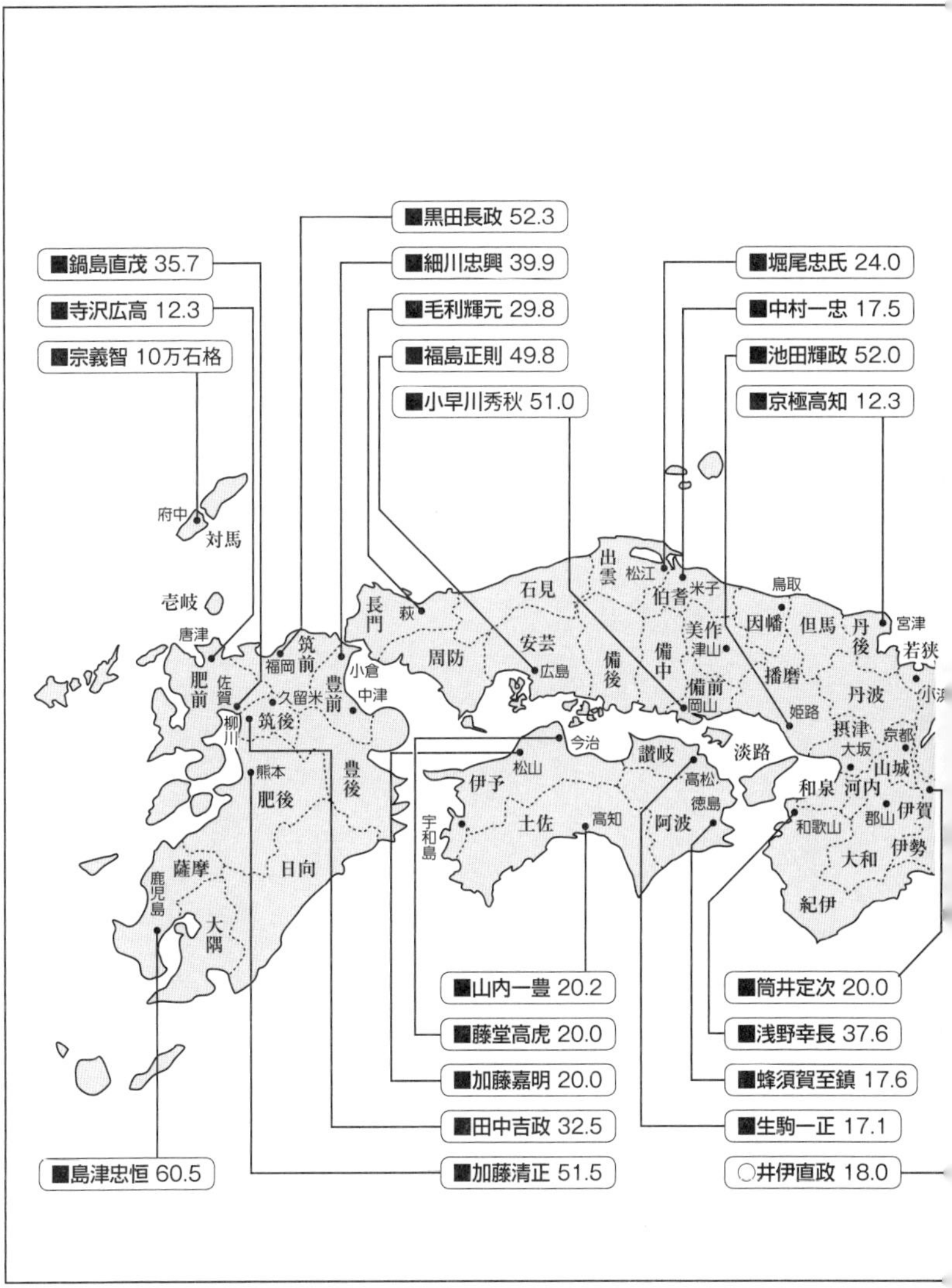

で言えば二〇ヶ国ほどであり、日本全体の三分の一に過ぎなかったということである（日本全体で六六ヶ国）。残りの三分の二は外様大名の領地であり、その半分が豊臣系の外様大名の領地、残りの半分は伊達政宗、上杉景勝ら中世以来の旧族系外様大名の領地である。

事実上増えた豊臣系大名の領地

関ヶ原合戦の果実をもっとも享受したのは、実は徳川ではなくて家康に同盟して東軍として戦った豊臣系武将たちであった。

同合戦の結果、西軍に属した諸大名の領地が没収され、また減封・転封が行われた。即ち、石田三成（近江佐和山一九万石）・宇喜多秀家（備前岡山五七万石）・小西行長（肥後宇土《うと》二〇万石）・長宗我部《ちょうそかべ》盛親《もりちか》（土佐浦戸二二万石）ら八八の大名が改易され、その領地四一六万石余が没収された。

また毛利輝元（安芸《あき》広島一二〇万石）・上杉景勝（陸奥会津一二〇万石）・佐竹義宣（常陸水戸五四万石）ら五大名は領地を削減され、二一六万石余が没収された。この戦いによる没収高は、総計六三二万石余にのぼり、これは当時の日本全国総石高一八〇〇万石余の三分の一を超える数字であった。

そしてこの没収高六三二万石余の八〇パーセント強にあたる五二〇万石余が、豊臣系大名に加増として宛がわれたのである（藤野保『新訂幕藩体制史の研究』吉川弘文館）。この領地配分はもっぱら国郡の国を単位として行われたことから、かれら東軍豊臣系武将たちはそれぞれ国持《くにもち》大名と呼ばれる大身大名に昇格していった。

この戦いの結果、豊臣系の国持大名の領地分布は以下のとおり。肥後（加藤清正）、豊前（細川忠興）、筑後（田中吉政）、筑前（黒田長政）、土佐（山内一豊）、阿波（蜂須賀至鎮《よししげ》）、讃岐（生駒一正）、伊予（藤堂高虎・加藤嘉明）、安芸・備後（福島正則）、備前・美作《みまさか》（小早川秀秋）、播磨（池田輝政）、出雲・隠岐（堀尾忠氏）、伯耆《ほうき》（中村一忠）、丹後（京極高知）、紀伊（浅野幸長）、若狭（京極高次）、加賀・越中・能登（前田利長）、越後（堀秀治）、陸奥会津（蒲生《がもう》秀行）など二〇ヶ国以上、実に日本の三分の一の地域に豊臣系国持大名の領地が分布することとなったのである。

東軍＝家康と反三成派武将との同盟

一般的な通念としては、関ヶ原合戦で家康の率いる東軍が勝利をおさめた以上、家康と徳川は合戦後における領地配分において日本全土の圧倒的な領域を掌握したものと思われがちであろう。しかし、現実には右に見たとおりであり、家康と徳川は日本全土の三分の一の領地しか有しておらず、これで残り三分の二を占める外様大名群を統治しなければならなかったということである。到底、徳川二六〇年にわたる支配のための盤石の基礎を築いたなどと言える状況ではなかったということである。

なぜにこのような領地分布になったかと言うに、それは関ヶ原合戦が豊臣と徳川との対立であって、家康方東軍の勝利におわったことで徳川の天下に代わった、というような従来の図式では説明がつかないということである。同合戦はむしろ豊臣政権の内部分裂を本質としており、家康はその一方（反三成派の武将グループ）の側と同盟して戦ったという様相が強い。殊に徳川秀忠によって率いられていた精鋭部隊からなる徳川主力軍が、信州上田城の真田昌幸との戦いに時間をとられて関ヶ原合戦に参加できなかったことによって、右の事情がいっそう鮮明に表出されることとなったのである。

関ヶ原合戦における東軍は家康に率いられてはいたが、その戦力は徳川部隊のそれであるよりも家康に同盟した豊臣系武将たちの軍事力に他ならなかったということである。それが合戦後における豊臣系武将たちへの莫大な恩賞となって現れたということであった。合戦の勝利に対する貢献度に従って恩賞としての領地が配分されたのである。家康の深謀遠慮でも何でもないということである。

交付されなかった領地宛行状

関ヶ原合戦後において、日本全土を対象とした大規模な領地の再配分が行われるのであるが、この時代を画する壮大な事業に際して、領地宛行《あてがい》の主体は誰であったかという根本的なことが問題として立ち現れてくる。

同合戦後における領地宛行の主体が家康ということは、あまりに当然のことと思われているので、そのような設問はまったくナンセンスに聞こえるであろう。しかしこの問題は突き詰めていくと、軽々の判断を許さないことを認識するにいたる。

この問題が端的に示されているのが、右に述べた全国規模での領地再配分に際して領地宛行の判物・朱印状の類がいっさい発給されていないという事実である。それは、このおりの領地宛行状というものが伝存していないという点だけでなく、次の史料の内容からも確認されるところなのである。

後の時代になるが、寛永九年に肥後熊本藩に領地替えとなった細川忠利が、前領豊前小倉藩の四〇万石の領地宛行に関する書付の有無をその父三斎忠興に問い合わせたことに対する忠興の回答に次のようにある。

「権現様より豊前一国、豊後之内拝領申候時、御書出少も無之候、我等に不限、いずれも其分にて候つる」と。この細川忠興の言にあるように、関ヶ原合戦後の領地宛行に際しては、細川も含めていずれの大名に対しても、宛行の朱印状も領地目録も発給されていなかったようである。土佐山内家の「貞享書上」（『譜牒余録《ふちょうよろく》』に収録）にも「土佐国拝領仕候、但、御判物は頂戴不仕候」とあることもこれを裏付けている。

この山内家の場合には、榊原康政が家康の使者として山内一豊の下に赴き、「御感ニ被思召之旨被仰出、土佐国拝領」の旨を伝達している。先述の福島正則の場合も、井伊・本多両名が使者として芸備二ヶ国拝領の旨を口頭伝達していたことと併せるならば、この時の領地宛行というのは使者による口頭伝達としてなされ、しかもその領地宛行に際しては右のように領地宛行状も領地目録も交付をしないというやり方をとっていたということである。

領地配分の主体は秀頼

このような領地配分のあり方は何を意味しているであろうか。それは領地配分、給付の主体が誰であるかという問題を、意図的に曖昧にするところにその本質があるものと考える。すなわち、これらの領地配分、給付の主体は家康であるのか、それとも豊臣秀頼であるのかという極めて微妙な問題がここには伏在しているということである。その配分、給付が実質的に家康の手で進められていることについては問題はないけれども、法的、形式的な観点においても家康の名においてそれが執行されているかどうかは明白なことではない。むしろ現実はそれに否定的であると言わなければならないであろう。

例えばこの合戦の時、九州の地にあって家康方東軍に属して積極的に活動をしていた黒田如水(官兵衛)の次のような発言に留意する必要がある。これは如水が九州において自力で切り取った敵方の領地について、これを自己の領地に編入しうるよう、家康への取りなしを藤堂高虎に依頼した書状の一節である。

一、加主計《加藤清正》・拙者事ハ、今度の切り取り分、内府様《家康》の御取成を以て、秀頼様より拝領仕り候様に、井兵《井伊直政》仰せ談ぜられ、御肝煎頼み存じ候、数年御等閑の無きは此節に候

ここに見られるように、家康につき従って行動し、秀頼を戴く西軍に敵対している黒田如水にあっても、彼が切り取った領地の領有承認の主体は家康ではなくて豊臣秀頼であるということが、

疑問の余地なく、まったく自明のこととして語られているのである。

すなわち、関ヶ原合戦における家康方東軍の勝利は豊臣体制の解体をもたらしているわけではなく、合戦後における家康の立場は依然として豊臣公儀体制の下における大老としての地位を抜け出るものではなく、幼君秀頼の補佐者、政務代行者にとどまっていたということである。

しかるがゆえに、関ヶ原合戦後の領地配分に際しては、その実質的な決定と執行が家康によってなされていることは疑いないけれども、同時にその法的、制度的観点からするならば、それらの領地配分、給付の主体は依然として秀頼なのであって、家康の名をもってすることはできなかったということである。同合戦後の領地配分に際して、ついに領地宛行状も領地目録も発給されることのなかったのは、ひとえにこのような微妙な政治情勢に由来していることであった。

西国に集中配置された豊臣系領国

関ヶ原合戦後の論功行賞によって東軍に属した豊臣系武将たちは一国単位で領地を与えられて国持大名に昇格していくのであるが、その中でも西国地方における豊臣系国持大名の配置には著しいものがある。島津、鍋島、毛利および幾つかの中小規模の大名を別とするならば、西国はそのほとんどが豊臣系国持大名の領地によって占められているといって差し支えないのである。

そしてそれ以上に重要なことは、この地域、すなわち京以西の西国方面には徳川系大名が皆無であるという事実である。先述のとおり、徳川系大名の領地は近江国膳所三万石で終わり、それより西には皆無なのである。この事実は今まで見落とされてきた点であり、重要な問題を投げかけていると言わねばならないだろう。

　西国方面はこれまた述べてきたように、豊臣系国持大名が集中配置されている地域である。それならば一層のこと、家康および徳川幕府のこの地域に対する統治を考えたとき、その支配を浸透させる橋頭堡《きょうとうほ》となるべき徳川系勢力の布置は不可欠のはずである。

　具体的には三〜五万石ほどの譜代大名を西国全域で一〇名ばかり配備しておくのが妥当であろう。それだけで、日常的な監視や牽制の面において、法令の施行や課役の賦課という行政執行の面において、そして叛乱時の情報把握と初期出動の面において、絶大な効果を発揮することは言をまたないであろう。ところが、家康の領地配置は、実にそれと全く逆のことをやっているのである。統治戦略の観点からして、いかにも適合的とは言い難いこのような領地配置を家康が敢えて選択したのはなぜであるか。それは、この方面に対する家康および徳川幕府による直接統治を第一義的に追求することをしないという態度の現れ、すなわち、この西国方面に対する不介入主義の謂《いい》と解するほかはないであろう。それ以外の説明の仕方が果たしてあるだろうか。

　換言するならば、この西国地域はもっぱら豊臣系諸大名によって構成される特別領域として扱われること、そして、この地域の支配に関する第一義的責任は大坂城にある秀頼と豊臣家に委ねられ、家康と徳川幕府はそれを通して間接的にこの地域に対する支配を及ぼそうと構想していたであろうということである。

東国・西国の二元統治体制

このような理解の仕方は奇妙に思われるかもしれないけれども、当時の実状に即して見るならば、それほど現実離れしたものではない。そもそも鎌倉時代に東国の鎌倉に武家政権が成立してよりこの方、一つの政権が日本列島の全体を一元的に統治しようとすることもなければ、またそのような統治技術も未熟であったということが想起されなければならない。

鎌倉幕府はもとより東国の政権であり、畿内・西国は京都の朝廷の支配下にあった。室町幕府は政権の中心を京都に据えたけれども、東国には関東公方《くぼう》が派遣されて箱根・足柄以東の政治が委ねられていたのである。そして関白秀吉の政権についても、やはり同様の傾向を見てとることができる。

秀吉政権の全国支配がいわゆる「惣無事《そうぶじ》」の政策を基軸に展開されていたことは周知のところであるが、その東国方面への適用にあたって「関東、奥両国迄、惣無事之儀、今度家康に仰せ付けられ」と各方面に指令しているし、秀次事件後の起請文にも「板東法度、置目、公事篇（中略）家康申し付くべく候」と記されている。これらよりして、秀吉政権においても権力の二重構造的な性格を備えているのであり、東国方面の支配に関してはかなりの程度にわたって家康に委任する姿勢が見られたのである。また、さらに西国方面については毛利輝元・小早川隆景《たかかげ》らの責任に委ねるという多元的政治システムを内在させていたわけである。

われわれは後の時代に確立された徳川幕府の全国統治のイメージをもっており、しばしばそのような枠組みで、それ以前の武家政治の歴史を解釈してしまいがちなのであるが、一七世紀も半ばに至るまでは（ある意味では一八世紀に至るまでは）、日本列島の政治支配はこのような東

図4-2　慶長年間の二重公儀体制

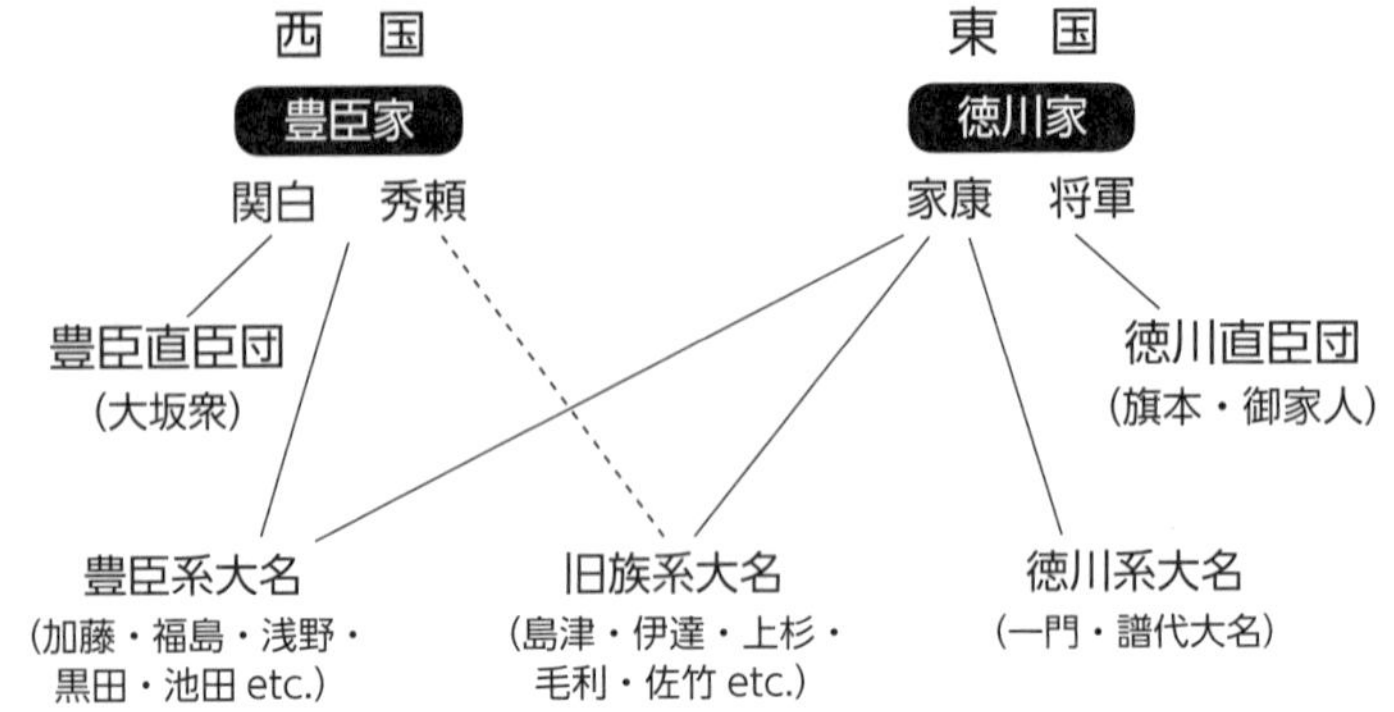

国・西国の二元体制をとるほうが一般的であり、当時の統治技術の限界からしても自然なことでもあったということなのである。

武家政治が始まってより関白秀吉政権にいたるまで、日本列島の政治システムは右に述べたような二元的体制をとるのが一般的である以上、関東に本拠を置く徳川幕府が京以西の西国方面の政治を別格として位置づけても、さして奇異なことではないということである。そして、関白秀吉の政権において家康に東国支配の任務が委ねられたこととの対称性として、家康と徳川幕府が豊臣家に西国方面の豊臣系諸大名とその領国に対する管理責任を委ね、幕府は豊臣家を通してこれらの地域に対する支配を及ぼすという間接的な方式を選択したということは、むしろ当時の政治社会の通念からするならば自然なことであったということである。

秀頼と豊臣家は、これら西国方面に領地を有する豊臣系諸大名の旗頭として位置づけられることとなる。秀頼と豊臣家は、関ヶ原合戦後においても、さらに徳川幕府が成立した後においてもなお別格的な存在としてあり続け、潜在的には関白職への任官を基礎として徳川幕府と並立する形をもった独自の権威中枢として持続していた。

この時期の武家社会のあり方が、武家政権の公共性を体現する公儀というものを幕府と豊臣勢力とが分有するような政治体制、すなわち豊臣関白家と徳川将軍家の二つの権威中枢を備えた二重公儀体制としてあることは、この観点からも西国方面への豊臣系諸大名の集中配置と、それらの旗頭として、このいわば豊臣特別区を管轄する秀頼と豊臣家の存在のあり方を照射することができると考える。

「秀頼一大名転落」説の誤り

関ヶ原合戦後において豊臣家と秀頼の領地は摂津・河内・和泉三国の六五万石に縮小され、一大名に転落したと言われてきたが、それは誤りであることが近年の研究によって明らかになっている。

まず領有石高についてであるが、摂河泉六五万石というのはもっぱら秀頼の直轄領の数値であって、秀頼の家臣（「大坂衆」と呼ばれる）の領地は摂河泉三ヶ国を超えて西国一帯に広く分布しており、家臣団の知行地を含めた豊臣家の領地は摂河泉三ヶ国を超え出るものであったし、石高も六五万石から大幅に増大することになるのである。

この点については、この後に勃発する大坂の陣に際して、備中国の国奉行（一国全体の管理事務を担当する代官的役人）であった小堀政一《まさかず》が、備中国内にある大坂方給人《きゅうにん》（領地を持った武士）の知行地の年貢を抑留すべきことについて、家康に対して指示を仰いでいるという事実から証示し得るところなのである。

さらに、冬の陣が和議成立によって終息した慶長一九（一六一四）年一二月二二日付で、大坂方の大野治長《はるなが》が家康側近である本多正純《まさずみ》に対して宛てた書状において、大坂給人たちの諸国における知行地の年貢を元通り支給されるように要請している事実によってもこの点は裏づけられる。

そもそも家臣の知行地が主君の領国を超えて各地に広く分布するなどということは一般大名にはありえないことで、それはただ徳川幕府の直臣である旗本の知行地が広域にわたって散在分布していた形とのみ同型であり、秀頼と豊臣家の存在が一般大名を超越した存在であったことが、この領地構造からも見てとれるのである。

「太閤様御置目の如く」

関ヶ原合戦後における秀頼と豊臣家の政治的地位を考察するに際して、最初に確認しておかねばならないことは、当時の人々が諒解していた関ヶ原合戦後の政治原則は、「太閤様御置目《おきめ》の如く」という言葉で表現されていたという事実である。すなわち太閤秀吉の制定した政治の枠組みを継承するというのが、当時の政界の合意であり、大名たちの間での認識であった。つまり、当時の人々は、関ヶ原合戦のあとも豊臣公儀体制は解体されることなく、そのままのかたちで存続していたこと、豊臣家と秀頼の権威的地位も変わりなく持続されていたという認識を持っていたということである。

関ヶ原合戦の終了時点で八歳（数え年）であった秀頼は、成人した暁には全武士領主を統率して、天下の政治を主宰するべき存在であると、同合戦後も人々の間で認識されていた。この事実を裏づけるのが、次に掲げる、合戦翌年の慶長六年四月二一日付で、伊達政宗から家康側近の今井宗薫《そうくん》に送られた書状である。

いかに太閤様御子に候とも、日本の御置目など取り行はるべき御人に御座なく候由、内府様御覧届け候はば、御国の二三ヶ国も、またはその内も進せられ候て、ながながの御進退申され候て能候はん

すなわち、いかに秀吉公の御子であると言っても、日本国の統治を執り行っていけるような能力をもった人物ではないと、家康様が見極められたならば、秀頼様に領国として二、三ヶ国か、あるいはそれ以内でも差し上げて、末永く豊臣家を存続していかれるようにするのが望ましい、という内容である。

政宗は、幼少の秀頼を担ぎ出して戦乱を企てる輩が出現しないとも限らず、それは豊臣家にとっても不幸なことであるから、秀頼は家康のもとに引き取って養育していくべきだという文脈の中で、右の文言を述べている。すなわち、秀頼は「二、三ヶ国ほどを領地とする一大名」として穏やかに暮らされるのが、豊臣家の存続にとっても望ましいことではないだろうか、という**現状変更についての提案**である。

すなわち、この文面から明らかになることは、「秀頼は秀吉の嫡子であることによって成人した暁には、武士領主の上に君臨して政権を主宰するべき存在」であるということが、武家領主たちの間ではまったく自明の前提とされていたということである。そして、また家康は――実力的にはもちろん第一人者ではあるが――、あくまで秀頼の補佐者だという認識もこの書状の文面には含意されている。

そもそも伊達政宗は無二の家康派である。しかも今井宗薫は政宗の女子（五郎八《いろは》姫）と家康六男の松平忠輝との婚姻を仲立ちした人物として知られており、この書状は政宗と家康との間だけの内輪話、豊臣家の人々に対して全く気遣う必要のない書面内容である。そんな内輪の書状にしてなお、秀頼を公儀の主宰者の地位からはずしてはどうかという提案を、かくも慎重な言い回しでもって終始しているという事実に留意されなければならない。

しかも、この書状は関ヶ原合戦の翌年のものである。秀頼が成人したならば公儀の主宰者の地位に就くという認識は、関ヶ原合戦後においてもなお武士領主たちの世界では共通諒解とされていたということである。

関白任官への途

以上に検討したところからして、関ヶ原合戦後に豊臣家と秀頼は摂河泉六五万石の一大名に転落したという旧来の歴史像が、もはや成り立たないことは言を要しないと思う。

ただし、この領地領有問題とは別のタイプの議論として、秀頼が一大名に転落したと主張する根拠として、関ヶ原合戦ののち秀頼が関白に就任する可能性がなくなったからとするものがある。この問題を検討しておこう。

関白職については関ヶ原合戦の直後に、摂関家の一つ九条兼孝がこれに任官する。これは天正一三（一五八五）年以来続けられていた豊臣家による関白職の独占を終わらせるものであり、当時の公家の間でもこれを指して、「武家より摂家へ返さるるの始め」と唱えられていた。

今谷明氏はこれをもって秀頼が関白に就任する可能性を絶たれたものであり、摂河泉六五万石の一大名に転落していくという理解を示されているが、これは以下に述べる諸事情、諸理由によって誤りとせねばならない。

九条兼孝の関白就任が豊臣家による関白職の独占体制を崩したという意味においては、もちろん豊臣家にとっては不利なことには違いないが、しかしこれは秀頼が成人した時点での関白就任を妨げるものではない。

関白の職というのは、将軍職とは異なって特定の人物が終身就任するものではなく、また特定の家で世襲的に父子継承していくものでもない。一定の時期を務めたなら、次は別の人間に引き渡していくというのが常であり、いわゆる五摂家（近衛・鷹司《たかつかさ》・一条・二条・九条の五家）の間で廻り持ちされている。

そして関白を辞職しても「前関白」という称号が用意されており、現任関白とさして変わらない待遇が終身保証される。さらには「正二位」や「従一位」という関白就任に伴って叙せられた高い位階は、関白辞職後も保持されており、これはさらに昇進もありうることであった。

それゆえに、このような関白職廻り持ちの中に豊臣秀頼が一時期、加わるということは何ら無理なことではない。先の公家の日記の表現に「武家より摂家へ返さるるの始め」とあった点に注意しよう。関ヶ原合戦ののち豊臣家から関白職が完全に手放されたのであれば「武家より公家へ返さるる」とのみ記せばよいことである。それを「返さるるの始め」という表現をとるということは、こののちも関白職が五摂家側と豊臣家側との間で行き来するであろうという予感があるから、このような表現が取られたということではないか。「始め」というささいな二文字であるが、ここには当時の人々の当該政治秩序をめぐる通念が無意識のうちに表出しているのである。見落としてはならないだろう。

そして実際にも、当時の人たちは秀頼がいずれ関白に任官するであろうということを、当然のこととして受け止めていたことが、以下の諸史料から知られる。すなわち、先述の「武家より摂家へ返さるるの始め」と記されたときから三年後の慶長八（一六〇三）年のこと、この年に家康は将軍に任官するのであるが、世上では、これと同時に秀頼の関白任官が行われるであろうとの噂で持ちきりだったのである。

醍醐寺三宝院門跡であった義演《ぎえん》の日記には、「秀頼卿関白宣下の事、仰せ出ださると云々、珍重々々」（『義演准后《じゅごう》日記』慶長七年一二月晦日）と記されている。また大名の毛利輝元が国元の家臣に宛てた書状にも、「内府様将軍に成せられ、秀頼様関白に御成の由」（慶長八年正月一〇日付書状）とあって、家康は将軍に、秀頼は関白になられるとの情報を伝えている。

実際には、秀頼は関白ではなくて内大臣になるのであるが、その内大臣宣下の勅使が大坂へ派遣されたのを見て、相国寺鹿苑院主の西笑承兌《せいしょうじょうたい》は「予これを察するに、関白宣下のための勅使ト云々」(『鹿苑日録』慶長八年四月二二日条)と、この勅使を秀頼の関白宣下のそれであろうと推測していた。

すなわち秀頼が成人した暁には、先述したとおり天下の主になるというのは既定の路線であり、さらにそれは関白就任という形をとるであろうことは、当時の社会の人々の間では至極当然の諒解事項であったということである。

家康の将軍任官と慶長期の国制

関ヶ原合戦後における秀頼と豊臣家の政治的地位は以上のとおりであった。「太閤様御置目の如く」という表現が示しているとおり、秀吉が構築した豊臣公儀体制は関ヶ原合戦の後も解消されることなく持続しており、従ってまた、秀頼が一大名に転落したという理解は誤りであって、秀頼はいずれ成人した暁には公儀の主宰者の地位に就くであろうことも、人々の通念として遍在していた。

それでは、そのような状態の中で家康が将軍に就任するとは、どのようなことを意味することになるのであろうか。また、当の家康は将軍に就くことによって、何を志向していたのであろうか。そして、家康が将軍に就くことによって秀頼と豊臣家の従前の地位はどのような変化をこうむることになるのであろうか。

慶長八(一六〇三)年二月一二日、おりから上洛中であった徳川家康は伏見城に勅使を迎え、将軍任官の宣旨を受領する。

この家康の将軍任官の意義をめぐる従来の説明というのは、関ヶ原合戦の勝利によって覇権を確立し、天下人としての地位を不動のものとした家康が、この将軍任官によって幕府を開設し、豊臣家にかわって徳川家による天下支配を制度的な形で確定した、というものであったろう。

しかしながら、これまで述べてきたところからしても、家康にとって関ヶ原合戦の勝利は自前の徳川の軍事力によってではなく、家康に同盟した豊臣系武将たちの軍事力に依存してのことであった。そのこともあって、関ヶ原合戦後も「太閤様御置目の如く」と表現されたように秀吉の構築した豊臣公儀体制は持続していた。

つまり、関ヶ原の戦いにおいて家康は勝利はおさめたけれども、公式的な観点では彼はいまだ豊臣五大老の一人としての地位から抜け出してはいなかったということである。諸大名の家康への臣従は実力に由来する事実上のものでしかなく、家康が彼らに命令し、軍事指揮をなしうるのも、はたまた関ヶ原合戦後における諸大名への領地給付を行いえたのも、権限論的根拠としては公儀を構成する五大老の筆頭にして、豊臣秀頼の政務代行者という地位に求めるほかはなかったのである。

すなわち、このような状態が放置しておかれるならば、どのような政治的状況が到来することになるであろうか。最も重要なことは、慶長六年正月時点で年齢九歳ながら、朝廷官位が従二位権中納言という高位にある秀頼が、やがて成人して関白職につくであろうことであり、そしてその時には、家康の政務代行権は吸収されて豊臣氏の政治権力が回復されていき、家康およびその子秀忠は、関白秀頼の意命に服さねばならなくなるような事態が到来してしまうということである。そして更に、家康が死去した暁には、秀頼と豊臣家による天下支配が名実ともに復活してしまうことが、強い現実性をもって予想させられるということである。

関ヶ原合戦後においてなお、秀頼が将来は武家領主を統合する公儀の主宰者の地位に就くべき人間であると諒解されていたことは先述の、慶長六年四月二一日付で伊達政宗が家康側近の今井宗薫に宛てた書状の内容からも明らかであろう。

豊臣系武将の秀頼への臣従

ことに関ヶ原で家康に与同してその勝利に多大の貢献をなし、そののちも家康に随従してきた福島正則、加藤清正、浅野幸長以下の豊臣系諸大名は、家康個人の武将としての器量に惹かれ、家康が彼らの大名領主としての運命を託すべき指導者であることは認めていたが、しかしながら豊臣秀頼に対する忠節はこれと別個の問題として、彼らの間では持続されていた。秀頼は依然として彼ら豊臣大名たちの主君であり、五大老の一人たる家康が秀頼を排斥して、その地位を奪って取って替わることを是認するものではなかったのである。

これら豊臣系諸大名についていうならば、先述のとおり、関ヶ原合戦の論功行賞によってそれぞれ国持大名に昇格し、畿内以西の西国地方はこれら豊臣系諸大名たちの領地によって埋め尽くされていたといっても過言ではない。すなわち、これら西国に蟠踞《ばんきょ》する豊臣系諸大名こそ豊臣秀頼の与党と目すべきものであり、秀頼と豊臣家にとっての政治的な、そして軍事的な背景をなしていたのである。

たしかに豊臣系大名といっても藤堂高虎などのように、彼らの政治的スタンスをかなり明確に徳川家と幕府の側に移し替えているものもあったけれども、残りの多くは家康に従属しつつも、秀頼と豊臣家に対する忠誠の立場を放棄しているわけではなかった。

かれら豊臣系武将たちの秀頼に対する忠誠は、後年になっても持続していたことは、慶長一六年の二条城会見に際しても加藤清正、浅野幸長らは道中徒立《かちだ》ちで秀頼の乗り物を護衛しつつ二条城に向かったという事実によって証することができるであろう。

別個に構築された「徳川公儀」

すなわちこの政治体制の中において、覇者としての家康と徳川家が豊臣家を超えて行っている支配はあくまでも実力支配なのであって、家康個人のカリスマ的な力量によって実現されてはいるが、しかし同時に永続性を欠いた不安定な支配、秀頼の成人と関白就任、そして家康自身の死とともに消失してしまう恐れを多分に含んでいた。

それゆえに家康は自前の天下支配の正当性、徳川家の永続的な支配を保証してくれる制度化された支配の体系を構築する必要があったのである。では、どのようにして、それを実現すべきなのか。もっとも分かりやすい方法は、幼君秀頼と豊臣家を抹殺して、自らが公儀の頂点にたつことであろう。しかしながら右に述べたように、加藤清正ら豊臣恩顧の武将たちはそれを許さないであろうし、仮に実現しえたにしても、それはかの明智光秀の二の舞になってしまうことではないか。いずれ滅亡の遠からぬ愚策であろう。では、どうすれば？

家康が選んだ方途は、秀頼と豊臣家がその頂点をなしている豊臣公儀体制を解体するのでもなく、また乗っ取るのでもなく、そこから離脱をするというやりかたである。秀頼の地位も豊臣公儀体制もそのままに残した上で、家康はその体制から抜け出して征夷大将軍に任官することによって、自らを頂点とする独自の政治体制、すなわち徳川公儀体制を構築し、そして豊臣公儀体制下にあった全国の武士領主をその傘下に収めるという手法である。

これは今日でもしばしば見られる手法であり、事実上の乗っ取りであり、クーデターなのであるが、直接的なそれらよりも倫理的抵抗感がうすいために、巧妙な手法として用いられるところである。まして家康の場合は、征夷大将軍任官という権威の輝きに幻惑されて、その内部のカラクリが見えなくなってしまうところにその機微がある。そしてここに形成された将軍職を基軸とする政治体制、すなわち徳川公儀、将軍型公儀と称すべきものは、大坂の豊臣秀頼を頂点とする豊臣公儀、関白型公儀とは別個のものであるから、後者の政治的権威を何ら侵すものではないという名目を立てることができたという点においても妙味がある。これは家康が秀頼に対して行った臣従誓約に背反したという非難をかわすことができるとともに、諸大名側、特に豊臣系の諸大名――加藤清正・福島正則・浅野幸長ら――の側にとっても、家康と徳川家に服属することを可能にした。

将軍が純粋な軍事職として、全武家領主に対する軍事的統率権を有することは伝統的に確立された観念であるが、他方、関白は天皇の代行者として日本全国に対する一般的な統治権的支配の権限を有する存在であるがゆえに、権限論的には将軍と並立する形で、武家領主一般に対する支配を行使しうるとする考えが成り立ちうる。武家領主の側から言うならば、将軍たる家康の意命に服しても、潜在的に関白職に就くべく予定されている豊臣秀頼の臣下として、従前通りあることは充分に両立しうることとする観念が形成されることになる。

こうして豊臣系諸大名は豊臣秀頼に対する忠誠を維持したままで、かつ徳川家康の指揮命令に服することが可能となったのである。実際、慶長八（一六〇三）年の家康の将軍就任から、同二〇（一六一五）年の大坂の陣による豊臣氏の滅亡までの期間は、豊臣・徳川の二重公儀体制の時代とも呼ぶべきものなのである。

慶長期の二重公儀体制

この点は、この時期の政治秩序の性格を考えるうえで、また大坂の陣の位置づけをなすうえで避けて通ることのできない枢要の問題をなしている。

前述のとおり、家康の慶長八年における将軍任官というのは、家康がこの豊臣公儀の体制から離脱をして、自らを頂点とする支配の体制を形成したというに他ならないが、それはあくまでも豊臣公儀の枠組みから離脱をしてということであって、豊臣公儀の体制を解体してのことではないのである。したがって、家康がいわば徳川型公儀を形成しても、豊臣公儀体制は依然として持続することになる。それは以下に掲げるいくつかの事実によって裏付けられることになる。

（1）豊臣秀頼に対する伺候の礼

慶長八年の徳川幕府開設以後も、加藤・福島らの豊臣系諸大名はもちろん、上杉景勝・島津家久や前田利常《としつね》のような外様大名までも、大坂城の豊臣秀頼に対して歳首《さいしゅ》を賀し、伺候《しこう》の礼を取り続けていたという事実がある。

上杉景勝の大坂の秀頼に対する伺候については、『上杉家御年譜』に次のような記述のあることを見る。

慶長八（一六〇三）年一一月一九日　上洛ののち大坂に至り秀頼に拝謁
　　九（一六〇四）年　一月　一日　元日未明に大坂に赴いて新年の賀儀を述べる
　　　　　　　　　　　八月一六日　大坂に至り帰国の御暇の礼
同一〇（一六〇五）年　三月上旬　上洛ののち大坂に赴く
　　　　　　　　　　　四月一二日　秀頼の右大臣昇進の賀儀のため大坂に赴く。
　　　　　　　　　　　　　　　　　在伏見の諸大名もこれに赴く

また島津家久の伺候については、次の慶長一〇年七月二一日付の幕臣山口直友の書状から知ることができる。

昨日は和甚兵衛進上申候、秀頼様御礼被仰上候哉、定而《さだめて》御仕合可然御座候ハんと存候、御出船之様子承度存候、（中略）目出度御帰国之御吉左右奉待存候、猶奉期後音之時候、恐惶謹言

七月廿一日

山口駿河守
直友（花押）

陸奥守様
参人々御中

この慶長一〇年四月には、徳川秀忠の将軍襲職と、豊臣秀頼の右大臣の任官があり、諸大名は相次いで上洛して伏見にあったが、先の『上杉家御年譜』にあるように、在伏見の諸大名は大坂に赴いて、秀頼に祝賀を述べている。右の書状もこの時のもので、幕臣にして島津との取り次ぎ役である山口直友が島津家久の帰国に際して、家久が秀頼に帰国の御礼を首尾よく済まされたかを問うたものである。

ここでは外様大名である島津氏が豊臣秀頼に伺候の礼を取ることが、幕臣の側からも、何の不自然さもなしに語られていることに留意しなければならない。

また加賀前田家の場合については、前田利常が襲封《しゅうほう》を秀頼に告げるために慶長一〇年六月二八日に大坂に赴いたとしている。

もっとも諸大名は徳川家への遠慮から、次第に大坂の秀頼の許への表立った伺候を控えるよう

にはなっていったが、それは幕府から禁じられたり、あるいは特定の時点で消滅してしまうといった性格のものではなかった。

（2）勅使・公家衆の大坂参向

次に年頭慶賀の勅使が慶長八年以後も毎年、朝廷から大坂の秀頼の下に派遣されていたという事実がある。年頭慶賀の勅使とは、かの元禄赤穂事件の時に問題の発端をなした事柄として知られている。それはこの時期には、江戸の幕府の許へではなく、大坂城の秀頼の許へ派遣されていたのである。一例を示せば、慶長一四年の場合、正月一七日に勅使が大坂城に赴いて秀頼に太刀、馬一疋《いっぴき》を贈り、さらに八条宮智仁《としひと》親王、元関白二条昭実、前関白鷹司信房、大炊御門《おおいみかど》大納言以下の多くの公家・門跡が大坂に赴いて、秀頼に祝詞を述べている。

これは、後陽成天皇を長とする朝廷では家康の将軍任官ののちもなお、豊臣秀頼と豊臣家が依然として政権の正当性を保持していると見做していたことを示すものである。この習慣は慶長一六年に即位の後水尾天皇の代になってからも続けられており、大坂冬の陣の年の同一九年に及んでいる。

（3）慶長期の伊勢国絵図の記載

慶長一〇年代に作成された伊勢国絵図をめぐって、興味深い指摘が上野秀治《ひではる》氏によってなされている。

国絵図は徳川幕府が全国の諸大名に命じて調進させた、国ごとにその郡村名と道・川などを記した絵図である。このうち岡崎藩本多家に伝存した「桑名御領分村絵図」（本多隆将氏所蔵）は、本多家が桑名領一〇万石を支配していた慶長一〇年代に作成された伊勢国絵図の派生系と推定されるものであるが、この絵図には村ごとにその領主名が記されるという特色を有している。その領主名として「本多中務」「関長門守」などが見られ、前者は桑名藩主である本多中務大輔《なかつかさたゆう》忠勝を、後者は亀山三万石の藩主関一政を指している。

この絵図の三重郡には小領主名が多く記載されており、知行高が一六〇〇石から三五〇石クラスの者で、二〇名余が確認される。そこに記された人物のうち、丹羽左平太はもと織田信忠・同信雄《のぶかつ》に仕え、のち豊臣家に従い、この慶長一〇年当時は豊臣秀頼の家臣であった。また大蔵道違は能役者で豊臣氏に仕えて二七三石を知行していたことが知られている。これ以外にも、絵図中の雨森出雲守や平井弥次右衛門はもと豊臣秀次の家臣であったことが判明するので、これらもこの時点では豊臣秀頼の家臣であると推定されるのである。

このように本絵図には、本多忠勝や関一政といった大名と対等に、豊臣秀頼の家臣の名前が村ごとの領主名として記載されている。もし秀頼が一介の大名に転落していたとするならば、このような記載にはならないであろう。そこには豊臣の名前が記されていなければならぬはずだからである。

しかし実際には、豊臣ではなく、その家臣たちの名前なのである。これは取りもなおさず、豊臣家が家康の指揮を受けるような並の大名とは異なり、その上位に立つ存在であり、徳川将軍家と対等であることを示唆することとなっているのである。

（4）慶長一一年の江戸城普請における豊臣奉行人の介在

慶長一一（一六〇六）年の江戸城普請は全国の諸大名を動員して行われたいわゆる天下普請であり、関ヶ原合戦後における最大規模の大名課役であった。

将軍居所たる江戸城の天下普請に際しては、西国の豊臣系諸大名をふくむ全国の諸大名が総動員されている。この、江戸城普請に際しては「公儀の普請奉行」として八名の人物が任命されているのであるが、その八名のうち二名が豊臣秀頼の家臣であるという重要な問題が指摘されている。

その八名とは内藤金左衛門忠清、貴志助兵衛正久、神田与兵衛正俊、都筑弥左衛門為政、石川八左衛門重次、戸田備後守重元、水原石見守吉勝、伏屋飛驒守貞元であり、そのうち貴志正久・神田正俊の二名は家康付の幕臣、内藤忠清・都筑為政・石川重次・戸田重元の四名は秀忠系の幕臣、そして水原吉勝・伏屋貞元の二名が豊臣秀頼の家臣ということである。

すなわち水原吉勝・伏屋貞元の両名については、『慶長十六年禁裏御普請帳』に「大坂衆」として、「千百石　伏屋飛驒守」「千石　水原石見守」と記されていることから、豊臣秀頼の家臣であることが判明するのであり、徳川将軍の居城の普請に、豊臣秀頼の家臣が家康の家臣と同等の立場で公儀普請奉行として参加しているという事実のもつ意味は、深く重いものであるといってよいであろう。

そもそも全国の諸大名を総動員したといってよいこの江戸城普請に、豊臣秀頼はそれらの普請課役から自由であったばかりではなく、実に幕府の役人と相並んで、秀頼直属の家臣である水原吉勝と伏屋貞元の二名を普請奉行としてこの天下普請の執行に参画させていた。豊臣秀頼が動員されていないこと自体が留意されなければならないのであるが、それ以上に重要なこととして、秀頼は動員される存在ではなくして、この徳川の居城の普請を差配する側の立場にあったということである。

（5）大坂方給人知行地の広域分布

前掲の伊勢国絵図は、伊勢国に大坂給人の知行地が存在していることを示していた。これは関ヶ原合戦後における豊臣家と秀頼が摂河泉六五万石の一大名に転落せしめられたという、これまでの常識的理解に牴触《ていしょく》することになる。つまり、豊臣秀頼の家臣知行地は摂河泉三国を超えて存在しているのであり、このような状態は伊勢国だけでなく、備中国においても確認され、さらにそれ以外の国も含めて西国方面に広域的に分布していたことが確認されるのである。

それはこの後に勃発する大坂の陣に際して、備中国の国奉行であった小堀政一が、備中国内にある大坂方給人の知行地の年貢を抑留すべきことについて、家康に対して指示を仰いでいるという事実から証示しうるところなのである。

さらに冬の陣が和議成立によって終息した慶長一九年一二月二二日、大坂方の大野治長が家康側近である本多正純に対して宛てた書状において、大坂給人たちの諸国における知行地の年貢を

新潮社
新刊案内

2015 **4** 月刊

元通り支給されるように要請している事実によっても、この点は裏付けられるところであり、豊臣秀頼家臣の知行地は秀頼の領地とされている摂河泉三ヶ国を超えて、西国諸国において広範に分布していたであろうことが推測されるのである。

ちょうど徳川幕府の直臣団である旗本の知行地が全国に散在分布していたのと同様に、豊臣秀頼の家臣団たちの知行地もまた、摂河泉三ヶ国を超えて西国諸国に分散分布していたと解すべきなのである。

関ヶ原合戦ののち、豊臣家と秀頼が摂河泉三ヶ国の一大名に転落したという認識の誤りは、これをもってしても明らかであろう。豊臣家と秀頼の支配圏は、これら三ヶ国を超えて、西国諸国に広範に及んでいたことが分かるのである。

(6) 二条城の会見における礼遇

次に慶長一六年の京都二条城における家康と秀頼の会見の問題がある。この会見のおりの家康と秀頼の応対、所作、座配、礼儀作法のあり方を分析するならば、従来言われてきた、「秀頼は家康に呼びつけられて二条城に来たり、そして家康に対して臣下の礼をとらされた」という理解がまったくの誤りであることが明らかとなる。

筆者の旧著『関ヶ原合戦―家康の戦略と幕藩体制―』において、この点を指摘した。すなわち、秀頼の入来に対して、家康は最大限の敬意を払って迎えており、しかも同城の貴賓室にあたる「御成の間」に通していること、座配関係では秀頼が上座である「御成の間」に座しているのに対して、家康はその下座に位置する平間に座していること、そして秀頼は家康に対して拝礼をしているが、これは自らの意思でへり下って行った謙譲の礼であり、臣下の礼を強いられたなどということという性格のものではないこと、等々を論及したのである。

しかるに、関ヶ原合戦以後は秀頼と豊臣家とは一大名に転落したという旧説に固執する人々は、筆者のこの二条城会見に対する見解を受け入れることができず、依然として二条城会見は秀頼が家康に呼びつけられ、臣下の礼を強いられたものという従来の説をくり返すばかりである。

それ故、ここでは二条城会見の実態をめぐって細部にわたる検討をほどこし、事実はどうであったのかという根本問題をくまなく明らかにすることに努めたい。この二条城会見に関する史料はいくつかあるが、中でも重要な意味をもつのが『当代記』の記述である。『当代記』は筆者不詳ながら徳川の関係者と思われ、その記載内容は一般に信頼度の高いものとして知られているが、この二条城会見についてもその場に立ち会ってその模様を実際に観察していたか、あるいは現場にあった者から情報を入手したものであろうか、その会見の模様は殊に詳細である。

（三月）廿八日辰刻、秀頼公入洛、則家康公の御所二条ぇ御越、家康公庭上迄出給、秀頼公慇懃礼謝し給、家康公座中ぇ入給後、秀頼公庭上より座中へ上給、先秀頼公を御成之間ぇ入申、其後家康公有出御、互の可有御礼之旨、家康公曰ト云共、秀頼公堅有斟酌、家康公を御成之間ぇ奉出し、秀頼公遂礼給、膳部彼是美麗に出来けれ共、還而可有隔心かとて、たゝ御すい物迄也、大政所是は秀吉公の北の御方也、出給相伴し給、頓而立給、右兵衛督常陸介途

中迄被相送（後略）

これに拠るならば、秀頼が二条城に至ったとき、家康は自ら庭上まで出てこれを迎え入れたとしている。

まず、この迎接のあり方が問題となる。客がある屋敷を訪ねた時、通例は屋敷の主の家来が客人を迎え入れ、玄関から屋内に案内して、応接の間に通し、客人が着座したころを見計らって屋敷の主が現れるという形をとるものである。それより客人に対する敬意が高い場合は、屋敷の主人は玄関まで迎えに出て、自ら客人を応接間へと案内するという形になる。

すなわち、屋敷の主が庭まで出て客人を迎えるというのは、客人に対する最高級の敬意の表現ということを意味している。一般の二条城会見の研究では、この迎接の部分はスキップして言及されないが、それが誤りのもとになっている。この家康の秀頼に対する迎接作法を見ただけでも、「呼びつけられた」とか「臣下の礼を強いられた」という説明が誤りであることが一目瞭然なのであるから。

続いて殿舎の内部における接遇について見よう。ここで秀頼は「御成の間」に通されている。「御成り」とは主君筋の人間が家臣筋の者の屋敷を訪問することを指している。そのような主君筋の貴人が通される場所が御成の間である。「呼びつけられて、臣下の礼を強いられる者」が座するような場所でないことだけは確かであろう。

そののち家康が出座して、秀頼と家康との座配関係の問題となる。秀頼は「御成の間」に通さ

図4-3　秀頼と家康の座配関係

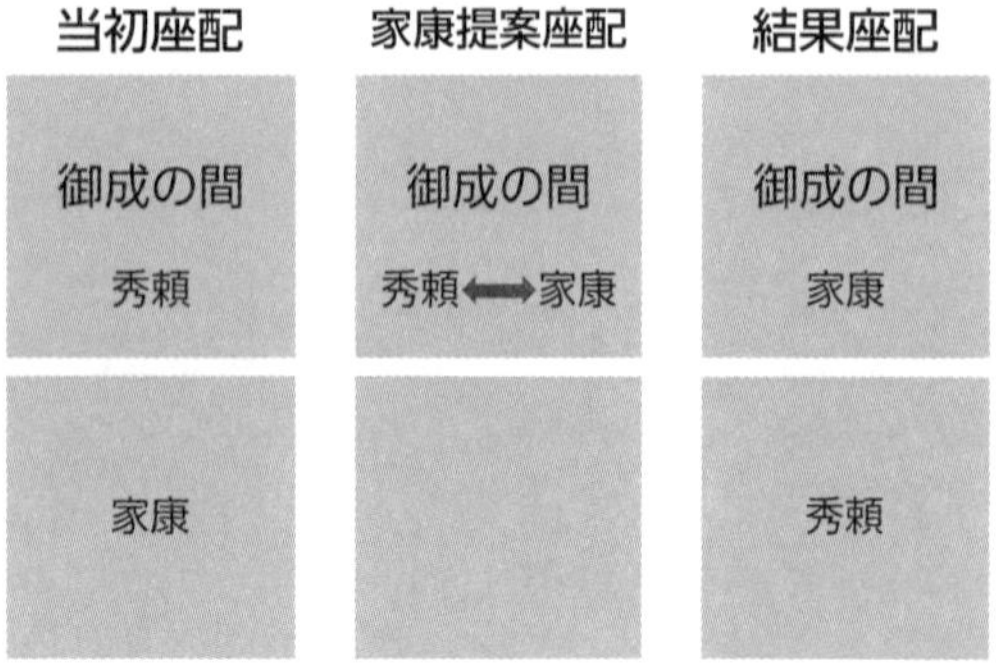

れていたが、家康の座した場所はどこであるか。『当代記』の後半に、秀頼が「家康公を御成の間へ出し奉り」とあることによって、家康は最初、「御成の間」ではない平間に座していたことが分かる。つまり秀頼は「御成の間」という上座、家康は平間の下座というのが当初座配であったことになる。

その上で家康は「互いの礼」を提案する。これは家康と秀頼が対等の立場での礼儀を行うべきこと（礼法上のいわゆる「両敬」）を意味している。ところが秀頼はこの提案を遠慮して固辞し、家康を「御成の間」へ引き入れて、これに拝礼した、という内容のものである。

これを図示すると図4-3のようになる。

秀頼が「関ヶ原合戦後は一大名に転落」という説や、この二条城会見において秀頼は家康に「呼びつけられて臣下の礼を強いられた」と頑なに唱える人たちには、図4-3の当初座配のあり方は到底受け入れがたいものであろうが、事実の前には屈する他はないのである。

それでもなお従来説に固執するというのであれば、『当代記』の記述から筆者の提示した解明図とは異なる座配図を提示する必要があるだろう。二条城会見をめぐる問題は、正しい歴史認識は正確な事実の積み重ねによってのみ到達しうるという根本原則の重要さを改めて認識させてくれるものであろう。

他方では、このような家康の秀頼に対する厚い礼遇を見て、これを旧主家に対する尊重にすぎないものとか、あるいは前官待遇のごときものなどという意味不明の指摘をする向きもあるけれども、まったくの的はずれの見解と言わざるをえない。

秀吉が小牧・長久手合戦後の講和に際して、旧主家の一門である織田信雄に平伏して恭順の意を表したといわれるエピソードをもって、この二条城会見における家康の秀頼に対する礼遇もまた、旧主家の人間に対する尊重の意味以上のものではない、という趣旨の議論なのであるが、これは問題の対比の局面を取り違えた粗雑な議論との誹《そし》りを免れないであろう。

そもそも秀吉にしてみれば、旧主家の織田信雄に対するこのような劣位をはね返して、自己が政治的に優位に立つための戦略的手段として関白という地位を求めたのである。すなわち関白に就任してよりのち、秀吉は織田信雄そして織田家の正嫡たる織田秀信に対して関白の地位にふさわしい態度で臨むこととなり、その下風に立つがごとき態度をとることは絶えてなくなるのである。この事実を見落としてはならない。

秀吉の旧主家たる織田家の人間に対する態度と較べるならば、二条城における家康の秀頼に対する礼遇がそれとは根本的に性格を異にするものであることは明白である。それ故に、この家康の態度を旧主家に対する尊重の念などといった、一般的な言辞で軽率に片づけてしまうことは事態の本性をまったく見誤ることとなってしまうのである。

（7）慶長一六年の三ヶ条誓詞

慶長一六年の二条城会見によって豊臣―徳川間の融和が謳われ、また秀頼が徳川の城である二条城に赴いて家康に拝礼をしたことから、両者の関係では、徳川将軍を頂点とする政治体制の優位が確定したものと世上では受け止められた。

この事実を踏まえて、二条城会見直後の同年四月一二日、徳川幕府は「如右大将家以後代々公方之法式、可奉仰之、被考損益而、自江戸於被出御目録者、弥堅可守其旨事」として徳川幕府の発する法令の遵守を命じ、さらに将軍の法令や命令に背いた者の隠匿禁止、謀反人・殺害人の隠匿禁止をうたった全三ヶ条の法令を定め、このおり京都に参集していた西国・北陸方面の主要諸大名二二名から誓詞を徴する形でその遵守を命じた。翌慶長一七年正月には、東国の大身大名一一名が連署して提出し、さらに譜代・外様を含めた中小の大名五〇人も同様の誓詞を提出している。

すなわち幕藩体制下のほとんどの大名が、この三ヶ条誓詞に署名しているのであるが、豊臣秀頼がこれには含まれていないという事実が問題となる。すなわち豊臣秀頼は別格であり、徳川将軍の支配下に編入される存在ではないということを、端なくもこの誓詞は明示することとなっているのである。二条城において秀頼が家康に対して行った拝礼という所作は、決して臣従礼を意味するものではなかったということが、この点からも裏付けられるのである。

以上に述べてきた諸理由によって、徳川幕府の成立にも拘わらず、豊臣秀頼と豊臣家は幕府の支配下に包摂される摂河泉六五万石の一大名に転落してしまったのではなくて、「太閤様御置目の如く」と称せられたように、豊臣公儀体制は関ヶ原合戦ののちも健在であり、さらに慶長八年に家康が将軍任官によってこの体制から離脱をしたのちも、この豊臣公儀体制は依然として存続しており、京以西に徳川大名もその領地も不在であることが示すように、西国を政権の基盤として存在していた。そしてその公儀の頂点に位置する豊臣秀頼の権威は家康の上位に位置するものであったこと、これらが以上の分析を通して得られる結論であろう。

幕府とは何か

さらに、徳川幕府が成立したというと何か巨大な政治機構が設立されたような印象を受けるが、それが錯覚であることを知っておく必要がある。そのような巨大官庁組織としての幕府が形成されるのは一七世紀の終わり、つまり元禄時代以降の話である。

そもそも慶長八年に家康の身に起こったことはと言えば、征夷大将軍に朝廷から任命されたという事実があるのみである。たしかに征夷大将軍になれば軍政組織としての幕府を開設する権限がともなうので、徳川幕府が成立したという表現は間違ってはいない（「江戸幕府」の成立という表現には問題がある。家康が政務を執っている場所は京の伏見が大半であるから）。しかし、その内実は従前と特にかわるところはなく、一人執政である本多正純が政務の大半を取り仕切り、それに金地院《こんち いん》崇伝《すうでん》が法律問題、外交を担当し、そして何人かの下奉行が庶務を担当するといっただけのことである。

ことに西国方面については不介入の方針を採っていたというのは当然と言わねばならない。京以西には徳川系大名の領地が存在しないことを指摘したが、これは関ヶ原合戦後の当初より家康が、自己の支配領域すなわち徳川公儀体制の管轄を京以東の東国に限定し、西国は従来からの豊臣公儀体制に委ねるという制度設計を施していたからに他ならない。それを抜きにして、京以西の西国に徳川系大名とその領地が皆無であることを、果たして説明することができるであろうか。

豊臣系大名の軍事力

実際、関ヶ原合戦後の全国的な領地配分の結果、西国方面を中心として全国三分の一の地域が豊臣系諸大名の領国となることとなったのであり、これら豊臣系国持大名を背後に控えた豊臣家と秀頼の存在は、政治的には言うまでもなく、軍事的な意味においても侮り難いものがあった。

それ故に徳川幕府が豊臣家を軍事的に取りひしごうとする態度を見せたり、あるいはその特別の政治的権威を剝奪しようとしたりするならば、その背後にある豊臣系諸大名の反乱を誘発する可能性を考慮しなければならない。たとえば加藤清正、浅野幸長ら豊臣恩顧の大名の場合、家康に親近し家康の軍事指揮に従ったけれども、家康が豊臣討伐の軍令を発したとき、それに従うことを期待するのは殆ど不可能であったろう。

家康と徳川幕府のとった選択は、豊臣家と秀頼の従前から存在する政治的権威を取りひしぐことではなくて、それを尊重して共存をはかりつつ、それを踏まえたうえで徳川将軍による全国支配を目指そうとするものであったと解される。

（笠谷）

第五章　秀頼の「パクス・オーザカーナ」

垣根に転用された刀の鞘

日本史においては、徳川家康が征夷大将軍になって幕府を開く慶長八（一六〇三）年をもって、「江戸時代」と称することが多い。しかし大坂においては、関ヶ原合戦（一六〇〇年）以降も、秀頼が摂河泉の領主であり、何の変化もなく、時代画期にはならない。また豊臣系国持大名が多い西日本も二重公儀体制下にあり、摂河泉と同傾向で、慶長二〇（一六一五）年五月七日の大坂落城まで画期がないと考えられる。

豊臣政権下の「大坂の平和（Pax Ozacana）」（「ローマ帝国の平和（Pax Romana）」からの筆者の造語）は、戦国時代終焉を告げるとともに、二重公儀体制下の一時的だが「日本全土の平和」が実現していた時代であった。

藤木久志氏が「豊臣平和令」と呼ぶ、豊臣政権の私闘を抑制する一連の法令は、惣無事令・喧《けん》嘩停止令《かちょうじれい》・刀狩令・海賊停止令からなり、特に惣無事令は、豊臣政権を最高処理機関とする裁判により判決を下し、これに違反する大名には厳しい処分を科すと宣言し、国内での紛争を一掃した。この基調がさらに中世村落間紛争＝山野水紛争の解決手段たる喧嘩にまで及び（喧嘩停止令）、百姓の武器使用をも禁止（刀狩令）した。フロイスも感嘆した短期間での平和国家実現によって、一般庶民も含めて幸福を享受した。慶長九（一六〇四）年八月中旬、秀吉の七回忌に催された豊国神社臨時祭の町衆の風流踊りを描く『豊国祭礼図屏風』には、秀吉に対する感謝と哀惜の念がほとばしっているのである。

「豊臣平和令」の内、刀狩令は大坂城跡の遺構からも確認できる。刀狩令は武士以外の農民や僧侶などに武器の所有を放棄させるもので、全国的に兵農分離を進めた政策である。秀吉は天正一三（一五八五）年の段階で、紀州太田の仕置きで、根来衆や雑賀衆から武器没収を行っていた。

豊臣大坂城北外郭の上町筋より東の中央区大手前一丁目、「テレビ大阪」社屋敷地（調査地e）で検出された遺構に打刀《うちがたな》の鞘が、まとまって一〇〇本以上も見つかった。刀身や刀装具などは回収されたのか、まったく見られなかった。次節で触れる京橋口馬出し曲輪の北城門を北へ出て、やや西の旧大和川（現・第二寝屋川）の護岸部分である。

旧大和川の河原には乱杭が見え（図5-1手前）、右端の杭と堰板による土留めに接して、写真には写っていないが礎石建物が立っていた。鞘群はその建物のすぐ東隣で倒れたようにして発見された。もとは鐺《こじり》を下にして立て並べられていたと考えられる。

栗形《くりがた》の穴の中には赤い紐が残っているものがあり、これらの鞘が一度は使用されたものであることは間違いない。鞘を取り除くと、南北と東西二方向の垣根の基礎が現れた。基礎は一〇～二〇センチ間隔で立てられた細竹で、それに直交して格子状に結われたと思われる細竹も倒れた状態で見つかったことから、鞘は竹を組んだ垣根に並べて立て掛けられていたものと考えられる。鞘の長さが七五センチ前後であることも、垣根の高さにはちょうどよかったと想像される。刀狩りで没収した刀身は農具などの地金に使い、刀装具は鋳つぶして再利用し、黒漆塗りのちょっと

図5-1　刀の鞘群出土状況〔北側から撮影。鞘群が奥に倒れている。手前は乱杭〕＊

図5-2　見つかった刀の鞘

図5-3　刀の鞘による垣根復元図＊
〔旧大和川（北東側）から。中村仁美氏作画〕

豪華な鞘は、大坂城外郭の人目に付く垣根部材にリサイクルされたと思われる。

ヨーロッパで発見された「豊臣期大坂図屏風」

屏風絵で豊臣大坂城を描いたものとしては、大坂の陣時の「大坂冬の陣図屏風（東京国立博物館蔵）」や「大坂夏の陣図屏風（黒田家屏風、大阪城天守閣蔵）」、それに通称「川上家屏風」と呼ばれる「大坂城図屏風（大阪城天守閣蔵）」があり、いずれも秀頼時代の大坂城を描いたものである。しかし川上家屏風を除いた二者は、冬・夏の陣の戦時を描いている。ところが、二〇〇六年、オーストリア共和国の第二の都市グラーツ市郊外にあるエッゲンベルク城所蔵「豊臣期大坂図屏風（以下、エッゲンベルク屏風と略す）」は、川上家屏風同様、平和時の豊臣大坂城を描いていることがわかり、海の向こうで見つかった新発見は大きな反響を呼んだ。

一般に絵画資料は絵師の恣意的《しいてき》表現があるから、真正の景観を伝えるものではないとして、二次・三次資料に貶める識者は多いが、「エッゲンベルク屏風」に限っては、豊臣期の発掘成果に合致する箇所が多い。と同時に、豊臣家滅亡から数十年後の一七世紀中頃の徳川治世下に、どうして豊臣賛歌のこのような屏風が描かれたのだろうか、疑問がもたれた。

元は八曲一隻の屏風であったが、現在は一扇ずつ分解され、八枚のパネルとしてエッゲンベルク城「日本の間」の壁面に嵌め込まれている。描かれた景観は、右から左へ、第一扇には堺の町と御霊神社と船場、第二扇には西惣構え堀（東横堀川）、第三〜七扇には大坂城の奥に住吉大社・四天王寺、第八扇には宇治平等院と石清《いわし》水《みず》八幡宮・天王山など京坂間の寺社・名所を配置する。画面下部には淀川（現・大川）が流れ、さまざまな船が往来する。中央に大きく豊臣大坂城を描く（図5-4）。

この屏風絵は、豊臣期の大坂を描いているが、同じ工房あるいは同系統の絵師が描いた作例が、いくつか日本に残されており、制作年代は一七世紀中頃であろうと推測されている。そして、この時期比定は、はるばる海を渡って、エッゲンベルク城にこの屏風がもたらされた時期と合致する。すなわちエッゲンベルク侯三代目のヨハン・ザイフェルト（一六四四〜一七一三年）は芸術に深い関心を抱いた人物で、一六六〇年から八〇年にかけてアントワープ（ベルギー王国）の美術商から多くの品を購入している。ザイフェルトの没後、一七一六年に作成された財産目録に、「インド風の屏風」が記載されており、これが「エッゲンベルク屏風」であると考えられている。屏風の推定制作年代とエッゲンベルク城に所蔵されたと思われる時期が矛盾しないのである。

その後、一九三九年にエッゲンベルク城はシュタイアマルク州に移管され、一九五三年からオーストリアの州立博物館ヨアネウムの所蔵品の一つとして一般公開されている。屏風に豊臣大坂城とその城下が描かれていることが確認されると、二〇〇七年にヨアネウム、関西大学なにわ・大阪文化遺産学研究センター、大阪城天守閣の三者間で、「エッゲンベルク屏風」に関する共同研究協定が結ばれ、調査研究を進め、さまざまな新事実が明らかになったのである。

確かにエッゲンベルク屏風は、豊臣大坂城消滅後、時代が下った分、より豪勢にアレンジしていると思われる点もある。たとえば同屏風では、天守初層に禅宗建築によく見られる花灯窓《かとうまど》を使用している（図5-5）。大坂冬の陣・夏の陣図屏風とも全体が漆黒の板張りで、花灯窓はない。

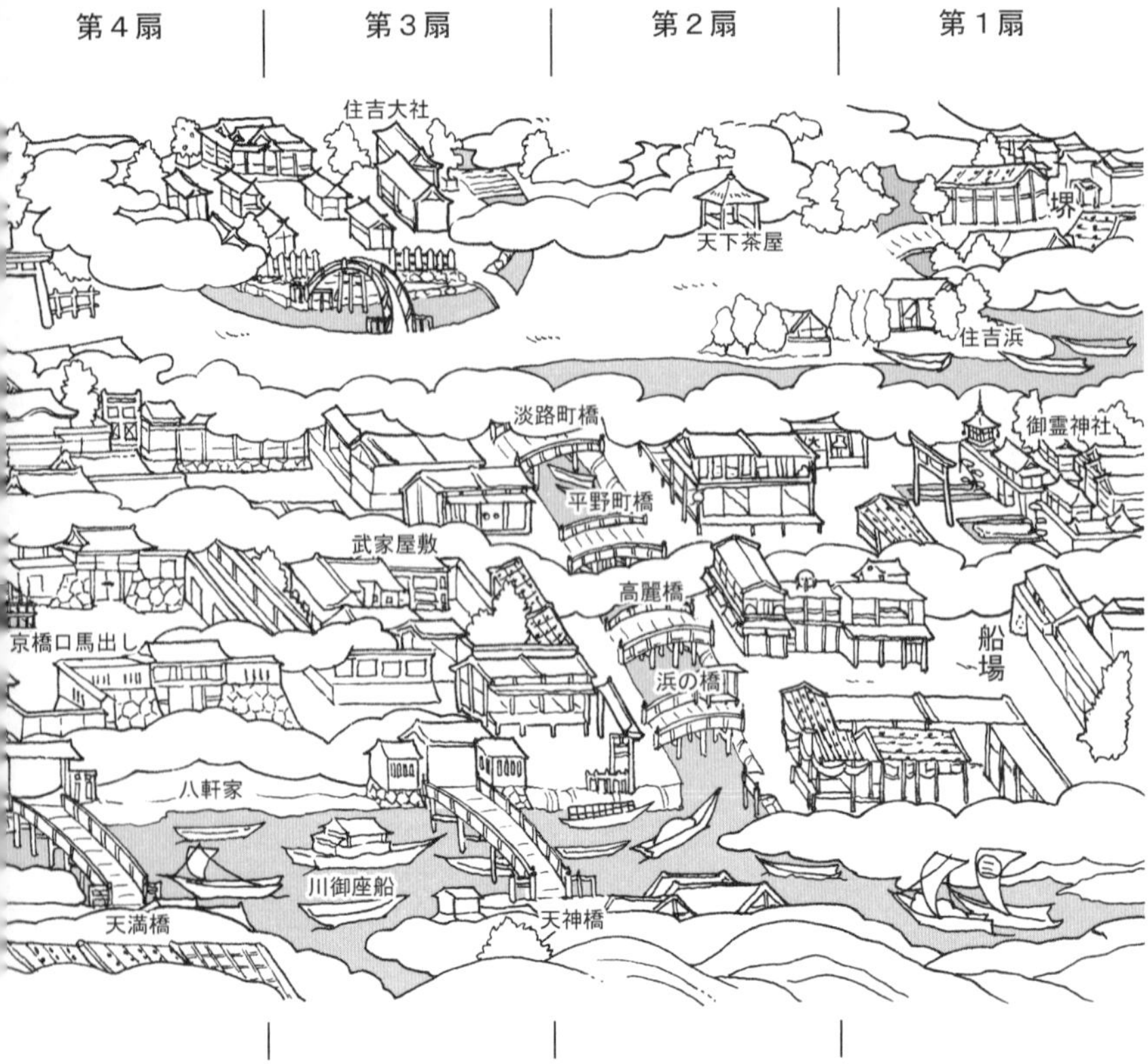

しかし冬の陣図屏風では、本丸建物の内、櫓の初層に花灯窓を描き、エッゲンベルク屏風と共通している。その両陣図屏風との差異をどう見るかは、今後の課題である。

エッゲンベルク城の屏風絵は、徳川治世下に描かれているのにもかかわらず、豊臣賛歌として結実したもので、激しく心を揺さぶる平和希求という時代性を示すものである。秀吉のサクセス・ストーリーである天下分け目の天王山と大山崎の宝積寺《ほうしゃくじ》、天下茶屋なども描かれ、画題は秀吉の意向に添うかのようである。鎖国時であるから、オランダ東インド会社が輸出を仲介し

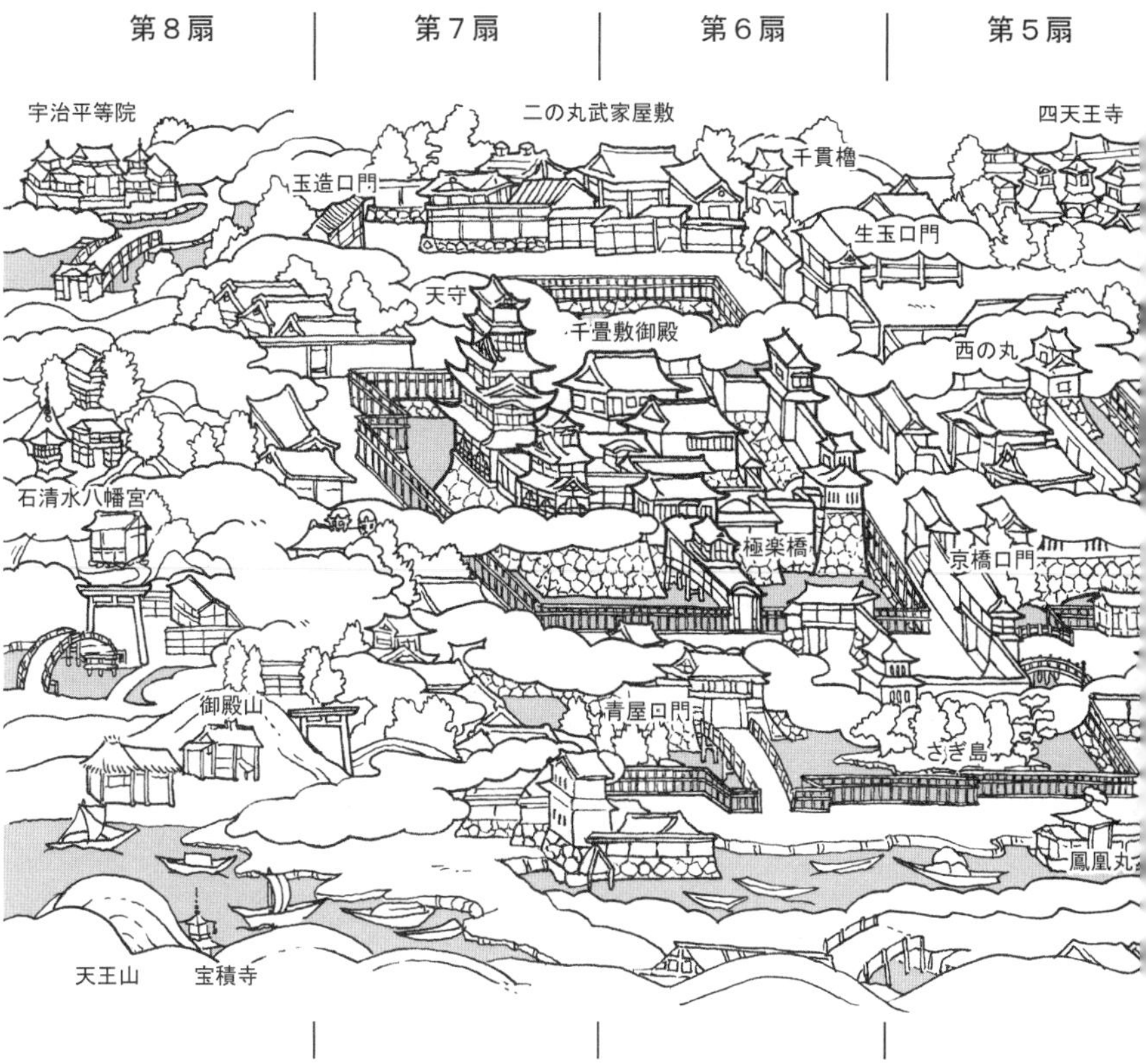

図5-4　エッゲンベルク城「豊臣期大坂図屏風」トレース図（畠山モグ画）

たのかもしれないが、同屏風を描いた絵師も、海外輸出の気安さからか、豊臣期に作製された祖本ないしは粉本《ふんぽん》からの模写を引き受けたのではないだろうか。

数奇な運命をたどった唯一の建築遺構

注目されるのは「川上家屏風」と同様に、極楽橋が特徴的な楼門形式の橋として描かれていることである（図5-6、5-7）。宣教師ルイス・フロイスらは、ローマ・バチカンにあるイエズス会本部に毎年布教経過の報告書を送っているが、一五九六年度『日本年報補遺』の中で、「極楽橋〔または楽園の橋〕

図5-5　エッゲンベルク屏風の本丸天守（エッゲンベルク城博物館蔵・関西大学大阪都市遺産研究センター写真提供）

と言われ、一万五千黄金スクードに値する非常な黄金で輝く、いとも高貴な橋」と表現し、その豪華な装飾が施された経緯について、「（太閤）はまた城の濠に巨大な橋が架けられることを望んだが、それによって政庁（本丸・表御殿）への通路とし、また（橋に）鍍金《ときん》した屋根を設け、橋の中央に平屋造りの二基の小櫓を突出させた。（中略）そこで堺奉行（小西ベント如清）はこの建物について話題となった時、我らの同僚の某司祭に、（その橋は）十ブラサ前後あるので、黄金と技巧に一万五千金が注ぎ込まれたことを肯定したほどである」と述べている。この記事から、本来、擬宝珠《ぎぼし》勾欄《こうらん》の木橋であった極楽橋が、楼門形式に改められたのは、文禄五年（＝慶長元〔一五九六〕年）であることがわかった。

　さて、この極楽橋楼門は数奇な運命をたどる。実は建物の一部は現存するのである。しかも、豊臣大坂城唯一の建築遺構と言える。京都醍醐寺の座主義演は『義演准后日記』慶長五（一六〇〇）年五月一二日条の記事で次のように述べる。

「豊国明神の鳥居の西に、廿間斗の二階門建立、大坂極楽橋を引かれ了《おわんぬ》、二階の垂木少々出来了、中間の二階は猶《なお》自余よりも高き也、柱以下悉く蒔絵也、下の重円柱悉く黒漆也、組物彩色也、結構驚目する耳《のみ》」

秀吉の死後、慶長五年に豊国神社の正門とするため、京都・東山通りに面した地に、この極楽橋楼門部分を移築するのであるが、「二十間（四〇メートル）ほどの二階門を建立するため、極楽橋の楼門を（解体して部材を）引っぱって来た。（そもそも楼門は平屋造りだったが、二基の

図5-6　川上家屏風　極楽橋（大阪城天守閣蔵）

図5-7　エッゲンベルク屏風　極楽橋（エッゲンベルク城博物館蔵・関西大学大阪都市遺産研究センター写真提供）

小櫓を利用して二階建てにすることにし）中間の新造屋根に懸ける垂木はいくらか出来た。二階の中間（の新造のところ）は、まだほかよりも高い」という。

すなわち、フロイスの述べた「鍍金した屋根」をもつ一階部分と二階部分の「平屋造りの二基の小櫓」の部材を豊国神社へ運び、正門に利用した。小櫓二基の間に柱を立て、新造の屋根を架けるための骨組み造りを行っているが、棟木から軒桁に斜めにわたす垂木の列も、いくらか出来はしたものの、そもそも重層門の二階にするには、小櫓の部材は規格外でやや低すぎて、まだ新造の部分が突出している、と言っている。

その後、関ヶ原合戦（一六〇〇年）を経て権力を手中にした家康は、慶長七（一六〇二）年、この極楽門（豊国神社の西門（西門は極楽浄土に面するという言い伝えがある）であり、大坂城の極楽橋を移設したことから、当時こう呼ばれたと思われる）を取り壊し、竹生《ちくぶ》島《しま》観音《かんのん》（竹生島弁財天ともいう。宝厳寺《ほうごんじ》）に送った。竹生島では唐破風を有するから「唐門」と呼ばれている。

すなわち、豊国神社社僧の神龍院梵舜《しんりゅういんぼんしゅん》の『梵舜日記』慶長七年六月一一日条によると、「今日ヨリ豊国極楽門、内府ヨリ竹生島へ寄進ニ依リ、壊シ始ム、新神門、大坂ヨリ仰セラレル」とある。

極楽門を竹生島へ送った後、豊国社の替わりの正門は、秀頼がまた金を出して寄進するという。竹生島は琵琶湖の北部に浮かぶ島で、弁財天社は秀吉が長浜城主であった時代（一五七三〜八二年）から、豊臣家の信仰を受けていた。弁財天社は、明治維新の神仏分離令によって都久夫須麻《つくぶすま》神社となった。

現在、唐門（もと極楽橋楼門）は観音堂の横にひっつく車寄の態である。しかし幅の広い重厚な唐破風板や、虹梁《こうりょう》、扉の脇羽目に、尾長鳥や獅子・牡丹・菊などの豪華な彫刻と彩色が施され、これはフロイスが大坂城極楽橋で述べた「鳥や樹木の種々の彫刻」である（図5-8）。

観音堂も豊臣秀頼が旧伏見城の殿閣を寄進したものと伝え、宝厳寺刊の『竹生島誌』では、「その規模は宏壮雄大、豪放太閤秀吉公の偉業を十分にしのばせる彫刻や、絵画の色彩、雄渾な狩野永徳の筆、高台寺蒔絵の数々、華麗さはようやく色あせたが、かえって筆舌に尽せぬ古雅のあじわいが、見る人に感動をあたえる」と称賛している（図5-9）。

「パクス・オーザカーナ」の象徴の一つであり、唯一の豊臣大坂城の建築遺構は、琵琶湖に浮かぶ静かな離れ小島で余生を送っているのだ。

図5-8　都久夫須麻神社唐門
（『解体修理報告書』より。唐破風屋根の後背は観音堂の屋根）

「エッゲンベルク屏風」の秀吉びいき

「エッゲンベルク屏風」は右端の第一扇に堺の町、中央の第二〜七扇に大坂城、左端の第八扇に宇治平等院と天王山など京・大坂の寺社・名所を描くことはすでに触れたが、これらはいずれも秀吉との由緒を有する。

先ず屛風絵全体の構成を見ると、画面下部を横断するように淀川が流れ、さまざまな舟が往来する。これは北から見た構図である。ただし右上部の堺と住吉大社の夏祭り（荒和大祓神事《あらにごのおおはらえしんじ》）の祭行列、四天王寺を描いた場面は、西から見た構図になっており、三列の粒状文で縁取った金雲で区画して、違和感を持たせずにアングルを変えている。

淀川に浮かぶ舟の中には、外壁に白鷺《しらさぎ》と葦、内装には柳が描かれ、檜皮葺きらしい屋根には鳳凰《ほうおう》の飾りが載っている舟がある（図5-10）。鳳凰は徳のある帝王の出現の兆《きざ》しとされる想像上の鳥で、秀吉は「鳳凰丸」という名の川舟を持ち、愛妾たちと舟遊びに興じたというから、これは鳳凰丸である可能性が高い。淀川の流れに沿ったその右先には、桐紋の幔《まん》幕《まく》を持つ豊臣家の川御座舟も浮かぶ（図5-11）。

図5-9　竹生島唐門と観音堂の位置（覆屋部分。2014年末撮影）

画面右側上部の住吉大社と堺の中間にたたずむあずま屋は、秀吉が休憩したと伝わる「天下茶屋」なのだろう。四天王寺は聖徳太子以来の歴史をもち、「大坂の仏壇」とも称される。天正四

（一五七六）年五月、織田信長配下の明智光秀らと大坂本願寺との戦闘に巻き込まれて堂舎を焼失したが、その後、秀吉は再建を計画し、彼の没後も事業は受け継がれ、五重塔・金堂・講堂・聖霊院・太子堂・食堂・鐘楼・西門・南大門・仁王門など諸堂が、慶長五（一六〇〇）年五月に竣工した。しかし、大坂の陣で再度焼失する。

住吉大社の夏祭り行列を、秀吉は大坂市中にあった御殿の前を通らせてまで見物したといい、御祓《おはらい》筋はこの御殿前通りからの命名であるという。

目を画面左に転じると、下から大山崎の宝積寺、京街道沿いの枚方《ひらかた》には秀吉が愛妾を住まわせたという「茶屋御殿」らしき建物があり、石

図5-10　秀吉愛用の鳳凰丸か？（エッゲンベルク城博物館蔵・関西大学大阪都市遺産研究センター写真提供）

図5-11　豊臣家の川御座舟（エッゲンベルク城博物館蔵・関西大学大阪都市遺産研究センター写真提供）

清水八幡宮・宇治の平等院と柴舟が描かれている。山崎は秀吉が明智光秀を討つ天下分け目の決戦のあった天王山の地で、秀吉が大坂入城前に居城としていた山崎城は、宝積寺の後背の山にある。平等院のほとりの宇治橋は、秀吉が茶の湯に用いる水を汲ませたという伝承をもつ。このように本屛風絵に描かれた事物の多くは、秀吉一代記と関係があると推察される。

絵図と遺構とが一致した渡り櫓門の形状

『義演准后日記』に記された極楽橋楼門は、一六〇〇年に大坂城から失われたことがわかった。また京橋口馬出し曲輪の完成するのは、一五九八〜九九年の第四期工事である。したがって「エッゲンベルク屛風」の景観年代は、一五九八〜一六〇〇年の間に絞り込むことができる。

しかし極楽橋はぜいたくかつ、秀吉時代の残照だから、極楽門が失われた後でも、パクス・オーザカーナの代表的景観として描かれた可能性は残る。

ところで、発掘担当者にとって圧巻だったのは、お城の北西側、京橋口馬出し曲輪（現在の追手門学院敷地周辺）を正面から捉えたカットである（図5-12）。この場所は、川上家屛風では金雲に隠れて、同馬出し曲輪から二の丸に入る堀に架かった橋しか描かれていない。

『金城聞見録』所収の「大坂城慶長年間之図」（第三章図3-42参照）では、石垣の外側に堀をもつが、これは事実とは異なる。おそらく冬の陣で徳川軍が、南惣構え堀の外側（南側）の井楼上から城内をのぞき見て、京橋口までは距離があるので、「城壁外には堀があるものだ」という先入観から描き加えてしまったのだろう。同図では馬出し堀の北西角を凹ませてそこに虎口を開くが、これも発掘成果と異なる。京橋口馬出し曲輪については、『僊台武鑑』図とエッゲンベルク屏風以外の絵図は、参考資料とはならない。

本当のところはどうなのだろうと研究者を悩ましていた京橋口馬出し曲輪の形状が、両者とこの場所から発見された城門址とぴったり一致したのである。

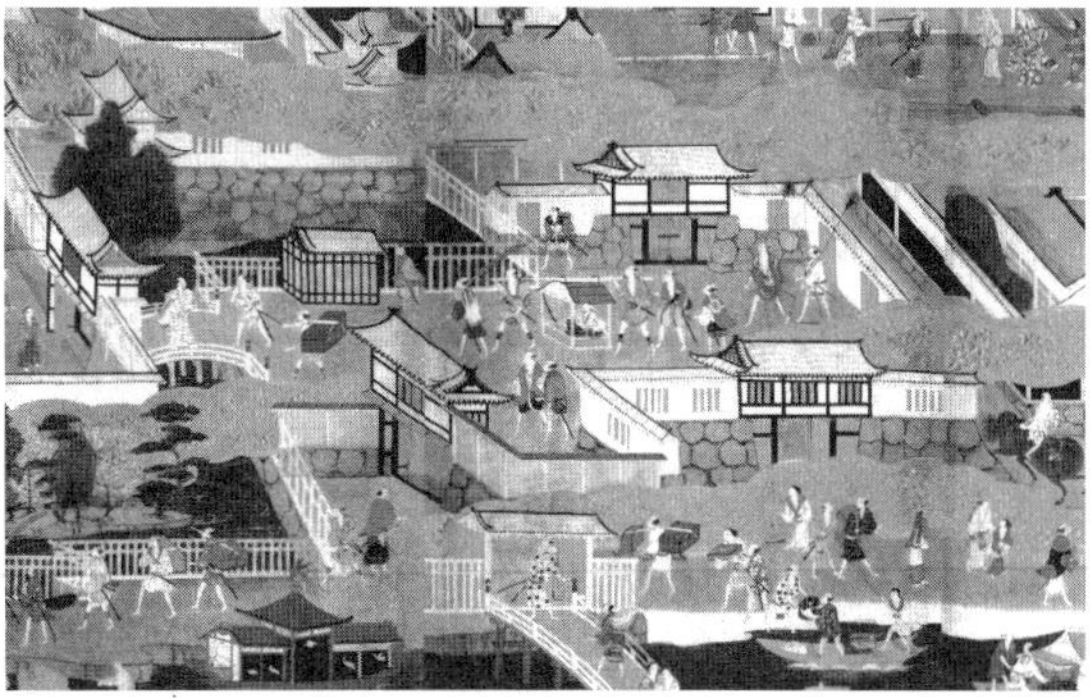

図5-12　京橋口馬出し曲輪（エッゲンベルク城博物館蔵・関西大学大阪都市遺産研究センター写真提供）

図5-15で示すように京橋口馬出し曲輪のOS八七―九三次調査（「OS」は大坂城跡の略称。一九八七年度の九三番目の調査を示す。：調査地f）で検出された門遺構がそれである。その概要は、石垣積みの平入り虎口（桝形をもたない出入口、石垣SW401・402）を構築し、その中央に城外排水用の木組みの暗渠（SD301）を埋め込み、門（SB301）を建てている。

門遺構は礎石を撤去され、礎石を据えた穴の中に栗石による根石（地盤に接する石の意味）が残るだけであったが、鏡柱の芯々間は三・三メートルで、扉金具で吊った場合は門扉一・五メートル、門口三・〇メートルになりそうである。控え柱には当時、鏡柱の後ろの掘立柱式と、添え柱の後ろの礎石式があるが、ここでは三・〇メートル後ろから添え柱を礎石式柱が支えている。そのほかの礎石穴や掘立

図5-13　大坂城跡出土　肘壺（上は全長68cm、下は37cm）＊

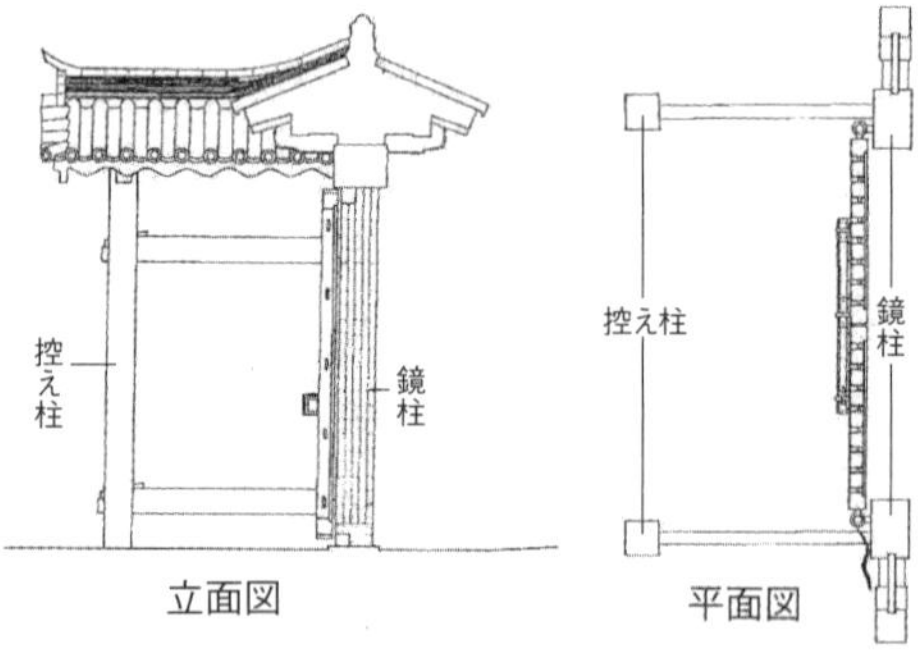

図5-14　高麗門　平面・立面図

柱穴は渡り櫓門の二階部分を支える柱のようである。いずれにしろ、頑強な造りの門である。門側面の石垣に接する掘立柱穴は、石垣の傾斜に添わせる寄せ掛け柱の穴であろう。

この門はその後撤去され、平入り虎口は石垣石などを用いて埋め殺されている。虎口を埋め殺す例として、慶長の役時に、韓国蔚山市・蔚山倭城で繰り広げられた蔚山籠城戦で、九死に一生を得た加藤清正らが、居城であった西生浦倭城の大半の虎口を埋め殺したことと共通する。おそらく大坂冬の陣直前にはこの平入り虎口も、防御を確固たるものにするため埋められて、全面石垣の城壁にされてしまったのである。

同様の渡り櫓門としては、京都・二条城（慶長八（一六〇三年）完成）の東大手門があるが、関ヶ原合戦（一六〇〇年）以前の遺構となると、まことに情報が乏しい。豊臣期の城門は、鏡柱に肘壺《ひじつぼ》（図5-13）を、大扉に肘金《ひじがね》という金具を打ち付け、肘壺に肘金の突起部を挿し込んで蝶《ちょう》

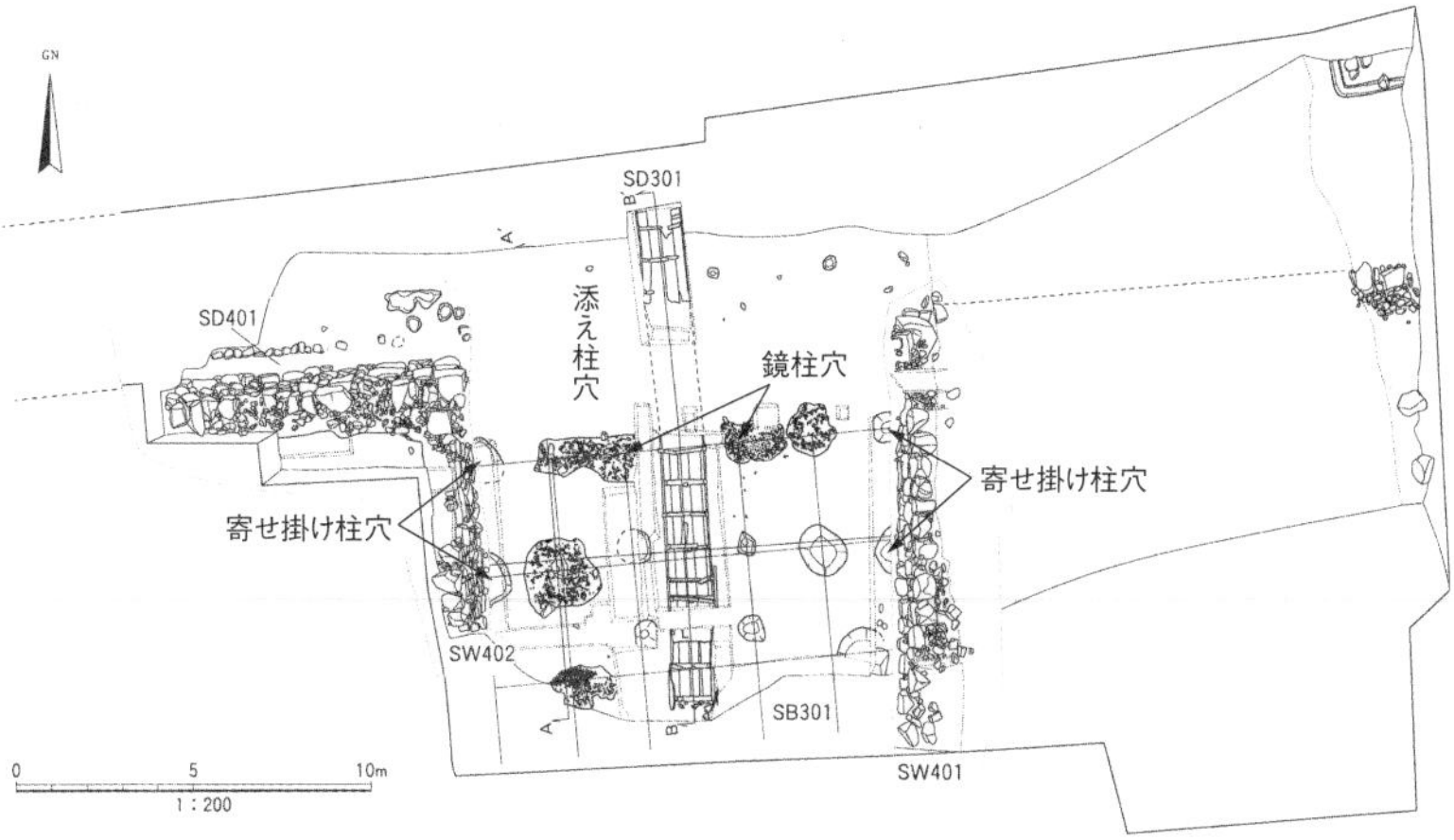

図５-15　京橋口馬出し曲輪の門址（OS87-93次調査の第３・４面を合成）

図５-16　京橋口馬出し曲輪渡り櫓門（エッゲンベルク屏風）（エッゲンベルク城博物館蔵・関西大学大阪都市遺産研究センター写真提供）

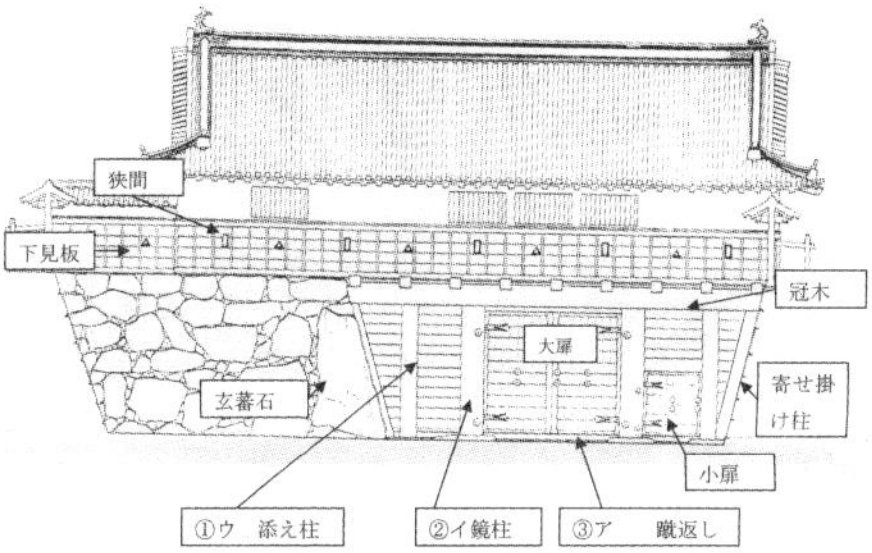

図５-17　渡り櫓門の名称〔松本城太鼓門（松本城管理事務所作成）〕

番《つがい》のようにし、大扉を回転させて門扉を開く方式を取っていた。いわば大扉は吊るされた態である。このOS八七―九三次調査の門遺構は、関ヶ原合戦以前に建てられた城門の基本資料となる遺構である。

渡り櫓門の建築遺構としては、他に姫路城の「との一門」がある（図5-18〜20）。木下家定は姫路城主であった慶長四（一五九九）年、二の丸内の門を整備したようで、すぐ近くの「りの門」には同年銘の墨書が残っている。「との一門」の門扉は一枚幅五尺（一・五メートル）の観音開きで、門口は三メートルである。控え柱は添え柱を内側から支えているが、控え柱と添え柱は芯々間で三メートルである。

海を渡れば、「との一門」より遡る門遺構として、韓国の泗川倭城大手門跡がある。泗川倭城は慶長の役時の慶長三（一五九八）年一〇月、薩摩の島津義弘が、秀吉の死を知り勢いづく明・朝鮮連合軍を籠城戦で撃破し、大捷《たいしょう》を収めた日本式城郭である。発掘調査の結果、大扉は幅一・五メートルの観音開きで、門口は三メートルであった。控え柱は鏡柱を支持する形で、一・五メートル後ろに据えられているが、注目すべきは、鏡柱は礎石の上に立つが、控え柱は掘立柱式、すなわち地面に穴を掘り、柱の根本を埋めていたという門の構造である。これも秀吉時代の城門を知る上で貴重な遺構である。

惣構え内をはしる京街道

秀頼時代の大坂城惣構えは、平和時には開かれた空間であった。豊臣滅亡後、盤石ともいえる

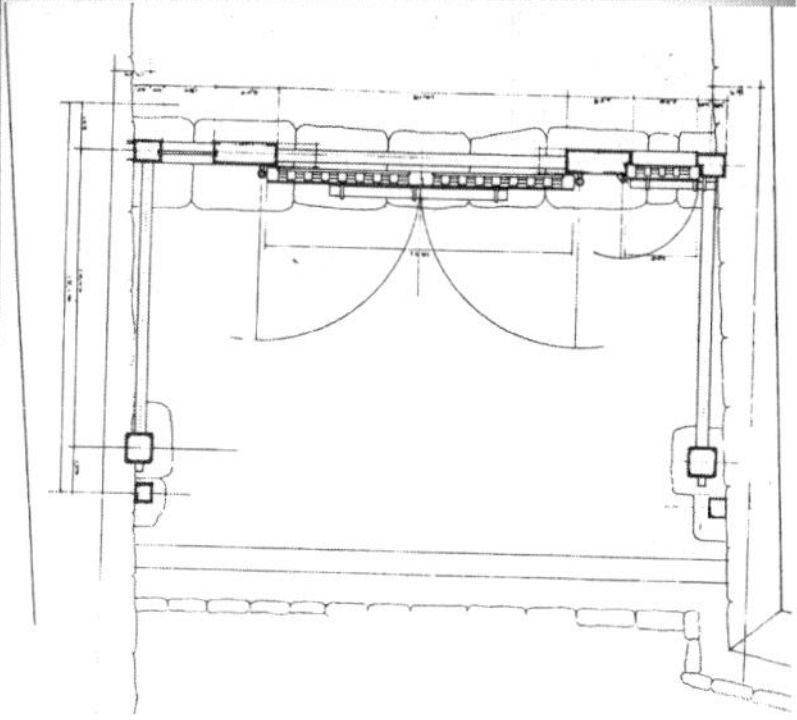

図5-18（左）　姫路城「との一門」正面

図5-19（右上）　姫路城「との一門」裏面

図5-20（右下）　姫路城「との一門」平面図

覇権を確立したあとの泰平下の江戸城でも、惣構えの出入り口は、数ヶ所の「見附《みつけ》（二重の門と空間で構成される枡形門）」と呼ばれる厳格な城門以外開かれていなかった（図5-21、22）。しかし、豊臣大坂城では都市としての繁栄を優先して、船場へ進む西惣構え堀である東横堀川には、『当代記』によると一〇基の橋が架けられていた。城の防御には無用心ともいえる商工業優遇策である。

　惣構え内の京橋口馬出し曲輪の北側は、京都と大坂を結ぶ大動脈・京街道がはしっていた。京からやってきた商工

図５-21　江戸城惣構えの「見附」（最外郭が惣構え）

図５-22　内桝形門。桝形門は二重の門と四角い空間で構成される

業者も武士も、大坂築城後しばらくは天満橋を渡って大坂城内に入っていたが、文禄堤完成後は、備前島から旧大和川に架かる京橋（長さ五〇間＝一〇〇メートルと伝えられる）を渡るか、大川に架かる天満橋、天神橋を渡るかして、一度大坂城惣構え内に入り、右折して大川左岸沿いの土佐堀通りを西行し、東横堀川に架かる高麗橋などを渡って、商業地・船場に入るという形を取っていた。もちろん、大坂冬の陣に際して、本町筋橋（東方向に行くと生玉口馬出しに通じる）以外は破壊された（「冬の陣図屏風」では浜の橋が破壊されずに描かれている）が、秀頼時代の大坂は、狸親父・家康では微塵だに考え及ばなかった「パクス・オーザカーナ」の脳天気さにあったといえる。

「エッゲンベルク屏風」に話を戻すと、京橋口馬出し曲輪内を駕籠に乗り、京橋口へと向かう男性は、袴に梅鉢紋の家紋が見られるから、秀頼の後見役だった前田利家であろう（図5-23）。秀吉は死の直前、大坂城を利家に委ねる。家康と並ぶ豊臣大老五人中の二大巨頭の一人である。〔一般に秀吉が家康に伏見城を委ねたようにいわれるが、秀吉は家康の伏見城入城を許していない。家康は伏見城下の屋敷で公儀の政務をとった。次いで不用心なので向島城に居を移した。家康が伏見城に入るのは、慶長四（一五九九）年閏三月の有名な豊臣七将の石田三成襲撃事件を解決に導いたことによってである。〕しかし慶長四年の利家の死によってバランスは大きく崩れた。

図5-23　京橋口馬出し曲輪内の前田利家（エッゲンベルク城博物館蔵・関西大学大阪都市遺産研究センター写真提供）

このように、京橋口馬出し曲輪を駕籠で行く前田利家の姿が見えることも、「エッゲンベルク屏風」の景観年代が一五九八～一六〇〇年であるという見方を後押しする。

前田家は、玉造に屋敷を構えていたが、息子の利長は太閤の遺命により跡を嗣ぎ、秀頼の補佐役となると、屋敷に三階の大矢倉を建て（『小須賀氏聞書』）、「高く門楼を建て、それが大坂内城と斉《ひと》しかった」（姜沆《カンハン》『看羊録』）というから、家康に対する恐怖心を感じていたのかもしれない。

京橋口馬出し曲輪には、千姫の婚礼に伴い徳川家から送り込まれた付け人（付き添って世話をする人）江原与右衛門の屋敷があった。同曲輪は「象ノ丸」とも呼ばれ、跡部信氏《あとべまこと》によると、家康がコーチ（ベトナム北部）から贈られた象を秀頼に進呈し、ここで飼育していた可能性があるという。徳川家と関係深い曲輪である。

城は、籠城などの戦いの場であるという印象が強いが、実は戦時体制下にある時よりも、平和時の政庁や城主一家の居住地であるときの方が圧倒的に長いのである。多くの曲輪は平和時には近臣などの屋敷地として使われ、戦時には家屋は撤去され武者溜り（軍勢の集合場所）と化す。肥前名護屋城に「遊撃丸」という曲輪があるが、明国の遊撃将軍・沈惟敬《しんいけい》の宿舎があったことに由来するといわれる。朝鮮の役の講和のために訪れた沈惟敬を、ここで盛大にもてなしたのであろう。

サザエが好まれた大宴会

京橋口馬出し曲輪は、徳川方の惣構え内における拠点だったかもしれない江原与右衛門の屋敷地だが、敷地内からは当時の日常生活の豊かさを示す出土品が見つかっている。

与右衛門は慶長八（一六〇三）年七月の千姫入輿に当って執事を命じられ、豊臣方もこの婚礼で、家康による秀頼の後見は盤石と感じ、天下泰平の雰囲気の中、与右衛門に交通の要衝である京橋口馬出し曲輪内の屋敷を与えたと思われる。

同曲輪内（調査地g）は、一六一〇年代から夏の陣（一六一五年）前後に、東西方向に柵を築き、柵の南側に井戸やゴミ穴が掘られている（図5-24）。当地も夏の陣で焼亡するのだが、なぜ

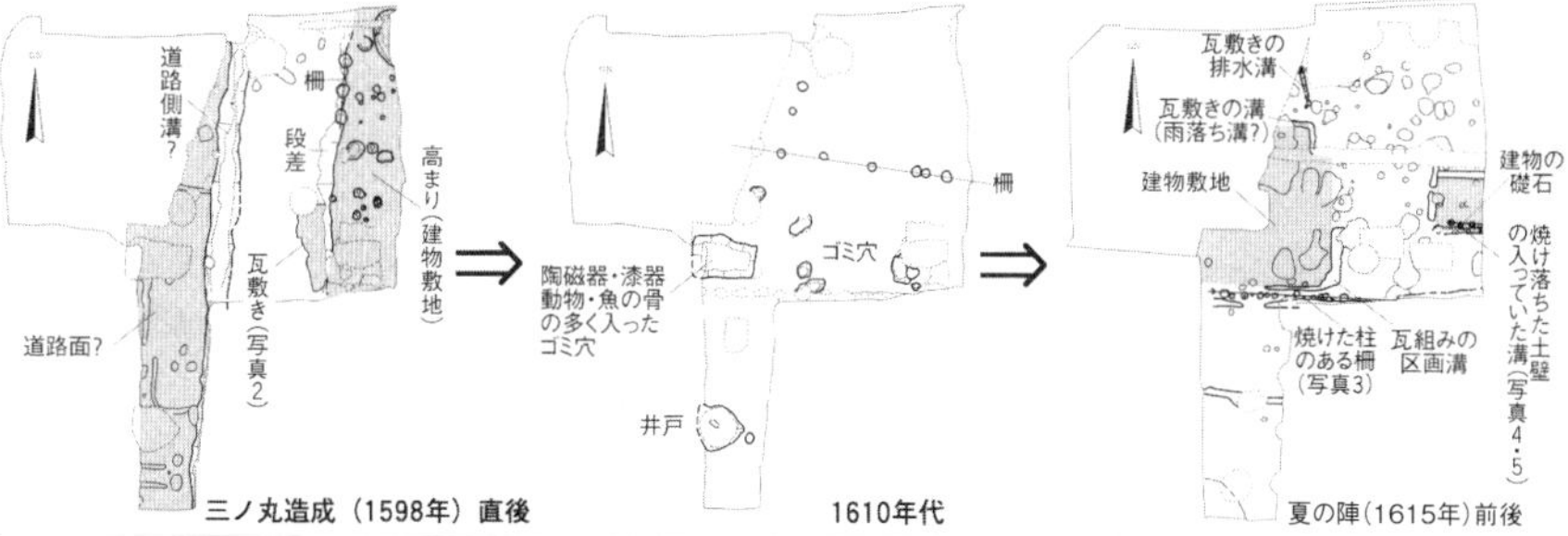

図5-24　京橋口馬出し曲輪内の変遷＊

それらが一六一〇年代の遺構と推定できるかというと、ゴミ穴から出土した鼠志野や絵唐津向付など陶磁器の年代観からわかるのだ。発掘担当者の杉本厚典氏は、動物や魚の骨、貝などの食べものカスから、当時の食生活を復元した。氏の文章によりながら、曲輪での宴会の様子を紹介する。

見つかった豊臣後期のゴミ穴は、東西四・八メートル、南北三・一メートルの長方形で、東西方向に掘られていた。深さ〇・六メートルの穴の堆積は三層に分かれ、下層の黒色粘土層は、ゴミ穴として使われていた時の堆積で、ここからは多くの食器類や動物骨、魚骨、貝類が出土した。中層から上層は臭いを消すための埋め戻し時のきれいな土で、中層からは多量の箸が出土した。

出土した陶磁器類には、わずかに中国製青花の小杯や碗があったが、主体は国産の陶器と土師器《はじき》で、国産陶器には瀬戸美濃焼の天目碗や皿、志野向付、鼠志野向付、唐津焼の皿や小杯、碗、絵唐津向付、備前焼の茶入や徳利、施釉陶器の筒形茶碗、丹波焼の大平鉢などがあった。鼠志野と絵唐津は草花の文様を描いた野趣あふれるものだった。漆器類には大・中・小型椀、蓋、皿があり、食器類の三割を占める。大型が飯椀、蓋付きの中型が汁椀と考えられ、鴛鴦《おしどり》紋や三盛《みつもり》亀甲紋などの家紋入りもある。この時期には、唐津焼は大坂でも主流を占めた。

これらの食器以外に、大・中・小の折敷《おしき》（縁の付いた方形の盆）がある。一辺約三〇センチある大型の折敷は、椀や皿をのせる膳として用いたと考えられ、一辺約一〇センチの小型の折敷は小角《こがく》と呼ばれ、海鼠《なま》こ桶盛《こおけも》りなど料理の盛り付けに用いられたようだ。漆塗りの折敷底板が一枚出土したが、残りは白木だった。『山上宗二記《やまのうえそうじき》』〔天正一六（一五八八）年〕によると、貴人をもてなす時には白木のものを用いたという記述があるが、それを裏付ける発見といっていいだろう。

箸は白木で完形品が一四九点、破片が一五一〇点出土した。総延長を完形品の長さの平均値で割ると、八六四点となり、四三二膳の箸が棄てられたと推測される。

どのようなものが食べられていたかも気になる。ゴミ穴からは、動物はシカ、ウマ、イヌ、クマネズミ属の骨、鳥類はニワトリとみられるキジ科のトリ、カモ科、サギ科などの骨が出土し、イヌ、キジ科のトリには若い個体が多いことが特徴だ。ネズミ以外は食用とみられ、料理用として肉の柔らかい幼獣が選ばれたようである。

魚類はマダイ、シイラ、マダラ、キダイ、フグ科、アジ科、カマス科などが出土し、秋から冬に獲られた可能性を指摘できる。また体長三〇センチ以上の中型から大型のマダイに限って、頭を正中方向に切断する「兜割り」の痕跡があり、身を取ったアラも料理に使ったようだ。

シイラは現在も山陰地方でよく食べられ、新鮮なものは刺し身にするらしい。大坂雑喉場での魚の種類を示した『海川諸魚掌中市鑑』〔天保八（一八三七）年〕では「塩ものにする」と書かれており、大坂では塩乾物として出まわっていた可能性がある。貝類はサザエ、ハマグリ、アカガイ、アカニシ、イタボガキ、アワビ類、ハイガイ、バイなどが出土しており、海のものが多い傾向にある。中でもサザエは二五三点も出土しており、大変好まれていたようだ。

このように、食器の組成や出土した動物、魚、貝の様相から、このゴミ穴には日常的な食事というよりも、宴会料理のような「ハレ」の食卓に並べられた食べ物のカスが棄てられていたとみられる。

伝統的な宴会料理は、多くの膳よりなる贅沢な本膳料理だった。千利休の侘び茶の隆盛によって、簡素な茶懐石が生み出され、利休の死後、古田織部は器や調理方法を工夫し、大名をもてなすのにふさわしい流儀を整えたが、両者は併存した。ここでの宴会料理は、伝統的な本膳料理であったと思われる。

ここでくりひろげられた饗応でも、山海の豊富で多様な食材からなる品々が、漆器椀や国産陶器などに盛り付けられ、それぞれが折敷の上に並べられた、膳立ての整った食事であったようだ。

このような慶長年間後半の大坂城三の丸での宴《うたげ》から、泰平の夢を貪っていた「パクス・オーザカーナ」の物質的豊かさがわかるのだ。

（黒田）

第六章　大坂の陣に至った経緯

豊臣徳川一体化構想

関ヶ原合戦後の二重公儀体制とは、基本的に豊臣・徳川の共存共栄を図る構想であり、両勢力の棲み分けによる共存戦略であった。それは家康の主観的な願いでもあり、また客観的な軍事的、政治的な力学によってもたらされた現実的な均衡点でもあった。

しかし、現実の歴史は豊臣と徳川の共存ではなくて、徳川による豊臣の討伐であった。ではなぜに両者の共存共栄をめざしたものが、一方による他方の覆滅へと展開していくことになるのであろうか。

家康の主観的な観点から見たとき、家康は明らかに秀吉の臨終間際の「秀より事たのみ申候」という哀願を受け入れる形で行動しており、それの端的なあらわれが徳川秀忠女子たる千姫の大坂への輿入れであり、これもまた徳川の女子を秀頼と婚姻せしめて豊臣・徳川の末永い友好を保って欲しいとする秀吉の意向に沿った行動であった。秀頼と千姫との間に女子が誕生したならば、これをさらに徳川将軍と婚姻せしめるという形を順次とっていくことで、豊臣・徳川が血縁的に一体となり、ひとつの「家」となって末永く繁栄していくことを秀吉は望んでいたであろうし、家康もまたそれに添う形で行動していたのである。秀頼と千姫、その双方の母（淀殿と江与《えよ》の方）が実の姉妹であるという事情も、このような一体化構想にリアリティーを与えるものであった。

秀頼の身分的地位についても家康はじゅうぶんな配慮をはらっており、慶長八年の家康の将軍任官に際しては、秀頼の朝廷官位を大納言から内大臣に昇進させる措置をとっており、慶長一〇年に将軍職を秀忠に譲ったおりには、秀頼の官位をさらに右大臣へと昇任させている。右大臣という官位は家康と同格であり、現将軍の秀忠は官位が内大臣（征夷大将軍兼内大臣）であるので、これよりも上位ということになる。

なによりも内大臣といい右大臣といい、これらは関白に任官するための条件を整えているわけであり、秀頼が関白に任官するのは時間の問題となっていく。これは当時の公武の社会においても諒解されていたことだが、秀頼は一五歳の元服を迎えたならば、いずれ関白に任官することが既定の路線と受け止められており、家康の一連の措置はこのような動向に沿ったものと見ることができよう。

二重公儀体制の矛盾

大坂の陣の直前まで、徳川家と豊臣家との関係が良好であった中で、なぜ大坂の陣が起こったのかという理由を解明するのは非常に難しい。しかし、その政治構造上の原因としては、やはりこの二重公儀体制という問題に帰着することになる。要するに、一つの中心ではなくて、もう一つの中心点が存在することによって政治体制から不安定さを拭いえないわけで、もし豊臣家が一介の大名に転落していたならば、発生することもなかった問題であったということである。なぜ豊臣家を潰さなければならなかったかは、結局この権力の二重構造の問題の中で理解するしかないであろう。

家康の主観的な希望としては豊臣―徳川の血縁関係によって両者が一体化しさえすれば、それでうまくやっていけると考えていたのであろう。しかし、一面ではそれは正しくとも、そこには重大な欠陥があることに、彼自身やがて気づくことになる。

何あろう、それはこの政治体制がともかくも安定的に運営されえているのは、家康という固有の軍事カリスマがあってのことだという事実である。家康の武将としての卓越した威権と声望があってこそ、この複雑な政治体制はバランスをかろうじて保ちえて存在しているのである。

しかしながら、家康がこの状態で亡くなった時のことを考えてみよう。第四章で示した「慶長年間の二重公儀体制」に即して見たとき、この二重公儀体制の二つの頂点は秀忠と秀頼という関係になる。

この二人を比べたとき、朝廷官位では秀頼の方が上であった。そして秀頼のまわりには、加藤清正、福島正則、浅野幸長をはじめとする西国に蟠踞する数多くの豊臣系諸大名があったという現実に目を向けなければならない。

かれらは確かに家康に臣下の礼をとっていた。しかしそれは卓越した武人としての家康個人を、恐れ慕っているが故のことであって、徳川家を慕って臣従しているわけではない。家康がいなくなったあと、秀忠につき従わねばならない義理なぞ、どこにも無いのである。否、義理だけでなく、利害の面においても、軍事的圧力の観点においても徳川と秀忠に服従しなければならないような状況は存在していない。

そもそも秀忠には、天下分け目の関ヶ原合戦において参陣に遅れをとったという、決定的なマイナス・イメージがあった。それは秀忠の責任ではなかったのであるけれども、結果においては、その負のイメージを拭い去ることはできなかった。秀忠自身もその負い目に苦しめられていたはずである。

そのような状況にあったとき、家康没後の将軍秀忠に対して、秀頼を差し置いて、西国の豊臣大名のうち、いったい誰がついてくるというのであろうか。

豊臣系大名だけではあるまい、島津・毛利・上杉・佐竹といった関ヶ原合戦負け組の旧族外様大名たちにとっても、徳川に対する復讐の好機到来とばかりに、なだれを打って豊臣家と秀頼の陣営に結集していくことは火を見るよりも明らかではないか。ことに彼らは関ヶ原合戦の敗北によって、多くの領地を没収されていたことから、家康の死はまさに失地回復の絶好機であり、その意味では、豊臣系大名以上に、徳川に対して牙を向けてくる危険が大であるとしなければならない。

旧族大名で徳川の陣営に属することを計算できるのは、せいぜいのところ伊達政宗くらいのものではないか。最上や南部とて、徳川の陣営に留まることを確信をもって言うことはできないであろう。

家康が政界から消えてしまえば、秀頼を頂点とする豊臣関白政権が名実ともに復活する可能性と、その条件は充分に整っていたのである。しかも徳川政権を吸収ないし解体する形においてである。

家康が関ヶ原以後の時代において、徳川・豊臣の両家協調の平和共存を願っていたことを疑ってはならない。家康は関ヶ原合戦における自身の勝利にも拘わらず、秀頼と豊臣家に対する優待と尊重の姿勢は理解を絶するまでに誠実であった。「そこまでせずとも」と、当時の人々も感じていたほどの気配りであったし、今日のわれわれから見ても一点非のうちどころのないような完全無欠の態度であった。

しかし彼が自己の死と、徳川の行く末に思いを致したとき、もはやきれいごとでは済まされなくなってしまったということであろう。家康は、みずから構想し、関ヶ原以後の政治世界の基本をなしていた、この二重公儀体制という徳川・豊臣の共存路線に対して、あえて軍事的清算をもって臨まざるを得なくなるのである。

対豊臣包囲網の構築

慶長一三（一六〇八）年、丹波国八上の前田茂勝（五奉行・前田玄以の子）の改易に際して、家康は徳川譜代大名である松平康重を五万石で篠山《ささやま》に封じ、翌年、篠山城を天下普請として諸国の大名を動員することによって築造した。同年には丹波亀山城に対しても譜代大名の岡部長盛を三万二〇〇〇石で封じ、同じく天下普請を行って亀山城を堅固な城として築造した。藤堂高虎は亀山築城のために、自己の領地である今治にあった五層の天守閣をわざわざ解体、移送して、新築なった亀山城に据えた。

篠山城も亀山城も、京洛と日本海側とを結んだ丹波街道にならぶ要衝の地であった。

これは京都以西の西国の地に徳川譜代大名が封ぜられた最初であり、しかもその両地の城郭が天下普請を動員して築造された広大、堅固な城郭として出現したということは、家康がそれまで踏み行ってきた対豊臣融和・共存路線を大きく修正することを意味したであろう。

くり返し指摘しているとおり、家康は関ヶ原合戦後における全国的な領地再配分をも含めて、京都以西の西国には徳川譜代大名を送り込むことを一貫して控えてきたのである。それが、この慶長一四年を境として、篠山、亀山に相次いで譜代大名を封じ、しかも天下普請を動員した堅固な城郭をこれらの地に配したということは、従前の西国＝豊臣自治圏とする不介入政策を転換し、大坂城にある豊臣家と秀頼に対する軍事的包囲網を形成しはじめたことを意味するであろう。

しかしながら、従前の対豊臣融和策を転換するとはいうものの、さりとて豊臣に対する軍事出動に踏み切れるだけの条件と情勢にはなかった。

豊臣・徳川両勢力の軍事的バランス

家康の立場に身を置いて考えてみたとき、二重公儀体制による豊臣―徳川の共存路線は家康没後の情況においては維持されうべくもなく、それ故に自らが健在なうちに、この問題の根本的な解決をはからなければならないであろう。

しかしこれには、二つの制約があった。一つは倫理的、道義的問題であり、いま一つは純粋に軍事的な問題である。

第一の問題は、豊臣家と秀頼を討滅する名分、すなわち軍事発動の正当性の問題であり、さらには幼いとはいえ主君であった人物を軍事討伐するという君臣倫理上の疑義である。秀頼は二条城において家康に対して拝礼の所作をとったが、それは前述したように一般に理解されているような臣下の礼ではなかった。むしろ二条城における当初の座配では、秀頼が上座であり、家康が下座であったのである。家康の側が秀頼に対して臣下の礼をとっていたというのが実情であった。

そして二条城会見の後に制定された、徳川将軍の命令に対する全大名の服従を規定した三ヶ条誓詞においても、豊臣秀頼は例外とされており、その超然たる政治的地位が引き続き承認されていたことが確証される。

第二の軍事力の問題はより重要であり、より現実的である。家康が豊臣家と秀頼を討滅する意向を明確にしたとしても、果たしてそれは軍事的に実現可能であるかという問題である。豊臣系武将たちは確かに、みな徳川幕府に対する臣従の態度を明確にしている。しかしさりとて、幕府が彼らに豊臣秀頼の討伐を命じたとき、彼らは果たしてそれに唯々諾々として従うであろうか。

これはまずもって否と言わねばならないであろう。明確に家康の臣としての立場を示している藤堂高虎あたりを別とするならば、関ヶ原合戦のおりに家康方の勝利に向けて目覚ましい働きをした黒田長政ですら、秀頼に対する討伐の軍陣に参加するかについては、はなはだ覚束《おぼつか》ないであろう。現に、のちの大坂冬の陣のおりにも長政は大坂攻めには加わらず、江戸に留め置かれていたほどであるから。さらには、夏の陣ではあえて大坂に赴くけれども、それでもみずから戦場に立つということはせず、秀忠の帷幄《いあく》にあってただ戦況を見つめるのみであった。

そして加藤清正・福島正則・浅野幸長の豊臣三人衆である。かの二条城会見のおりにも、秀頼の臣下としての立場を鮮明にしつつ秀頼護衛に心血を注いだ彼らである。秀頼討伐の軍陣への参加を拒絶するだけでなく、むしろ秀頼の陣営に身を投じて徳川軍を迎え撃つという挙に出る可能性のほうが高いと言ってよいであろう。

加藤たちが秀頼擁護の旗幟《きし》を鮮明とするならば、自ずからこれに同調する大名たちも出てこよう。前田利長、池田輝政、田中吉政、堀秀治、中村一忠、堀尾忠晴らの豊臣大名。島津家久、毛利輝元、上杉景勝、佐竹義宣ら関ヶ原合戦で敗北、減封の憂き目を見た旧族外様大名。そして徳川家門ながら家康に対して反抗的であり、秀吉と豊臣家への親近を公言してはばからなかった結城（松平）秀康の存在である。

加藤清正らが豊臣秀頼擁護の姿勢を鮮明にして、家康が差し向ける討伐軍に対する抵抗の態度を明確にして行動するならば、上記の諸大名が同調的行動をとるであろう可能性は高かった。

家康とてそのような事情は百も承知のことである。故にかれは豊臣家の軍事的覆滅という方法によってではなく、むしろ平和的に豊臣家と共存する途のほうを第一義的に選んだ。一方では豊臣家との間に婚姻関係を取り結んで豊臣・徳川の血縁的一体化をはかり、他方では東国・西国の分有統治という二元的国制を導入することによって、豊臣・徳川両家の共存共栄路線を目指していたのである。

このように倫理的にも、純軍事的にも家康が豊臣家と秀頼を討滅しようとすることには無理があった。ゆえに、家康は徳川と豊臣との共存共栄路線の方を選択し、徳川将軍と豊臣関白を楕円の二つの中心点とするような二重公儀体制型の国制を志向していたということができる。

しかし他面、家康が自らの没後に思いを致したとき、二重公儀型の国制というバランスが維持しえないであろうという事実から目を背けることも許されなかった。二重公儀体制のバランスは、ただ軍事カリスマである家康があればこそ実現の期待できる問題であった。

これらのことを思いめぐらすにつけても、家康にとって心安らかに過ごしうる日は無かったのではないか。家康は、この二重公儀体制的な政権構想に固執すればするほど、その根本的な矛盾と、残酷な破綻としての帰結についても認識を深めていかねばならなかったであろう。二重公儀体制は徳川家にとって、問題の永続的な解決法たりえない。豊臣家と秀頼は討滅するか、あるいは完全な統制下においた無力な一大名の地位に追い込むほかはない、それが家康の到達した結論である。

だが、倫理上のネックはどうなるのか、そしてそれ以上に、そもそも軍事的な困難は克服しうることなのか。つまるところ、慶長一六年の二条城会見から同一九年の大坂の陣勃発にいたる四ヶ年とは、畢竟《ひっきょう》、上記の問題の解決のために用意された四ヶ年であったと言うことができる。

二条城会見後に発生した最大の政治的事件とは、慶長一六（一六一一）年六月、他ならぬ豊臣家と秀頼にとって無二の股肱《ここう》の臣・加藤清正の死であった。それから二年後、かの二条城会見で清正とともに、秀頼の警護に命をかけた浅野幸長が没した。二名ともに病没ではあるが、秀頼と豊臣家にとっての打撃は計り知れなかった。秀頼と豊臣家にとって最も信頼のできる三武将のうち、その二人を相次いで失ってしまうのである。残されたのは福島正則ただ一人である。

この三人が力を合わせればこそ、徳川に対する牽制効果にリアリティーがあった。しかし、ただ一人残された正則は、自らの命を犠牲に供しても、秀頼と豊臣家を守り抜くという気概と義侠の心に欠けていた。いずれにしても、「孤手、鳴るべからず」という古諺《こげん》が適切にも妥当するような状態へと追いこまれていくのである。

（笠谷）

第七章　方広寺鐘銘事件

京都、東山通り七条の地に方広寺はあり、鐘楼には日本三大名鐘として知られる方広寺梵鐘が現存する。大坂の陣の発端をなした豊臣発願の寺院と、「国家安康」の四文字を刻んだ梵鐘は四〇〇年の歳月を越えて今日にその名を残している。それらは豊臣の滅亡とともに、この世から消え去ったのではなかったのか。

秀吉と秀頼の二代にわたって心血を注いで造営を目指した、奈良東大寺のそれを規模において上回る方広寺の大仏と大仏殿は、問題をなしたその梵鐘とともに破却されることなく、徳川時代の二六〇年余を生き延びて明治の時代を迎えることとなった。厳密に言うと、金銅製の大仏は一七世紀半ばの寛文年間に鋳つぶされて消滅した。しかしこれは政治的な処置ではなくて、幕府の通貨問題に帰因することで、当時幕府が流通を目指していた寛永通宝の銭貨が数量不足からなかなか世上に出回らなかったのであるが、地がねとなる銅の産出がすでに思わしくなかったことから、窮余の策として方広寺大仏の鋳つぶしに踏み切ったものである。これによって寛永通宝の潤沢な供給が実現し、徳川時代を通した基本通貨としての地位を確立した。ちなみに、この方広寺大仏の金銅を原料として寛文年間に大量発行された寛永通宝は「大仏銭」の名称をもって流通していた。

幕府はこの鋳つぶしの代わりとして等身大の木造仏を制作して、大仏殿内に安置した。そしてその形で徳川時代を通して長く京都の名所として親しまれた。一般庶民から遠ざけられることもなく、貴賤群衆して参詣し、また外国の朝鮮通信使の一行も、また長崎商館のオランダ人たちも江戸参府の折りに入洛するときには、同所に参詣することを常としており、元禄時代に日本を訪れて江戸で五代将軍綱吉の謁見を受けたドイツ人医師エンゲルベルト・ケンペルも、京の方広寺で巨大な大仏を見たことを、そのスケッチとともに記録して残している。

この数奇な運命をたどった方広寺大仏も一八世紀末の寛政一〇年に火災で大仏殿とともに焼失してしまう。しかし後の天保年間になって尾張の篤志家が秀吉ゆかりの寺が失われたことを惜しみ、私財を投じて原型の半身の大きさの木造半身仏を制作し、それを覆う殿舎ともども、元の場所に設け、安置したものである。こうして私設の方広寺大仏は明治を迎え、それは実に昭和四八年の火災によって失われるまで存続していたのである。なお寺院としての方広寺と、因縁の梵鐘は、問題となった銘文とともに現存している。

方広寺大仏がたどったこのような経緯、ことに徳川時代の二〇〇年余にわたって破却されることもなく存続し、秘匿されるどころか広く庶民の参詣の対象として公開されていたという事実を見る時、鐘銘事件、そしてそれを発端とした大坂の陣の悲劇とはいったい何であったのか、感慨にとらわれずにはおかない。

方広寺の建立

大坂の陣のきっかけを作ったのが、方広寺の梵鐘に刻まれた銘文にあったことは余りにも有名である。豊臣家が総力をあげて京都東山の地に建立した方広寺のために鋳造された巨大な梵鐘には、方広寺建立の由来を記す長文の銘文が記されており、その文中に「国家安康」「君臣豊楽」の表現があり、前者は「家康」の文字を用いて、しかもこれを分断していること、後者は「豊臣を君として楽しむ」と読むことができるとし、ともども家康を呪詛《じゅそ》し、豊臣の天下回復を狙うという底意が秘められていると徳川幕府側から難詰され、結句、大坂の陣の開戦へと追い込まれたというものである。

豊臣秀吉が京都東山の地に大仏建立をこころざし、造営を開始したのは天正一四（一五八六）年にさかのぼる。当時、奈良の大仏はと言えば、戦国時代の末期に東大寺に陣していた大和の領主・松永久秀のために同寺は焼き討ちの禍に遭い、大仏殿は炎上するとともに金銅の大仏もまた火災の熱によって首の部分が溶け落ちてしまうという惨状を呈していた。東大寺は荒廃し、大仏は雨露にさらされたままうち捨てられた有様となっていたのだが、東大寺の大仏と大仏殿が復興されるのは、貞享元（一六八四）年をまたねばならない。

奈良の大仏が衰滅の状にあった時代、秀吉は自分の政権所在地である京の地に新たに大仏と大仏殿を建立せんと試みた。豊臣政権の総力を傾注したこの一大事業は順調に進められたかに見え、文禄四（一五九五）年には大仏殿も完成し、高さ六丈（約一八メートル）の木製金漆塗座像が安置されるにいたった。しかしながら、翌慶長元（一五九六）年に畿内一帯を襲った慶長大地震のため大仏殿は大破してしまった。これが、こののちも打ち続くこととなる、同大仏をめぐる悲劇の第一幕であった。

慶長三（一五九八）年に秀吉が没したのちは、その遺志を継いで秀頼が大仏復興を命じ、大仏殿の再建が開始される。慶長一四年にはようやく完成をみるかに思えたが、それを目前にしながらも、大仏の鋳造作業中に発した火事によって、またもやすべて灰燼に帰してしまった。

しかしながら、豊臣家の威信と命運をかけて、あくなき意欲のもとに工事はなおも進められ、慶長一七（一六一二）年に銅造大仏はようやく完成を見るにいたった。そして同一九年には大仏殿も再建なって、同年八月に落慶法要を営むという段取りとなった。

「国家安康」「君臣豊楽」

家康の意向では、八月一日に大仏の開眼供養、同一八日に大仏殿の堂供養を、それぞれ執り行うのがよろしかろうということであった。八月一八日は故太閤の命日でもあり、同年はその一七回忌にもあたっていたからである。このように豊臣と徳川との間では、方広寺の竣工儀式の段取りをめぐって淡々と事務的折衝が進められていた。

しかるにこの時、方広寺の新たに鋳造された梵鐘に刻み込まれた銘文に不吉な文字のあるということが問題となった。その発端は、同年七月二一日のことであり、この時期の家康の動静を記述した『駿府記』の同日条に、「大仏鐘銘、関東不吉の語あり。上棟の日、吉日に非ず。御腹立ち云々」と記されているのがそれである。

方広寺梵鐘の銘文は、東福寺の僧清韓《せいかん》によって撰定されたものであり、「欽惟、豊国神君、昔年、掌普天之下」という冒頭語句に始まり、方広寺建立の由来を記す長大な前文と、それに続く全一五二字からなる四言長詩の形式をもつ堂々たる文章であるが、その詩文中に「国家安康」「君臣豊楽」の各四文字があり、これが問題とされたのである。

これより、鐘銘の是非をめぐって事態はいよいよ悪化の一途をたどり、方広寺の落慶供養も無期限に延期となる中で大坂の陣が勃発するという流れとなっていく。

意図して刻まれた四文字

従来、この事件は徳川方から豊臣家に対する、こじつけの言いがかりであり、大坂討伐のために無理矢理仕立てられた政治的事件として受け止められてきた。そしてこれらの捏造《ねつぞう》とも言える事件を考案した人物としては、家康の側近にして黒衣の宰相と恐れられた南禅寺の金地院崇伝あたりのことであろうとされてきたのである。

この鐘銘事件をめぐる構図は、だいたい以上のような形で長く理解されてきており、今日でも学術書、一般概説書、そして歴史小説を問わず世間に流布している見方であろう。しかしながら、このような認識は誤りであると言わなくてはならない。以下、その理由を詳しく述べていこう。

旧来の通説では、「国家安康」の四文字は、豊臣家に対して言いがかりをつけるために、鐘銘の長大な文章の中からわざわざ「家」とか「康」とかの文字を見つけ拾い出してきて、問題へと仕立て上げていったものと理解されてきた。しかしながら、このような事件認識は誤りなのである。「国家安康」の四文字に「家康」の二字がふくまれているのは、単なる偶然のことではなく、意図され意識的に記されたものだからである。

そもそも天下の鐘銘の撰文を委ねられたほどの者が、推敲を重ねた文章の中に「家康」や「豊臣」の文字を見落とすなどということはありえないのであり、「国家安康」「君臣豊楽」の八文字は、入念に練られた上で文中に織り込まれた修辞的表現に他ならない。そしてそれは、撰文者である清韓自身が証言しているところでもある。

すなわち鐘銘問題に関して清韓は弁明書を提出しており、その中で「国家安康」の語句について次のように述べている。

（前略）四海太平、万歳も長久にましませと云ふ心ぞ国家安康と申し候は、御名乗りの字をかくし題にいれ、縁語をとりて申す也。（中略）但し御侍、公方家の御事、無案内に候（中略）とどき候はぬは不才のとがにて候

すなわち、天下太平、万歳にわたる国家の長久を祈念する趣意を表現するために、「家康」の二文字を漢詩や和歌の詠法としてよく行う「隠し題」のようにして織り込んで文章を作成したこと、但し武家の世界では諱《いみな》（実名）の扱いがどのようになっているか、よく分かっておらず、不行届きの段は自分の不才の責任であることを弁明している。あわせて清韓は、「君臣豊楽」の四

文字についても、「豊臣」を隠し題にして織り込んだものであることを認めている。

碩学長老七人の諮問

このように「国家安康」の四文字をめぐる問題は、徳川方のこじつけではなくて、撰文者清韓の意識的な撰文を前提にしているということである。そこでむしろ争点となるのは、この「家康」の文字を文中に織り込むという行為が、清韓が弁明しているように国家長久の祝意に出ていたとしても、まず第一に、家康の諱を無断で用いることが書礼の観点において許されるか否かという点である。さらに踏み込んだ第二の問題は、清韓は祝意によることと強調しているが、実は家康に対する呪詛の底意が隠されているのではないかという疑惑であった。

そこでこの問題の判断が崇伝、林羅山、および京都五山の碩学《せきがく》長老七人に対して諮問されるという流れとなるのである。この答申の中には、徳川に対する阿諛《あゆ》としか言いようのないものがある。羅山のそれであり、銘文中に記された家康を指す「右僕射（右大臣）源朝臣」という文字は、「源朝臣（家康）を射るという底意である」旨を答申している。鐘銘問題が、徳川方のこじつけによる大坂討伐の口実作りという構図が長く受け入れられてきた理由の一つが、実にこの羅山の曲学阿世《きょくがくあせい》と難ぜられても仕方のないような答申文章にあったのである。

しかしながら、この羅山答申を別にするならば、それ以外の答申にはそのような家康の意向に阿《おもね》るといったものは見られない。次に掲げるのは相国寺の僧瑞保《ずいほう》の答申文である。

銘之中に大御所様諱これを書かるる儀、如何《いかがわ》しく存候、但し武家御法度之儀は存ぜず候、五山においては、その人之儀を書き申し候に、諱相除け、書き申さず候法度御座候事

すなわち、家康の諱を銘文に書き込むことは如何かと思う。但し武家の書礼は知らない。五山では諱を避けて記さないのが書法である旨を述べている。このほか、東福寺聖澄《しょうちょう》、天竜寺令彰ら京五山禅僧七名の答申文が残されているが、いずれも近似した表現となっている。

これをもって徳富蘇峰は「あたかも一つの鋳型から打ち出された模品の羅列」といったごとき表現で、この同工異曲の文章群をあざ笑い、後世の学者、小説家もまた徳富の評言に追随してきたのである。この一連の答申が、徳川方が用意した大坂方攻撃の口実作りの政治ショーのごときものという構図を、あまりにも安易に受容して、そしてこの鐘銘事件の全体が、徳川方の仕組んだ捏造という感覚で捉えてきたというのが実情であろう。

清韓の軽率な「犯諱」

「国家安康」の四文字が徳川方によるこじつけ的事件化ではなくて、清韓自身が意識的に家康の名前を文中に織り込んだ修辞的表現であるということは既述のとおりである。そして五山僧たちによる同工異曲に見える答申文もまた徳川方の作為によるものではなく、ほとんどこの「犯諱」という一点に本問題の議論が集約されるが故のことだからである。林羅山のあの馬鹿げた一文を除くならば……。

清韓が自ら言う如く、これが慶祝の意に出たものであるならば、清韓側はあらかじめ「家康」の諱を織り込むことについて何がしか事前に断っておくべき筋合いのものである。無断で使用すれば犯諱の罪は免れないし、呪詛の嫌疑を受けても致し方のないような軽率な行為である。銘文の下案は事前には家康に提示されていなかったし、諒解の取り付けもなされていなかったのである。

しかも「国家安康」が家康の諱を直接に犯しているのに対して、対句である「君臣豊楽」の側は「豊臣」の文字を用いて、秀頼や秀吉などの人物の諱を避けているという点も問題となりそうである。「秀」も「吉」も、ともに慶祝の文章を作るのに、うってつけの文字ではないか。それを用いないのは、意識的に避けているのではないか。これらの事実の積み重なりから、鐘銘問題をめぐって呪詛、調伏《ちょうぶく》の疑惑が生じるのは状況からして不可避であった。

家康の揺さぶりと三つの解決策

さてむしろ問題はここからである。鐘銘事件そのものは、決して徳川方から仕掛けたものではなく、清韓の底意がどこにあったにせよ、豊臣側の落ち度であることは免れなかった。しかしまた家康と徳川方にしてみれば、この意想外の事態がまさに「奇貨おくべし」の好機到来というのも紛れもない事実であった。

家康没後に必ずや生じるであろう二重公儀体制の破綻と、豊臣—徳川の軍事衝突発生の問題を、この際に未然に抑止するための処置をほどこすには、願ってもない機会の訪れであった。家康は、この際にこの問題を徹底的に解決すべく決断した。

大坂からは片桐且元が鐘銘問題の弁明使者として、駿府の家康の下に派遣された。しかし家康は且元に会おうとはせず、同人の動揺をさそった。家康からは側近の本多正純と金地院崇伝の両名が、且元の宿所を訪ねて、同人に対する尋問をかさねていた。

このやり取りの中で且元は、今回の問題に対する解決策として、秀頼から家康・秀忠に対して、二心無き旨の誓詞（起請文）を提出すべきであるかを申し出た。しかしこれに対する家康の意向は否であり、正純と崇伝もまた、「なかなかそのようなことでは済みそうにない」と答えていた。且元は、では何をもって解決条件とするかを正純・崇伝の両名をとおして尋ねたけれども、家康は「且元に考えさせよ」と不機嫌に言い捨てるばかりで、明確な条件はついに示されなかった。

こうして駿府城外に数日滞在した且元は、問題解決の糸口を見いだす機会が得られないままに、同地を立ち去らねばならなかった。大坂への帰還の困惑の旅路の中で、彼の脳裏に去来した解決策は三つであった。

すなわち、豊臣秀頼が大坂城を明け渡して大和郡山あたりの城に移るか、淀殿を人質として江戸に送るか、秀頼が将軍の下に参勤して江戸に滞在するか、そのいずれかにならざるを得ないであろうという見通しであった。家康の狙いもまた、且元がこの三案に想到するであろうということを見越したうえでの、揺さぶりであったと見てまず間違いなかろう。

且元の大坂退去と秀頼討伐の発令

しかも家康の巧妙さは、このとき且元とは別に淀殿から派遣された大蔵卿局（大野治長の母にして淀殿の乳母《めのと》）と正栄尼《しょうえいに》（渡辺糺《ただす》の母）という二人の女性使者に対しては、家康も丁重にこれをもてなして会見に及び、今回の件に関しては豊臣家に対して異心も無いので安心されるよう、淀殿に伝えられたい旨を申し渡しているようなところに見られる。

こうして淀殿のもとには、且元の口から発せられた峻厳な強硬案と、大蔵卿局たちを介した猫なで声にも似た家康の甘言との、両極端の回答がもたらされる訳である。且元は家康に面会したわけではないので、且元の口にした三条件は且元自身の勝手な思い込みと見なされ、しかも大蔵卿局らに対する家康の穏便で丁重な態度をかんがみるならば、且元の態度はいかにも徳川に阿った、豊臣を売らんばかりの佞臣《ねいしん》の所為に映った。

はたせるかな、大坂城では且元の三条件に憤激の声が高まり、且元を裏切り者よばわりして討ち果たせと人々が激高する情勢となってきた。かくて身に危険の迫り来たったことを悟った且元は、一族を引きつれて大坂城を退去し、自身の摂津茨木城に立て籠もって大坂から差し向けられるであろう討っ手の到来に備えた。

豊臣方では且元がこのような退去、籠城におよんだ以上、その討伐の軍を派遣することとなったが、家康にとっては、これこそ待ちに待った開戦の正当化を獲得した瞬間であった。家康はただちに全国の諸大名に対して、豊臣秀頼を討伐すべきことを発令した。（笠谷）

牢人屋敷の建設

冬の陣で豊臣方の兵力は一〇万と言われる。その内の多くが新規雇用の牢人衆であるが、住居はどうしたのであろうか？　一つ参考になるのが、調査地Yでの井伊家などの大名屋敷の跡地である。

通常、大名屋敷は元の居住者が移転し、新入居者を迎えてもそのままの姿で使用されるものらしい。

面白い史料がある。『落穂集』巻三（一七二七年）の中に、「井伊掃部頭殿上屋敷の儀は、已前、加藤清正と申したる人の家作の由に候。（中略）外向の惣長屋の軒廻りの丸瓦には、金の桔梗の紋所《もんどころ》これ有り候、夜中にも、光り輝きて相見へ申す如く」の一文がある。江戸の加藤清正の屋敷に、井伊家の誰か（おそらく加藤家改易時の井伊家藩主直孝）が入り、そのまま金箔押し桔梗紋軒丸瓦が葺かれている屋敷を、上屋敷にしていたという話である。加藤清正の跡継・忠広が寛永九（一六三二）年改易された後のことだろうか。他家の家紋瓦が葺かれた屋敷でも、そのまま頓着なく住んでいたことがわかる。

おそらく谷町筋の井伊家屋敷も、井伊家が大坂とは疎遠になり、屋敷を手放したとしても、他家の者がそのまま使用したのだろう。しかし一六一〇年以降のある時点で、大名屋敷が一掃されて大形礎石建物が林立し、夏の陣で被災することになる。一六一〇年以降と断言できるのは、陶磁器の年代観からである。特に織部焼は生産地・消費地とも一六一〇年を待たねば出現しない。大形礎石建物の新造の原因は、やはり大量に雇用した牢人衆の住みかだろう。

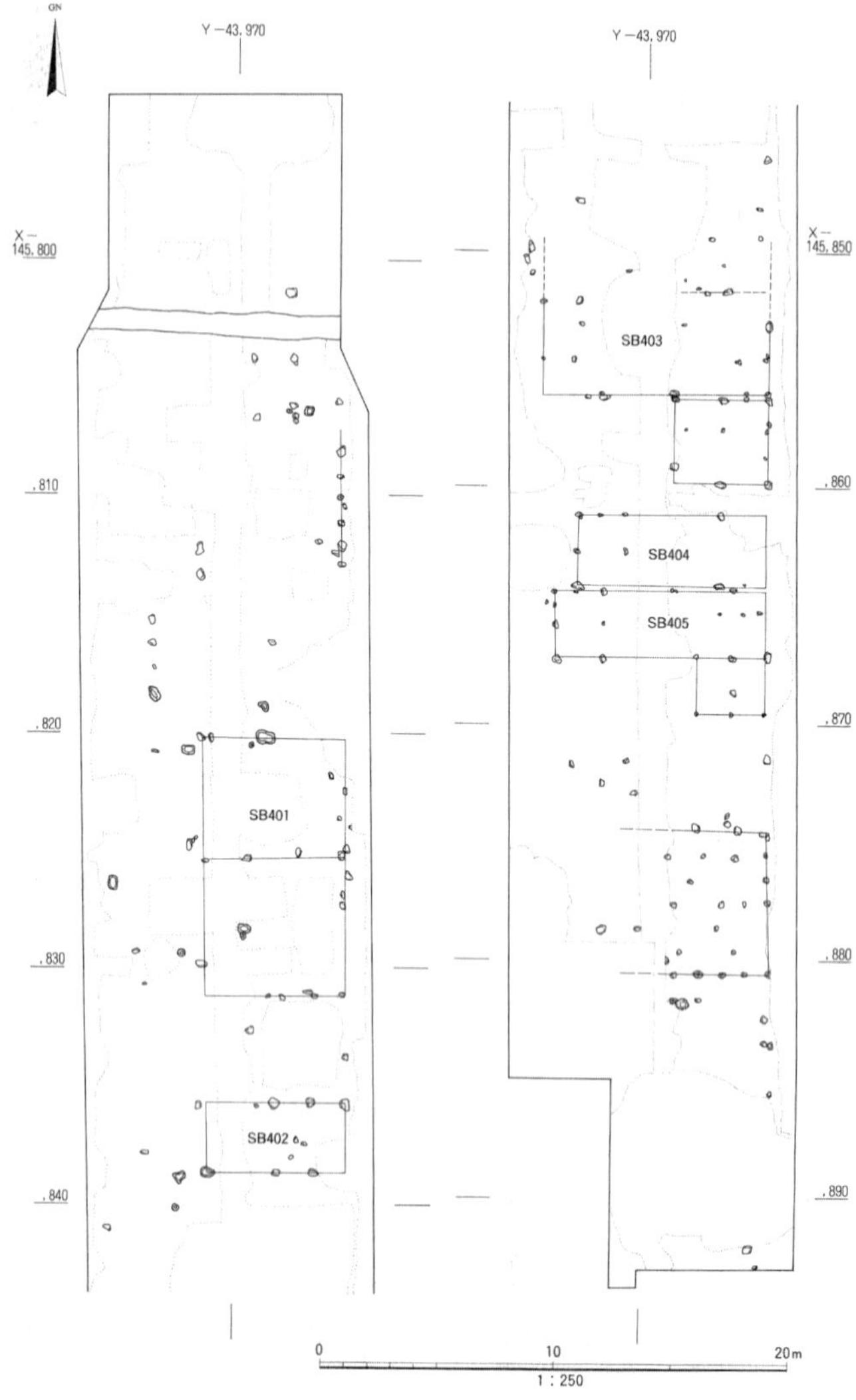

図7−1　調査地Yの礎石建物平面図＊

発掘担当者の平田洋司氏は、大名屋敷の袋土塀や柵を破壊した後、まず厚さ〇・三メートルほどの粘土偽礫《ねんどぎれき》を多く含む層で整地し、その層中からは織部焼も出土し、連続して粗粒砂を主体とする厚さ〇・二メートルの整地層で全体をならし、上面には兵舎などの軍事施設と思われる礎石建物群が築かれたとする。

平田氏は、礎石建物について、攪乱が多く、失われた礎石が少なくないとしながらも、各礎石とも間隔がほぼ等しいこと、南北方向に建物群を貫いて共通する柱筋があることなどを挙げ、東端に位置する南北方向の礎石列は調査地全域を貫いて一直線上に位置し、礎石の長軸方向も南北方向であることから、建物群の東端であったと推定できるとした。

図7-1のSB401は東西六メートル×南北約一一メートル、SB402は東西六メートル×南北三メートル、SB403は東西九・五メートル×南北四メートル以上、SB404は東西八メートル×南北三メートル、SB405は東西九メートル×南北三メートルの礎石建物である。

谷町地下駐車場の調査は、この調査区の南端から三〇メートル離れたところから、再度南へ一四〇メートル区間、発掘調査が行われており、同一面でやはり礎石建物が検出され、少なくとも南北に二七五メートル区間にわたって、建物群が大坂の陣前に建設されたことがわかった。

おそらくは瞬く間に開戦が決まったことで、急ごしらえの、規模に統一性を欠く兵舎を新設せざるを得なかった様子が窺われることからも、「パクス・オーザカーナ」下で、いかに豊臣方が油断していたかがわかる。

（黒田）

第八章　冬の陣と真田丸

家康の開戦決断

前章でみたように、大坂の陣の開戦理由というのは、かなり曖昧なものであった。巷間言われている方広寺鐘銘の「国家安康」の文字に難癖をつけてというのが当たらないということは、既述のとおりである。そして、何が開戦理由として持ち出されたかというと、この鐘銘問題の解決策として片桐且元が淀殿に提示した三条件をめぐって大坂城内が憤激の坩堝と化し、且元は身の危険を覚えて大坂城を退去して居城の茨木城に籠もるはめになったことである。もとより且元は豊臣家の直臣であるが、関ヶ原合戦によって増田《まし た》長盛《ながもり》ら大坂奉行衆が一掃されたのちは豊臣家の政務を取り計らうように家康から委ねられ、かつ徳川方との折衝を担当する者であるから、そのような且元に対して敵対的行動をとるということは、取りも直さず家康に対する敵対的行動に他ならないという論理であった。

しかしこれをもって大坂方に対する開戦理由とするのは、かなり無理筋に聞こえる。ために藤堂高虎は家康に対して、「豊臣恩顧の大名たちの動静を今しばらく見極めてから開戦に踏み切っては」と進言したけれども、家康は聞かなかった。いまここで手をゆるめて、結局この問題がうやむやに終わってしまったならば、もう再び家康が存命のうちに大坂に対して戦争を仕掛ける機会はやってこないであろう。無理筋であろうとも、豊臣恩顧の大名がどう出ようとも、ここは何が何でも出兵して、大坂城と豊臣家とを制圧しなければならなかった。それは秀頼と豊臣家を滅ぼすことになるのかどうか、その見極めはこの段階では家康としてもついてはいなかったであろう。

事態がどう展開していくのであれ、さしたる波乱を見ることもなく現状に近いままに推移して、家康自身が死を迎えてしまうならば、それは徳川の衰退のみならず滅亡につながりかねないという強迫観念にとらわれていた。ともかくも現状を変えねばならない。秀頼と豊臣家を滅ぼすということは最後の選択肢として、平和裡の解決策としては、片桐且元が家康の真意を忖度《そんたく》したとおり、秀頼の大坂城退去、淀殿の江戸人質、秀頼の参勤という形をとった江戸居住、という三つの内のいずれか一つでも確保することであった。

家康は九月七日には島津家久、細川忠興ら西国諸大名ら五〇名に命じて、家康・秀忠に対して二心なき旨の誓詞を提出させ、一八日には江戸よりの帰途、家康に謁するため駿府に来た池田利隆（播磨姫路）に対し、急ぎ兵を尼崎に出し、同地の城主建部《たけべ》政長《まさなが》とともに大坂に備えることを命じた。

そして、一〇月一日には江戸の秀忠に出陣の用意を通告し、また東海・北国・西国の諸大名に対しても出兵を求めた。すなわち遠江国から伊勢国にかけて領地をもつ諸大名たちは淀・瀬田に、北国の諸大名は大津・坂本・堅田《かただ》に、中国筋の諸大名は池田に、九州方面の諸大名は西宮・兵庫に、四国の諸大名は和泉国沿海に、それぞれ兵を派遣して駐屯することを命じた。

他方で、福島正則、黒田長政、加藤嘉明といった秀吉時代以来の豊臣恩顧の武将らは江戸屋敷にとどめおかれ、その嫡子らに各々の家臣団を率いさせて大坂への出陣を命じた。けだし彼らを大坂攻めに動員するにはリスクが伴うと判断されたのであろう。彼らが大坂城を前にして戦意に欠けるのは明白であるうえに、状況次第では大坂方への寝返りということを顧慮しなければならなかったからである。彼らは戦場へ動員するよりも、むしろ人質として江戸にとどめおき、その家臣団たちに督戦を強いた方がはるかに賢明だからであった。

[大坂方の開戦準備]

これに対して、大坂方も同時期には徳川方との開戦は不可避と見て軍備を整え始めた。兵粮米の取り込み、城の城壁の修理と櫓の新築、城外の要所に対する砦と柵の構築、そして諸国の牢人の募集などである。

あわせて、豊臣家では全国の諸大名に使者を派遣して助勢を求めた。しかし、背後で大坂城への兵粮入れに協力するようなことが肥後の加藤家などに見られたけれども、大名で表立って応じる者は居なかった。

大名の組織的な参加は見られなかったものの、関ヶ原合戦ののち巷にあふれていた牢人たちが、好機到来とばかりに続々と入城してきた。そのため、実戦経験者の数自体は、徳川方より多かったと言うこともできるかもしれない。いずれにせよ、城中には一〇万人近い（三万や一九万人とも言われて開きがあるが）軍勢が集結した。

豊臣方の諸将

大坂の陣において、大坂城にあった豊臣方の主な武将としては以下の通りである。

【豊臣家臣団（大坂衆）】

大野《おおの》治長《はるなが》
修理亮《しゅりのすけ》。淀殿の乳母である大蔵卿局の子にあたる関係から、秀吉に馬廻衆として取り立てられ、天正一七（一五八九）年には和泉国佐野と丹後国大野で併せて一万石の大名となっている。
秀吉の死後は豊臣秀頼の側近として仕えたが、慶長四（一五九九）年には徳川家康暗殺疑惑事件の首謀者の一人として罪を問われ、下総国に流罪とされる。翌慶長五（一六〇〇）年の関ヶ原合戦では東軍に加わり、戦功を上げた事で罪を許される。その後は大坂城の秀頼の側近としてあったが、慶長一九（一六一四）年、豊臣氏の家老であった片桐且元が大坂城を退去すると、豊臣家を主導する立場となる。

木《き》村《むら》重成《しげなり》
長門守、知行三〇〇〇石。母の宮内卿局が豊臣秀頼の乳母として採用されたことから、重成は秀頼の乳母子《めのとご》（乳兄弟）として幼少時から秀頼の小姓として仕える。秀頼の信頼も厚く、元服すると豊臣家の重臣となり重要な会議などにも参加する。
豊臣家と徳川家康との関係が険悪になると開戦を主張し、片桐且元を大坂城から追い出すのに一役買った。

渡辺《わたなべ》　糺《ただす》
内蔵助《くらのすけ》、知行一〇〇〇石。渡辺昌《まさ》の子。母は淀殿の側近の正栄尼。子に渡辺守がいる。槍の名手であり、秀頼の槍の指南役として仕える。大坂冬の陣では鴫野《しぎの》の戦いで上杉景勝と戦い、夏の陣では真田信繁の寄騎として道明寺の戦いや天王寺・岡山の戦いを転戦。最後は大坂城千畳敷で自害。

竹田《たけだ》永翁《えいおう》〈栄翁〉
名は高治、通称は弥十郎、左衛門督《さえもんのかみ》。永禄一〇（一五六七）年、信濃国の在地領主の家に生まれる。武田、今川、徳川らの勢力に翻弄されつつも土豪としてあり、天正一二（一五八四）年に秀吉に仕えた。大坂の陣でも真田信繁や毛利勝永らとともに最前線で戦い、最後は嫡男の高友と共に大坂城大広間千畳敷で自害している。

速水《はやみ》守久《もりひさ》

甲斐守、生年不詳。はじめ近江国浅井郡の土豪で浅井氏に仕えた。浅井滅亡後には、お市の方の子茶々らを護って秀吉に仕え、近習組頭、黄母衣衆《きほろしゅう》となる。朝鮮出兵では肥前国名護屋城本丸の広間番衆六番組頭を務めた。奉行として検地などにも活躍し、近江国内に知行一万五〇〇〇石を拝領、秀吉死後も秀頼に仕え、七手組頭兼検地奉行として活躍。豊臣家臣団の精鋭部隊である七手組の筆頭組頭となる。

七手組とは豊臣家臣団の軍制上の名称であり、戦時には敵との戦いで最前線を担当する先鋒（先備）や中備、脇備などをつとめ、平時には城門の守衛や重事の使者などを任務とする。七組あるところから七手組と呼ばれる。大坂の陣の時には、速水守久、青木一重（夏の陣には不参加）、伊東長実、堀田正高、中島氏種、真野頼包《まのよりかね》、野々村吉安らが七手の組頭であり、知行高は三〇〇〇石から二万石ほど。速水はその七名の筆頭をつとめていた。大坂の陣では七名のうち、速水・中島・真野・野々村の四名が大坂城で自刃している。

薄田兼相《すすきだかねすけ》　隼人正《はやとのしょう》。前半生はほとんど不明。山城国または筑後国出身とされる。小早川隆景の剣術指南役・岩見重左衛門の二男として誕生したが、叔父の薄田七左衛門の養子となって全国へ武者修行に出たとされる。帰参後は薄田隼人と名乗るが、隆景の死後は牢人となり、のちに豊臣家に仕官し知行三〇〇〇石（後に五〇〇〇石に加増）。狒々《ひひ》退治などで有名な伝説の豪傑岩見重太郎とは、この兼相をモデルにしてのこととされている。

伊木遠雄《いきとおかつ》

豊臣旧臣、通称は七郎右衛門。永禄一〇(一五六七)年、尾張国に生まれる。秀吉に近習として仕え、黄母衣衆に取り立てられる。賤ヶ岳の戦いで戦功を挙げ、文禄・慶長の役にも出陣。関ヶ原の戦いでは西軍に属して参戦したために牢人の身となったが、大坂の陣に際して大坂城へ入城。真田信繁の部隊の軍監となり活躍した。

【牢人衆】

明石全登《あかしてるずみ》

掃部《かもん》。宇喜多秀家の三万三〇〇〇石の旧臣。保木城主。保木城主・明石行雄《ゆきかつ》(景親)の子として生まれる。宇喜多秀家の軍師的存在で、慶長四(一五九九)年にお家騒動(宇喜多騒動)が起こって重臣の多くが出奔すると、執政として宇喜多家中を取り仕切った。関ヶ原の戦いで秀家が西軍に与すると、宇喜多勢八名を率いて先鋒を務め、福島正則を相手に善戦したが、西軍敗北の中で戦場を離脱して身を隠した。

戦後、宇喜多氏が没落し牢人となると、キリシタン大名であり、母が明石一族である黒田孝高の下で庇護されたといわれている。のち大坂の陣が起こると豊臣方として参陣する。

後藤基次《ごとうもとつぐ》

又兵衛。黒田長政の一万六〇〇〇石の旧臣。大隈《おおくま》城主。黒田孝高とともに戦乱を生きたが、その子長政とは不和となり、一族を引き連れて黒田家を退去。そののち福島正則ら数多くの大名から勧誘があったが、黒田長政が基次に対して「奉公構い」の宣言をしていたために、どの大名も召し抱えることができなかった。奉公構いは大名にとって伝家の宝刀であり、特定の家臣に対してこれを宣言すると、その者は他の大名に奉公することができなくなる定めであった。大坂の陣が起こるや、豊臣家の招きに応じて大坂城に入り、牢人衆の首座として扱われている。

真田《さなだ》信繁《のぶしげ》

左衛門佐《さえもんのすけ》。世には「幸村」で名高いが「信繁」が本名。「幸村」の名は大坂の陣から遠からぬ時期に書かれた『難波戦記』の中に見えることから、この名が広まったものであろう。「信繁」の名は、大坂の陣の頃に出された彼の書状の署名に用いられており、今日ではこちらが本名とされている。

関ヶ原合戦では敗北を喫する。父・昌幸と信繁は、本来なら敗軍の将として死罪を命じられるところだったが、兄・信之とその舅である本多忠勝の取り成しで紀伊国高野山近くの九度山《くどやま》に配流ということで助命された。

蟄居《ちっきょ》中の慶長一六（一六一一）年に昌幸は死去。同一九年に方広寺鐘銘事件をきっかけに徳川と豊臣の関係が悪化する中で、信繁にも豊臣側から勧誘の使者が派遣される。信繁は上田に残された真田家の旧臣たちを糾合しつつ、九度山を脱出して子の大助幸昌と共に大坂城に入った。

長宗我部《ちょうそかべ》盛親《もりちか》

右衛門太郎、宮内少輔。元土佐浦戸二二万二〇〇〇石の大名。元親の四男。関ヶ原の戦いでは毛利秀元の率いる毛利勢が陣取る南宮山に隣接する栗原山に布陣した。しかし東軍に内応した毛利隊の先鋒吉川広家の部隊がこの方面の西軍の進撃を阻止したことから、戦闘に参加しないままに敗れた。盛親は軍を率いて追撃を振り切り、領国の土佐に逃げ帰った。

その後、盛親は懇意にしていた徳川氏の重臣・井伊直政を通じて家康に謝罪しようとしたが土佐国の領有をめぐって長宗我部家で内紛が発生し、結果、領土没収に処せられた。関ヶ原合戦では西軍として戦闘に参加した大名でも四分の一ほどの領地は許されているのに比して、何ら戦闘行為も主導的な敵対行為もなしていない長宗我部が全領没収というのは異常と言わなくてはならないだろう。

牢人となった盛親は京で大岩祐夢（幽夢とも）と名前を変え、寺子屋の師匠をして身を立てていたといわれている。大坂の陣が起こると、盛親は豊臣秀頼の招きに応じて京を脱出する。わずかの従者と共に出発して大坂城に入ったが、土佐時代のかつての旧臣たちがこれに続いたことによって長宗我部勢は一〇〇〇人もの軍団にふくれあがり、大坂城に集結した牢人衆の中では最大の手勢を持つに至った。

毛利《もうり》勝永《かつなが》

豊前守。元一万石の領主。天正五(一五七七)年、森勝信の子として尾張国に誕生する。父の勝信と共に豊臣秀吉の家臣として仕えた。天正一五(一五八七)年、父・勝信は豊前国小倉六万石、勝永にも豊前国内に一万石が与えられ、この際、秀吉の計らいによって森姓を、中国地方の大名毛利氏と同じ姓に改めている(それであっても徳川側の史書には勝永を「森豊前」と表記している)。

関ヶ原の戦いでは、父と共に西軍として参戦。伏見城の戦いで格別な戦功をあげ、毛利輝元・宇喜多秀家より感状(軍功褒賞状)と三〇〇〇石の恩賞を受ける。続く安濃津《あのつ》城攻撃や関ヶ原本戦時には、勝永は輝元家臣と共に安国寺《あんこくじ》恵瓊《えけい》の指揮下に置かれた。ために戦闘に参加することなく終わった。国元の豊前小倉城は黒田如水に奪われており、戦後改易となる。父と共にその身柄を加藤清正、次いで山内一豊に預けられた。

大坂の陣が勃発すると豊臣秀頼よりの招きを受け、土佐から脱出する。大坂城に入城した毛利勝永は、諸将の信望を得て大坂城の五人衆と称された。

塙《ばん》　直之《なおゆき》

団右衛門。加藤嘉明の一〇〇〇石の旧臣。前歴については不詳であり、主君を替えつつ諸国を流浪していた由である。天正二〇(一五九二)年の頃、豊臣秀吉の家臣で松前《まさき》の大名となった加藤左馬助嘉明に召し抱えられる。朝鮮の役では、度々武功をあげて知行一〇〇〇石、鉄砲隊の物頭に出世する。

しかしながら関ヶ原合戦では、命令を無視して勝手に足軽鉄砲隊を出撃させたため嘉明の怒りを買って叱責された。これに憤慨した直之は、抗議の意思を表し禄を捨てて出奔した。これに対して嘉明も奉公構いを宣言して、諸侯が直之を召し抱えるのを阻止した。しかし小早川秀秋は豊臣一門としての門地を誇っていたため嘉明に遠慮せずに直之を召し抱えて、一〇〇〇石の知行で鉄砲物頭となったが、慶長七（一六〇二）年に秀秋の死去により主家が断絶したことから牢人となった。次いで徳川家康の子息である松平薩摩守忠吉に仕えたが、こちらも慶長一二（一六〇七）年に死去して同家が断絶し、再度牢人することになった。次いで福島正則が馬廻として召し抱えて一〇〇〇石の知行を与えていたが、嘉明が正則に抗議して奉公構いを守るように迫ったために、召し放たれた。

このような経緯から任官を諦めて、妙心寺の大龍和尚のもとに寄宿し、一時期は剃髪して仏門に入って「鉄牛」を称した。大坂の陣が始まると、直之は還俗して豊臣方に参加する。

大谷吉治《おおたによしはる》

大学。大谷吉継の子。真田信繁は義理の兄である。関ヶ原の戦いでは吉継と共に西軍につき、北陸で前田勢を足止めしたのちに、関ヶ原に移動し奮戦するも小早川秀秋軍の裏切りによって敗れ、父の吉継は自害するが、吉治は敦賀に落ち延びる。その後は各地を流浪した。大坂の陣が起こると大坂城に入城。夏の陣では道明寺の戦いに参加。さらに天王寺口決戦では真田信繁隊の前線で戦うが、越前福井藩の松平忠直軍との戦闘中、忠直家老の本多富正の配下により討たれた。

福島正守《ふくしままさもり》

伊予守、生没年不詳。福島正則の子とも弟ともいう。知行五〇〇〇石。大坂の陣に際して豊臣方として大坂城に入城。大坂夏の陣では、誉田《こんだ》の戦い、道明寺の戦いに参加。天王寺・岡山の戦いの最終決戦では、真田信繁の率いる茶臼山西部隊の一員として徳川勢と戦いを繰り広げた。大坂の陣の後の消息は不明。

福島正鎮《ふくしままさしげ》

兵部少輔。生没年不詳。福島正則の弟である福島長則の子。大坂の陣で福島正守とともに豊臣方として大坂城に入城、各地で合戦を繰り広げた。大坂夏の陣での最終決戦には茶臼山の西に布陣して戦った。その後は戦線離脱に成功したのか、正守ともども消息は不明。

箸尾《はしお》高春《たかはる》

大和の豪族。豊臣秀長の四万石の旧臣、秀吉の下では箸尾城主として二万石を領する。関ヶ原合戦では西軍に属して戦い、戦後に改易となる。

細川興秋《ほそかわおきあき》

与五郎。細川忠興の次男、母は玉＝ガラシャ。

家康出陣と大坂方の出撃迎撃策

家康は、江戸から呼び寄せた藤堂高虎に大坂攻撃軍の先鋒を命じ、大和の諸大名および東海道筋の諸大名の兵を率いて、大坂城に対する南西方面からの進攻路となる天王寺口に向かわせた。

一〇月一一日、家康は駿府城から麾下《きか》の兵五〇〇人余を率いて進発した。江戸の秀忠は関東方面の処置を施したのち、同月二三日に五万余の大軍を率いて出陣した。秀忠には関ヶ原合戦において遅参した苦い思いがあるので、このたびの戦においては、遅れは許されず、家康に使者を派して「自分が着陣するまで決して戦端を開かれないように」と懇請していた。家康は一〇月二三日、秀忠は一一月一〇日にそれぞれ京着。軍議を経たのちの一一月一五日、両者は京から大坂に向けて進軍を開始した。

［河内口進軍路］

京から大坂へ向かうにはいくつかのコースがある。淀川流域にそって南下する場合でも、高槻を経由する右岸路（現・JR東海道本線ルート）と、枚方を経由する左岸路（現・京阪電鉄ルート）がある。大坂の街は淀川左岸に位置する関係上、この左岸路が京と大坂を結ぶ本道であり、淀川沿いにそのまま南下を続けたのち、大坂城の北側から京橋口城門へと通ずる。京街道と呼ばれるものである。

京から大坂に至るコースにはもう一系があり、京を出たのち淀川方面には近づかず、もっぱら河内平野の東端、生駒山麓に沿って走っている高野街道を南下し、大坂の南方に大きく迂回したのち天王寺方面から北上して向かうものである。これは河内平野がこの時代、池沼を多数ふくむ湿地帯として広がっていたために、これを避けて生駒山系の山麓に沿って進まざるを得なかったのである。もっとも大坂の陣に際しては、徳川方の軍勢は豊臣方の伏兵急襲を予防するという観点からも、この大坂城から遠くはなれたエリアにある高野街道コースを選ぶという事情があったのであるが。

〔大和口進軍路〕

さて京から大坂に進攻するに際しては、もう一つの重要なルートがある。すなわち直接には河内方面に入らず、京から大和路を通って奈良方面に進み、そこから大坂に向かうコースである。そしてこれにもいくつかのルートがあり、まずあげられるのが奈良方面からまっすぐに西進し、生駒山の暗峠《くらがりとうげ》を越えて河内の若江・八尾方面に出るコースである。もっとも、このコースは直線で距離的には短いことから通常の旅には用いられるけれども、合戦となると別である。敵が山頂に布陣して迎撃の態勢を取っていた場合、自軍は手痛い打撃をこうむるリスクがある。そこで生駒山系がとぎれるその南端を迂回する比較的平坦なコースが選ばれる。すなわち奈良を出たのち、大和郡山を経由して法隆寺に入り、さらに国分を経て道明寺へと抜けて河内平野に入り、それより大坂の南方に向かって進むコース（現・JR関西本線ルート）である。

［大坂城南方からの攻撃］

河内口、大和口の双方ともに、大坂城の南方へ大きく迂回したのち北上する形で同城へアプローチしていく進攻コースが見て取れるが、これはこれまでくり返し述べてきた大坂城を取り巻く地形構造に由来している。すなわち、同城の北側・東側・西側は淀川および大和川という大河川とそのさまざまな支流からなる自然要害に防御されているが、反面、南側方面については上町台地の地形的理由によって水堀を設けることができず、水をはることのない空堀をめぐらすのみという防御上の弱点を露わにしていたということである。かつて織田信長が石山本願寺を攻撃したときもそうであったが、大坂の陣でも同様であり、冬・夏の陣ともに家康・秀忠が率いる徳川軍はこの南方に布陣して大坂城への攻撃を行っている。

京を発った家康の部隊は最後のコース、つまり大和路を進んで大和郡山を経由したのち道明寺へと出て、それから豊臣方伏兵による要撃を警戒しつつ西進して大坂湾岸の住吉へ向かい、さらにそこから四天王寺方面へと進んで同寺の西に位置する茶臼山を本営とした。

秀忠の率いる軍は河内口の高野街道の進軍路をとる。京を出て交野《かたの》、四条畷を経て道明寺までそのまま南下を続け、同地方面で大和路を進んできた家康率いる軍勢と合流し、秀忠軍はそれより平野郷を経て天王寺の東に位置する岡山（後に「御勝山」と改名）の古墳上に本営を定めて攻城の態勢をとった。

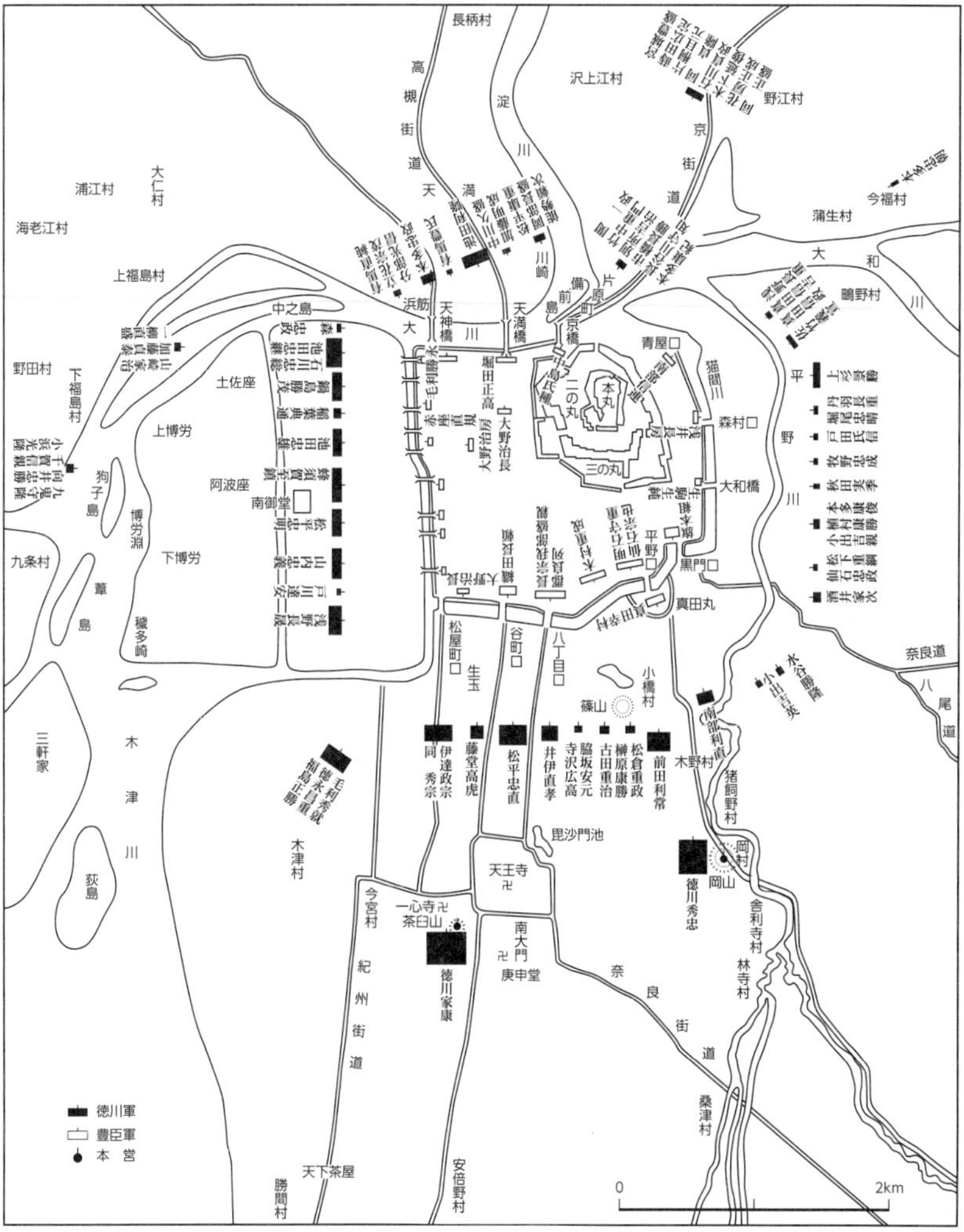

図8-1　大坂冬の陣両軍配置図

大坂城の南方面に集結した徳川軍の総兵力は約一〇万にのぼった。

［大坂方の迎撃態勢］

これより先、大坂城内にあった真田幸村、後藤基次らは城外出撃による迎撃論を唱えていた。すなわち援軍の到来を期待しえない情況下での籠城策は無意味であり、積極的に打って出て、敵が包囲網を形成する前に粉砕してしまおうとする策である。具体的には一～二万の兵を率いて宇治、瀬田に進出し、琵琶湖の南から流れ出す瀬田川を盾に、西上する徳川軍を迎撃するとする作戦が検討された。

しかしながら瀬田川の軍事的重要性はもとより家康も承知するところであり、家康はその近隣諸大名にいち早く瀬田橋の制圧を命じていた。それ故、大坂方が作戦を立てたにせよ、実行はかなわぬことであった。こうして大坂方の出撃迎撃策は早々に見送られ、持久、籠城の堅陣を構築する方向でまとまっていった。

慶長一九（一六一四）年一一月中旬、徳川方は、軍令に応じて参集した全国の諸大名を含む総勢二〇万の兵で大坂城を包囲した。参陣した大名と、その配置については、図8-1に見られるとおりである。

前哨戦・木津川口の戦い

大坂冬の陣の戦端は、大坂湾に流れ出る木津川の河口付近から開かれた。木津川口の砦は、豊臣方が軍備を整える中で城外の要所に築城した砦の一つでその堅牢さから「城」とも称されるものである。かつての石山合戦において石山本願寺への海からの補給をめぐって、毛利・村上水軍と織田・九鬼水軍とが激戦を展開したことでも知られる要地である。豊臣方は大坂湾への出入口を重視し、大坂城の西方にあたる木津川河口一帯に砦を数多く築いて堅陣を張っていた。砦は大野治房が築き、兄の治長の指揮で明石全登が八〇〇〇人をもって守備し、舟奉行の樋口雅兼が付けられた。

一一月一八日、阿波一八万石の大名、蜂須賀至鎮は木津川口の砦に対する攻撃許可を家康に求めた。これに対して家康は、至鎮には正面から、浅野長晟《ながあきら》は搦手（背後もしくは側面）、池田忠《ただ》雄《かつ》は遊軍と定め、三者協議して出撃するようにと命じた。

そこで至鎮は、長晟と忠雄と協議して明朝六時出撃と決めたけれども、重臣、中村重勝の進言を受けて抜け駆けを敢行し、深夜三時に三〇〇〇の兵と船四〇隻をもって、水陸より砦を襲った。この時、豊臣方では砦の主将、明石全登は本丸に伺候していたために留守であり、弟・全延が砦を守備していた。そのため夜襲を受けた守兵の指揮統制は乱れ、さらに蜂須賀勢にとって都合良く強い北風が吹いたので火攻めをかけるや、砦はたちまちに延焼しあっけなく陥落した。

籠城一辺倒となる大坂方

蜂須賀隊はさらに勢いに乗じて、続く博労淵《ばくろうぶち》の戦いにおいても華々しい手柄を立てている。博労淵とは木津川の中州、狗子島《えのこじま》の東にあたる沿岸一帯を指しており（大阪市営地下鉄・西長堀駅北側）、右に述べた木津川口砦と西南の葦島・三軒家・荻島などと連絡していて、水路を扼する要地であった。豊臣方はここに柵、櫓を築き、西北に濠を掘り、木津川に橋を架け、薄田兼相・米村六兵衛・平子《ひらこ》主膳《しゅぜん》を守将として守備させていた。

蜂須賀至鎮は砦の守備態勢が堅固でないという情報を得ていたので、婿の池田忠雄と協同して博労淵・阿波座・土佐座を攻略したいと思っていた。しかし、そのころ家康もまた、藤田重信（信吉）・永井直勝・水野勝成・堀直寄に博労淵を偵察させた後、勝成らに大筒をもって砦を撃ち崩すよう命じていた。

この動きを知った至鎮は、二九日未明、蜂須賀勢を水陸二手に分けて砦への攻撃を開始した。このとき豊臣方の砦の主将であった薄田兼相はたまたま神崎の遊女屋に赴いて不在であったことから砦の守兵は混乱に陥り、ついに砦を捨てて敗走した。

この一連の戦いにおける勝利の結果、徳川水軍の木津川での跳梁が容易になり、豊臣方にとっては海上補給の途が断たれるとともに、水軍を展開して徳川方の腹背を突くといった自由な戦法が封じられてしまい、籠城一辺倒へと追いやられてしまうこととなる。

豊臣方は木津川方面の防衛線が破られたことを確認すると、船場一帯に火をかけ、この方面に展開していた自軍を惣構え内に撤収させて完全に籠城の態勢に入った。

幸村の前線「真田丸」

大坂城の築かれた上町台地はこれまでも述べてきたとおり、西に大阪湾を控え、北は大川（旧淀川）と大和川、東は河内という地名の示すとおり、古代の河内湾のおもかげを伝える湿地帯が一面に展開しており、天険の要害と呼ぶにふさわしい地であった。そのような地の利を得ていた大坂城であったが、ただ南方面だけは緩やかな斜面の他には特に自然の要害もなく、水も通らぬ空堀をめぐらすだけで防御上の弱点をなしていた。

大坂城の惣構えのうち、この南方面には四つの門があり、西端を松屋町口、中央を谷町口、そしてその東を八丁目口、一番東側を平野口と呼んだ。大坂城に入った真田幸村は同城のこの弱点を補強するために、八丁目口の東にして、惣構えの東南端にあたる位置に、長さ一〇〇間からなる馬出郭の形状をもった出丸を設けた。世に「真田丸」と呼ばれる砦である。

幸村の真田丸には、いくつかの意味がある。純軍事的に見た場合には、空堀に特有の問題として、敵軍がいっせいに城壁に取り付いて攻め寄せてくることが想定される。そこでこれを防ぐために横矢が不可欠となる。城壁に取り付いて攻め上ろうとする敵を、横ないし斜め後方から打ち落とすために、このような出張った陣地が有効だということである。

真田鉄砲隊の猛攻

真田丸および大坂城南方面における攻防戦は以下のとおり。すなわち徳川方のこの方面に対する配備は、まず真田丸には前田利常の率いる加賀勢が対して屯し、井伊直孝の軍がその西にあり、松平忠直の越前勢がさらにその西にあり、この三隊は八丁目口に対していた。そして谷町口には藤堂高虎が、松屋町口には伊達政宗がそれぞれ配備されて攻撃目標を定めていた。

一二月二日、家康は単騎で城近くを巡視したのち、先鋒前田隊の陣を訪れ、前田利常に対して軽々の城攻めをいましめ、仕寄せを付けてから攻撃に入ることを指示した。「仕寄せを付ける」とは城攻めのための拠点形成を言い、竹柵をならべて敵の矢・鉄砲の攻撃を防ぎながら、塹壕を掘り、土塁を築くなどの工事を行うことを指していた。

利常はこの家康の命に従って塹壕を掘り始めさせたところ、幸村の側は出丸の南にある篠山という小高い丘山に足軽鉄砲隊を増派し、側面から塹壕工事中の前田勢を射撃させて多大の損害を与え、工事を妨害した。

この情勢を見ていた将軍秀忠は利常に対して、作戦の障害となっている篠山の攻略と陣の前進を命じ、これを受けて四日の午前四時、前田家の先鋒隊が篠山攻略に動き出した。まず、筆頭家老・本多政重の率いる右先鋒部隊が篠山目がけて進撃。だが真田幸村は物見の報告によって本多部隊の動きを事前に察知しており、早々に篠山から兵を引き揚げさせていたために、本多部隊の攻撃は空振りに終わった。

これに対して前田の諸隊は真田丸に迫る形勢を見せていた。本多政重はこれを無謀なこととして制しようとしたが、前田の部隊はこの指令を無視して前進し、また真田丸の側からも本多の及び腰を嘲弄する挑発があったため、本多政重の部将・奥村栄顕が配下に進撃を命じ、自らも兵とともに城壁に取り付いた。

この挑発戦法こそ真田の得意技であり、かの上田城合戦において二度にわたって徳川方に苦杯をなめさせた戦法であった。こうして真田側の挑発に乗って、前田隊が一斉に城攻めに取りかかったのであるが、果たせるかな、待ち構えていた真田丸から鉄砲の猛射を浴びせかけられて死傷者が続出した。

前田の軍勢は第二陣、第三陣と攻撃を繰り出したが、いずれも真田丸を囲む塀柵に三〇センチ間隔で設けられた鉄砲狭間から絶え間なく発射される鉄砲の威力の前に、いたずらに死者の数を重ねるばかりであった。この惨状を聞いた前田利常は先鋒隊の軍令違反を怒り、直ちに兵を撤収せしめた。

その頃、井伊直孝と松平忠直も真田丸の攻防を知ると先を競って進撃し、越前勢は惣構えの八丁目口へ、井伊勢は真田丸へそれぞれ迫った。しかし真田丸へ向かった井伊勢は惣構えと真田丸からそれぞれ放たれる鉄砲の猛攻に対抗できず、進撃を阻まれた。八丁目口へ向かった越前勢もまた反撃に苦戦し、空堀に身を潜めてかろうじて敵の射撃をしのぐあり様であった。

戦死者続出の徳川方

一方の豊臣方においても、午前四時頃、夜半のことから石川康勝隊が誤って火縄を二斗入の弾薬箱に落としてしまうという事故を引き起こしていた。箱は爆発して、楼櫓は炎上。康勝自身も火傷して後方に退却する大惨事となった。これを見た徳川軍の諸隊は、城内の内応者の裏切り行動と勘違いして城壁に急攻をかけた。

しかし徳川方の総攻撃は近いと予測していた豊臣方の防御は堅く、鉄砲の他に矢や石や木も投げ落としての防戦が展開され、結局、一時間半の激戦の末に井伊・松平勢は退却を余儀なくされた。この勝ちに乗じて、真田丸から真田幸昌・伊木遠雄が五〇〇の兵を率いて出撃し、前田隊の脇に構えていた松倉重政・寺沢広高の軍勢を打ち破った。追われた敗兵が越前勢になだれ込んだことから隊列が乱れた。そこに秀頼の旗本衆である七手組を始めとする豊臣側諸隊が射撃を加えると、越前勢にも戦死者が続出するありさまとなった。

戦況は正午近くになっても変化をみせず、徳川方はいたずらに死傷者の数を増大させるばかりであった。徳川軍では軍目付たちが駆けめぐって諸隊の撤収を図るものの、空堀に張り付いている兵は動けない。退却は面子にかかわるという問題もあるが、それ以上に、敵に背を見せて退却に入ると、相手陣からの鉄砲・弓矢の攻撃にさらされて被害が甚大になるということと、さらに退却に乗じて城内から追撃部隊が出動してきて退却部隊が殲滅《せんめつ》される恐れがあるからである。

こうして退却も前進もままならない状態で時間が経過していたが、結局、夕暮れの近づいた午後三時頃になって井伊勢が撤退をはじめ、それに続いて諸将も順次撤退した。豊臣方も弾薬の消費量を考慮して、それ以上の戦闘を控えたために、午後四時頃にこの真田丸をめぐる攻防戦は終わりを告げた。

この戦いにおける徳川方の戦死者は数千人、負傷者も含めれば一万人以上にのぼると言われている。騎馬士クラスの者だけを見ても、越前松平家の戦死者四八〇、前田家が三〇〇、井伊家が負傷者を含めて一二六という数字が残されている。徒士《かち》・足軽や騎士に従う雑兵たちまで含めれば、戦死者総数が相当なものとなっていたことは容易に推測されるだろう。

さらに、一二月五日の夕暮れ、惣構え南側の中央の門、谷町口の守備隊、織田長頼の陣営内で喧嘩騒動があったらしく混乱の体であった。これを好機と見た藤堂高虎の先鋒隊（藤堂良勝・渡辺了《さとる》ら）が、柵を破って城壁をよじ登り城内に突入しようとした。谷町口の戦いである。

しかし、城兵側も必死に防戦し、八丁目口からも長宗我部盛親・山川賢信らが応援に駆け付け、城外まで出撃して藤堂隊を退けた。結局、攻防戦は戦況不利と見た高虎が家康本陣から駆け付け、撤退を号令して終わりを見た。（笠谷）

真田丸はどこにあったか

「真田丸」の所在地ははっきりわかっていない。まず、現在のJR玉造駅の西側周辺には、真田丸があったとされる真田山三光神社もあり、そこには「真田の抜け穴」も残っていることで有名である。大坂城本丸の一キロ強南、惣構え玉造口虎口を出発点とする旧奈良街道（現・玉造日の出通り商店街）のそばにある。

筆者（黒田）が所属し、大阪市内あちこち発掘している大阪文化財研究所ではあるが、残念ながら現在のところ、確実に真田丸なりその堀遺構と判断される遺構に当っていない。今後に期待せざるを得ないが、真田丸に接していたはずの南惣構え堀には、何ヶ所かでぶつかっている。

まずOS八九―一四六次調査（調査地h）で、惣構え玉造口虎口の東西堀の東端を当てている（図8-2）。堀の規模は小さな調査区であったため、幅一〇メートル以上、深さ二・五メートル以上ということしかわからない。場所は字《あざ》「黒門」の西側で、城門は扉や柱に鉄板を打ち付けるから「黒鉄門《くろがねもん》」とか「黒門」とか呼ばれることが多い。

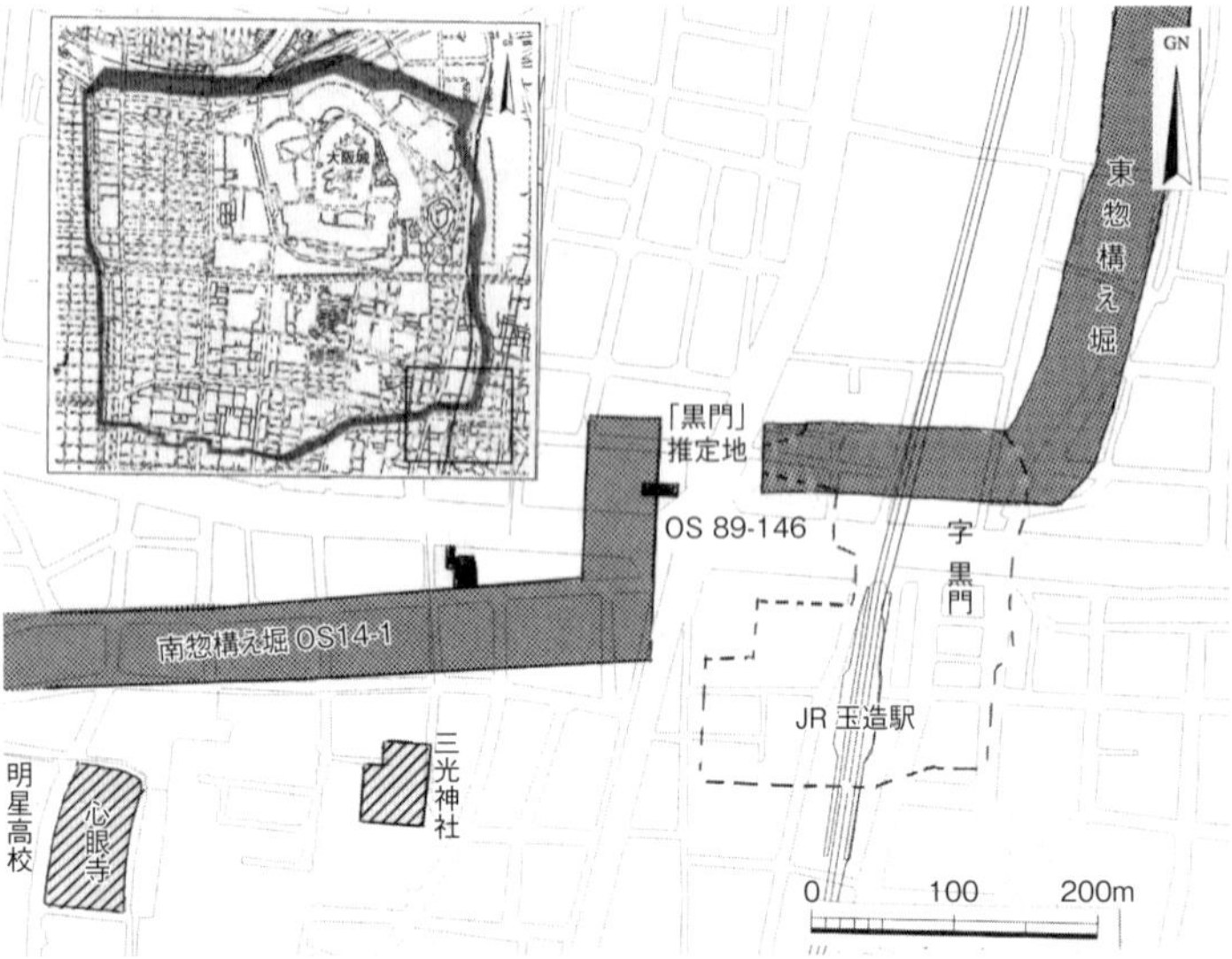

図8-2　惣構え玉造口虎口＊

もう一ヶ所は二〇一四年四月の玉造元町の調査（調査地・i）である。ＯＳ八九―一四六次調査地から西南西方向に一七〇メートルほどの場所である。惣構え堀跡と推定される東西道路の北側を発掘したところ、層厚一・五メートルほどの盛土を検出した。

当地は旧清水谷の谷底に位置するが、調査担当者の趙哲済氏は、「豊臣期か徳川初期に、谷は大規模に埋め立てられた。もし、それが豊臣期の出来事なら、一五九四年の惣構え堀に係る造成の可能性がある。その盛土造成中に溝が掘られ、複数回の氾濫で埋まったが、その溝を埋めて土手とし、その北側にさらに溝が掘られている。造成中に排水路を確保するために掘られた一時的な水路であったと推定される」とした。この盛土は、惣構え堀の城内側の「たたき土居」と呼ばれた土塁に当る可能性がある

（第二章、空清町調査の箇所参照）。

幸い真田丸を描いた絵図が比較的多く残っている。

まず図8-3は『僊台武鑑』所収「大坂冬の陣配陣図」（第三章図3-31）の真田丸部分である。平面が半月状の西郭と台形の東郭に分かれ、西郭は柵のみ、東郭は南・東二面を水堀で囲い、堀

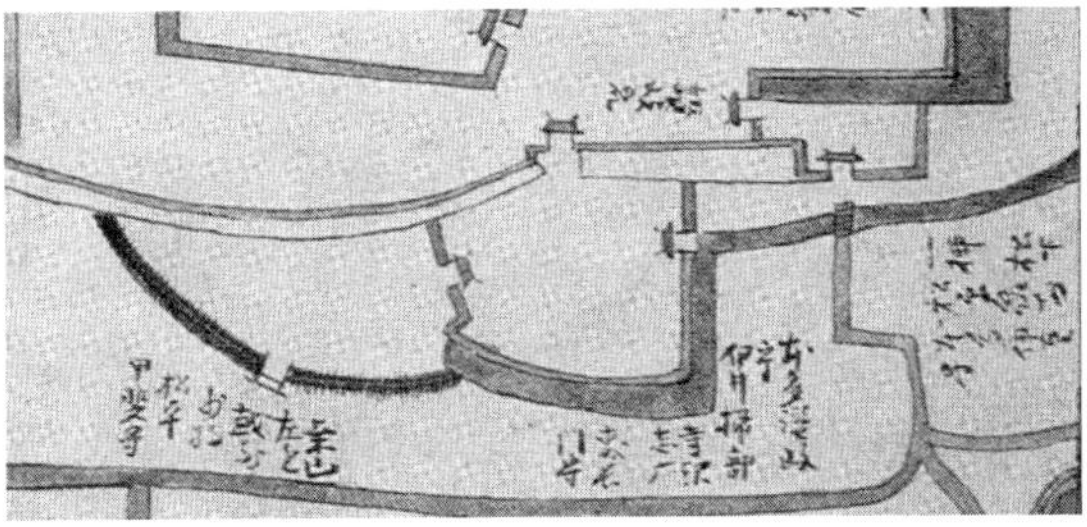

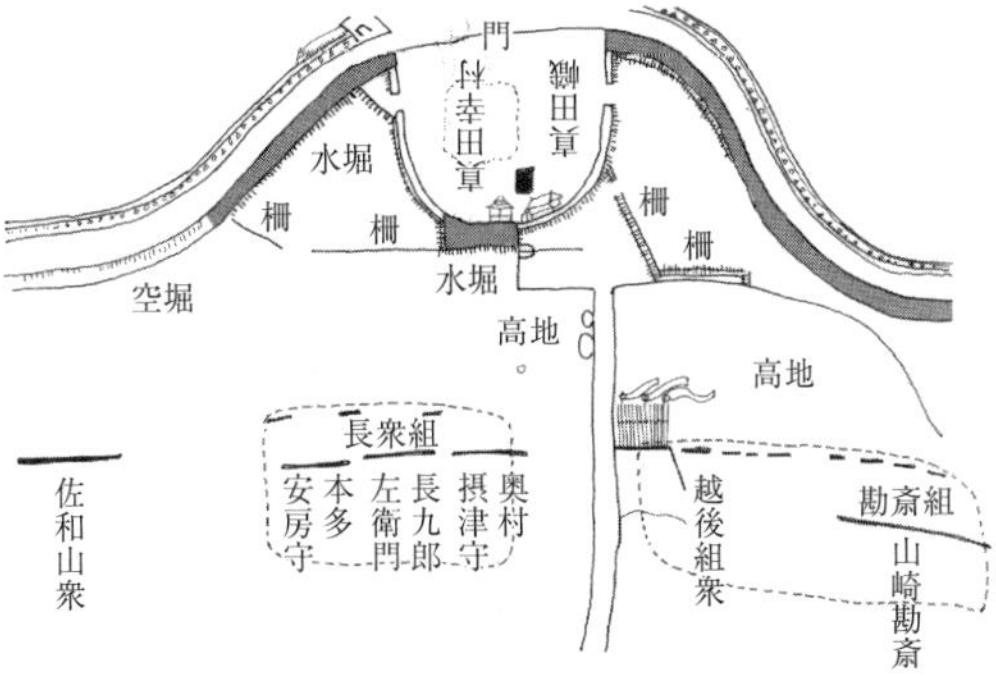

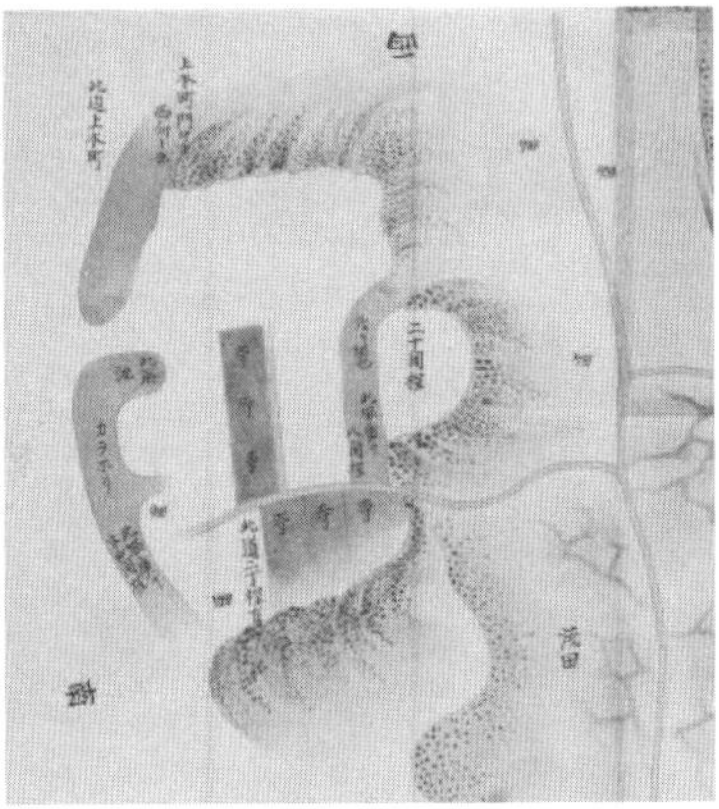

図8-3（上）『僊台武鑑』図の真田丸
図8-4（中）「大坂真田丸加賀衆挿ル様子図」（永青文庫蔵）のトレース図
図8-5（下）浅野文庫蔵『諸国古城之図』「真田丸図」（広島市立中央図書館蔵）

の内側には土塁が廻らされている。ここに描かれた真田丸の構造は、東郭を通ってのみ惣構え内へと進むことができるという興味深い形をしている。

文献資料にも当たってみよう。籠城者が綴った『大坂陣山口休庵咄』には、「三方から堀を掘り、塀を一重かけ、塀の外と空堀の中、堀の外際に柵を三重に付けた。矢狭間（矢を射るための隙間）は一間（二メートル）に六つずつ、切った。矢狭間一つに鉄砲三挺ずつ、櫓の間に井楼《せいろう》を組み、鉄砲数は同様で、塀に沿って腕木（控え柱）上に床を張り、幅七尺（二・一メートル）の武者走りとし、鉄砲をすき間なく並べた」ということが記されている。蟻一匹の侵入も拒む、火線によるバリアを設けていたのである。

熊本大学附属図書館「永青文庫」には、「大坂真田丸加賀衆挿ル様子図」という図が伝わる（図8-4）。加賀藩（前田利常）家中による仕寄せ（攻城側の防御施設）を中心に描かれた配陣図で、真田丸は半円形に描かれ、堀底には柵が巡らされている。塀を設けた土塁の傾斜長は六間（一二メートル）あまりで、高さ五間（一〇メートル）にもなる。

他の資料はどうか？　図8-5は浅野文庫『諸国古城之図』中の「真田丸図」である。金沢城調査研究所名誉所長の北垣聰一郎氏は、江戸時代に入って盛行する軍学では、合戦の行なわれた外郭部、なかでも大坂城の惣構えを研究し、それを図化するものがあることを指摘し、それを集成した『諸国古城之図』には、いわゆる古城の軍学用縄張図に該当しない別種の図があるとされた。それがこの「真田丸図」である。

これは現地踏査によって作成した現状図といえるもので、その注記の内「此所池　此堀広サ廿

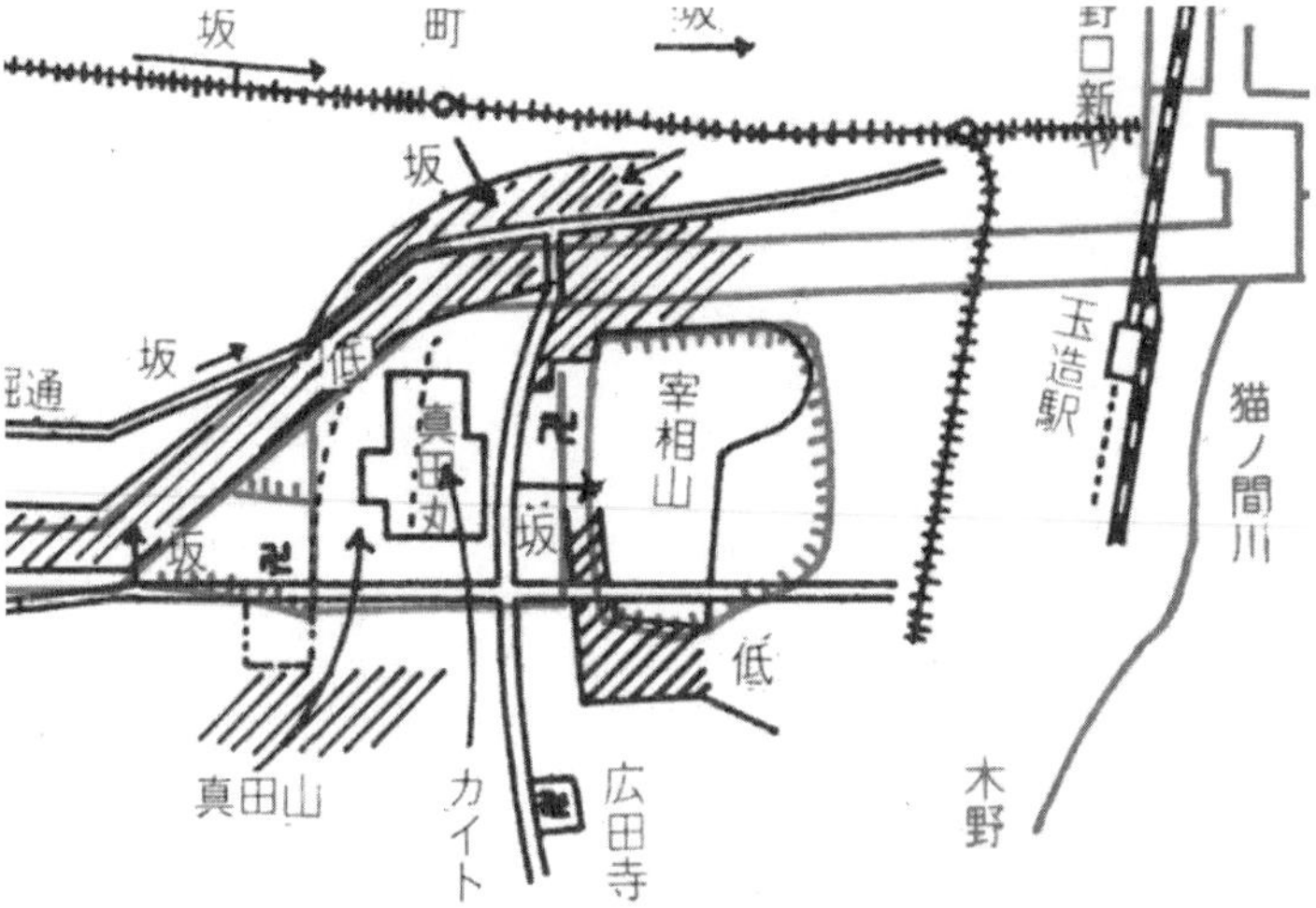

図8-6　櫻井成廣氏説「真田丸」(『豊臣秀吉の居城　大阪城編』より)

四間程」とする部分は、先の加賀藩の真田丸図の「水ホリ」に符合し、「周囲をカラボリ」とする部分も、同図に合致する。曲輪背後の「浅キ堀也、此堀広サ八間程」は、かつてこの位置に「カラボリ」が存在したことを示す。本図は軍学研究が盛行する江戸時代後期に至って、冬の陣の検討のために描き取られた縄張り図と考えられる。

絶好の戦術的要害「カイト」

結局のところ、真田丸の位置は現状の地形からはわからない。だが、古図を見ても土地の高低を考えても、三光神社より西方の心眼寺の西側、大阪明星中学・高校付近というのが、おおよその見解であろう。

哲学教授でありながら、異色の豊臣秀吉研究者でもあった櫻井成廣氏は、僧契沖の遺跡・円珠庵から東へ一〇〇メートル、北へ二〇〇メー

図8-7　「大坂冬の陣図屛風」の真田丸攻防戦（東京国立博物館蔵）

トルの平地に、古図に「真田山」と記入され、さらに、その東隣の同じ広さの平地に「カイト（垣内）」と記入があることから、ここを真田丸の名残りと考えられた（図8-6）。

この「垣内」とは自己防衛のため水堀などを巡らせた聚落を意味する。すなわち、櫻井説では、真田丸は円珠庵を南西角とした約二〇〇メートル四方の地である。『難波戦記』に「百間四方に堀柵を構え」とあるので、面積的に一致する。また、ここなら大手道で天王寺に通じる八丁目口の東側から横矢（側面からの攻撃）が掛けられる、絶好の戦術的要衝である。

「大坂冬の陣図屛風」の真田丸攻防戦（一二月四日未明）の図も参考になる（図8-7）。

北西から俯瞰した図だが、図左下に位置しているのが、真田丸内の豊臣籠城軍である。真田丸は方形に突出し、前面に設けられた堀は水色に塗られ水堀を表している。櫓は少なくとも六棟存在し、それを結ぶための狭間塀が土塁上に設けられ、上・下二段に区切られ、それぞれ武者走りがある。曲輪内には白色幟や茜色の幟がたなびく、臨場感のある戦場の様子が描かれている。

加賀前田隊、彦根井伊隊、越前松平隊、伊勢藤堂隊らは、先を争って堀の中へ飛び込んだが、この堀は深さが三間半から四間半（七〜九メートル）もあり、一旦飛び下りたら容易にはい上がれない。また、生玉口馬出し堀跡で見つかった障子堀が、ここでも設けられていたともいわれている（第三章参照）。

図右下、矢羽根の旗を翻すのが松平忠直隊、その上方、朱地に井桁の旗は井伊直孝隊、さらにその上方、白黒段々の旗をなびかせているのが前田利常隊である。

崖面をもつ小丘の表現は、仕寄せのための「築山」と呼ばれる攻城施設で、藤堂隊の築山は「高さ三間（六メートル）余り、東西へ二〇間（四〇メートル）ばかり」（『高山公実録』）もあったという。遺構は早く失われてしまったが、現在の上本町四丁目交差点の東側にあったものと思われる。加賀前田隊や越前松平隊の築山もずいぶん大きく、幕末の地図に「加賀築山」「エチゼンツキ山」と記されているから、その頃まで残っていたのであろう。

抜け穴は徳川方の坑道か

三光神社に有名な「真田の抜け穴」と言い伝えるものが残っているが、先に述べたように、当社が真田丸の地に該当するとは思えない。ただ、徳川方が掘った坑道である可能性は残る。

南惣構え堀には水がないので、徳川方は一二月一三日坑道を掘り始めた。櫓を崩したり、城中へ侵入するためである。『大坂陣山口休庵咄』によると、藤堂高虎が掘った坑道は幅二間半（五メートル）、高さ一間（二メートル）で檜材を使用し、三尺に一つずつ両側に掛け灯台を点し、藤堂の陣の西方から幅一間ばかり城内へ掘り抜いたという。

真田の抜け穴と呼ばれるものは、南方七〇〇メートルの産湯《うぶゆ》稲荷《いなり》神社境内にも、南へ入る穴と東へ入る穴とが残っていた。また、茶臼山北麓の一心寺境内の井戸は、城中へ通ずる抜け穴だとの伝承をもったが、第二次大戦後埋められ墓地になった。

出土した家康の茶臼山御陣跡

一方、徳川家康の本陣の場所ははっきりしている。天王寺公園の一角にある大阪市立美術館の北側には、こんもりと盛り上った丘が河底池《かわぞこいけ》にその影を落としている。これが茶臼山で、規模は河底池の水面から高さ一六メートル、南北約一一〇メートル、東西一〇〇メートル弱の楕円形の丘である。以前は前方後円墳と考えられていたが、一九八六年の発掘調査の結果、前方後円墳どころか古墳だということも危うくなった。しかし、そこから思いがけず、古代の遺構ではなく、大坂冬の陣を指揮した徳川家康本陣跡が発見されたのだ（図8-8〜10）。

『武徳編年集成』（徳川家康の一代記。元文五（一七四〇）年に木村高敦《たかあつ》選で完成）に次のような記事がある。

「〔慶長十九（一六一四）年〕十一月廿二日、神君（家康）茶磨山ニ渡御。此山ヲ御本営トセラルヘシトテ、矩縄ノ御沙汰アリ。山頂狭少ニシテ、近臣ノ外居ルヘキ地ナク、御番士ハ一心寺ヲ以テ屯トスヘシト云々。艮《うしとら》ノ麓柵門ノ内番所西向六畳、外番所東向十二畳、御玄関三間ニ五間ニシテ床アリ。御寝所ハ絶頂ニシテ、南北十二畳ノ外ニ三間ニ一間ノ庇アリテ、五尺ノ縁ヲ附ル。西ノ麓ニ四畳半ノ茶亭、南ノ麓ニ二間四方ノ納戸、東向ニ二間四方ノ浴室ヲ定ヘシ。東ノ麓ニ二十畳ノ一室、是近臣ノ席トスヘシ。北ノ麓ニ庖厨ヲ設ケ、惣台盤所ハ乾堀ノ外タルヘシ。其南ニ後備ノ陳営ヲ経営スヘキ旨、工匠ノ長中井大和守正次ニ命セラル」

冬の陣が始まり、「家康が茶臼山に来てこの山を本陣とすべしと、設営の命令が出た。山頂は狭く、近臣以外がいる余地はなく、警備に当る侍は一心寺に駐屯すべしということである。北東麓の柵出入口内の詰め所は西向きで六畳（四メートル×三メートル）、外の詰め所は東向きで一二畳（六メートル×四メートル）あり、玄関は六メートル×十メートルで床を張っている。家康の寝所は山頂（標高約二六メートル）で、一二畳（六メートル×四メートル）の南北棟の母屋に、六メートル×二メートルの庇と幅一・

図8-8　家康本陣台所＊

図8-9　家康本陣台所のカマド＊

図8-10　台所出土　土師器皿＊

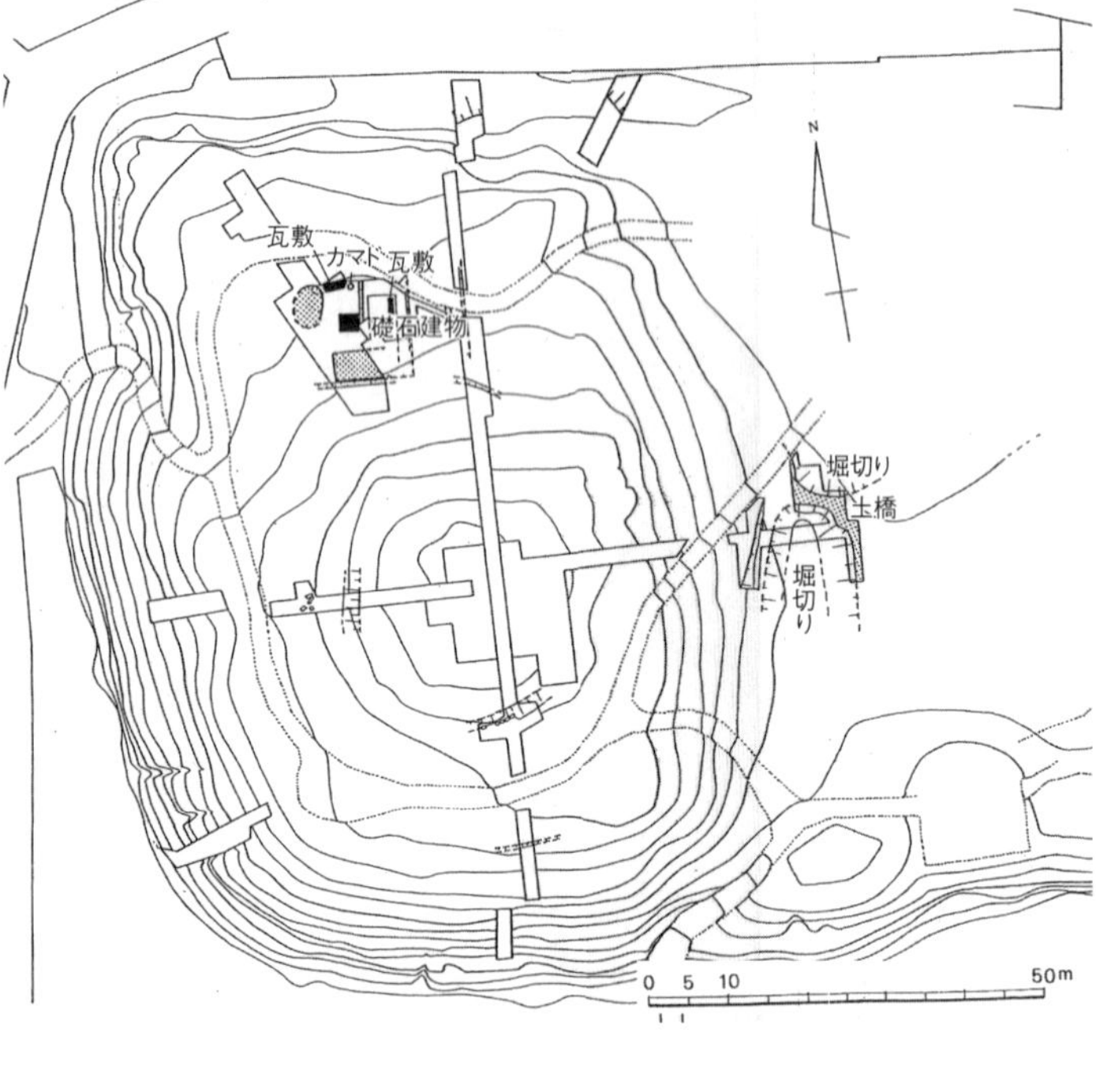

図8-11（上）茶臼山 遺構平面図（詳細）、図8-12（下）茶臼山 遺構平面図（広域）

五メートルの縁側を設けている。西麓に四畳半の茶室、南麓に四メートル四方の納戸と東向きに四メートル四方の浴室を建てることを命じた。東麓に二〇畳の一室があり近臣の居所とし、北麓に調理場を設けるが、近臣以外の調理場は空堀の外である。その南に後備《あとぞな》え（殿《しんがり》）の陣営を設けるよう、大工頭の中井大和守に命じた」ということである。

　今、「摂津茶臼山御陣城図」（宝暦三（一七五三）年。広島市立図書館蔵）を参考に、曲輪内の建物配置を見ると、番所や玄関、近臣の一室のあった北東麓の曲輪は、空堀（乾堀）に囲まれた南北三八間（七六メートル）、東西一三間（二六メートル）の平地である（図8-13）。寝所のある茶臼山頂部に向っては、空堀（幅一〇メートル以上、深さ五メートル以上）を横断しなければならないが、空堀を渡る土橋（地山を削り残して橋とした通路）も発掘調査で見つかった。

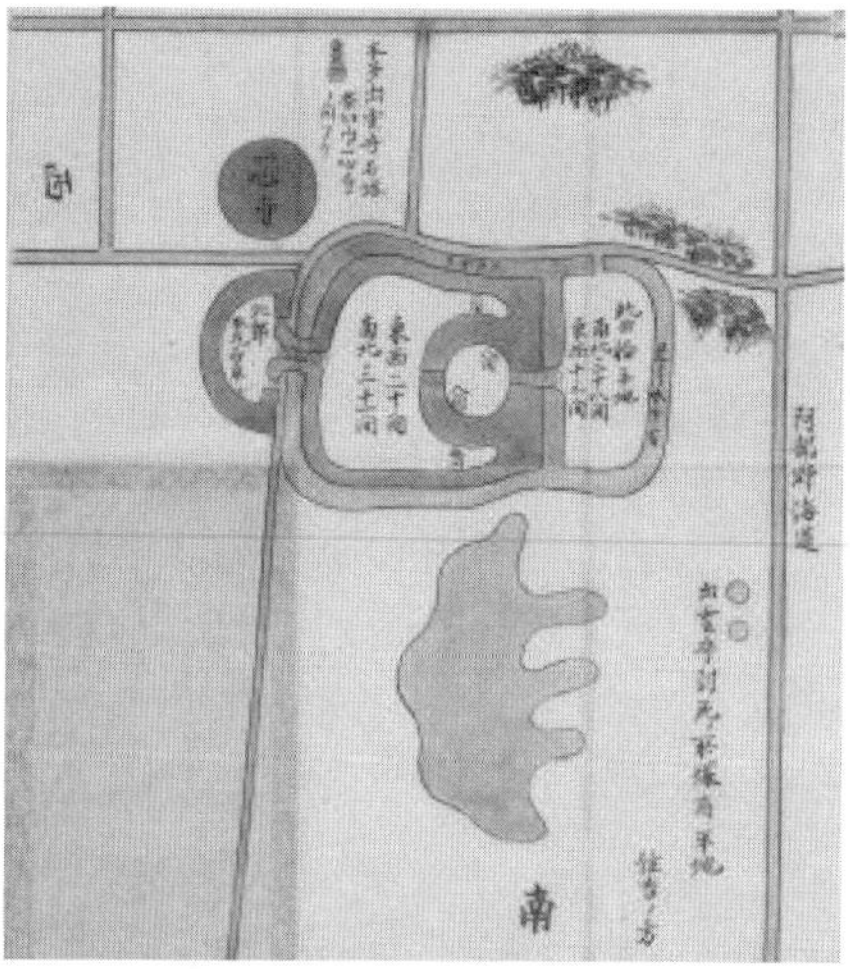

図8-13　浅野文庫蔵『諸国古城之図』「摂津茶臼山御陣城図」（広島市立中央図書館蔵）

「大坂冬の陣図屛風」茶臼山本陣図（図8-14）で、図右下方は茶臼山本陣で、総白の幟が立ち並ぶ土塀の中へ、一人の鎧武者が入っていこうとする。屋上に望楼を設けた主殿は、御簾《みす》が下ろされ、家康の姿は描かれていないが、庭前にぬかずく武者の様子から、家

図8-14 「大坂冬の陣図屏風」茶臼山本陣図（部分・東京国立博物館蔵）

康在陣であることがわかる。図8-14の外左上方には四天王寺西門の石鳥居が描かれ、額に「天王寺」と見える。僧たちが足軽に付き添われて、寺より退去しようとしている。

家康の台所

この調査で最大の収穫は、家康本陣の台所の検出であった（図8-8〜12）。北麓とはいうが標高二〇メートル前後の緩傾斜地でそれは検出された。現れたのは、平瓦を整然と敷きつめた瓦敷や瓦列、瓦と石を組み合わせた小さなカマド、礎石建物、溝などである。礎石建物は南北棟で梁間三・六メートル、桁側四・二メートル以上の中規模の建物で、西側には南北溝を挟んで、カマドや瓦敷遺構（二・五メートル×二・一メートル）があり、炊事を行っていたようである。カマドのまわりには多量の炭と灰がたまり、その近くからは金箔を押した漆器と土師器皿などの食器が見つかった。また裏面に「…念仏…」の文字がきざまれた小型の硯《すずり》も出土している。多くの部下たちの台所は空堀の外側だから、正に家康と近臣の食膳を供した施設であり、食器類であった。この調査で検出された台所跡のカマドは、茶臼山北麓にあることから、『武徳編年集成』のいう家康と近臣だけの食物調理場であったことは間違いない。

遡って関ヶ原合戦直前（慶長五（一六〇〇）年）、石田三成らは大名の妻子が大坂城から逃げ出さないように、惣構えの出入口や外防御線ともいうべき要衝の地を押えるよう指図するが、その一つに「天王寺小坂水所」があった。櫻井成廣氏は「小坂水所」を「逢坂の水所」と考えた。茶臼山の北側、天王寺から木津の低地部への出口は、上町丘陵の幅が特に狭くなる大坂城の重要な外防御線であった。

そのため、半年後の夏の陣の際、真田幸村（信繁）は茶臼山に陣を張り、この有利な切所を扼して関東の大軍を迎え、最後の合戦にのぞんだのである。

幸村終焉の地である安居《やすい》神社は、目と鼻の先にある。最近、同社内に幸村の銅像ができた。また茶臼山は天王寺公園内の散策路として整備されている。

（黒田）

第九章　和議と城堀破却

大坂城が天下の堅城であることは家康とてもとより承知のことであったが、この一連の戦いを目の当たりにして、二〇万の軍勢を動員しても力攻めではいかんともし難いことを痛感せざるをえなかった。しかしまた同時に、家康は戦いがこのような展開になるであろうということを見越して秘策を用意していた。大砲戦術である。

家康は難攻不落が予想される大坂城攻略に際して、国内の合戦ではあまり使われることのない大砲（当時、大砲は「石火矢」と呼ばれていた）という武器の重要性に注目してこれを多数動員し、さらにはオランダ製の大砲までを調達して、この大坂の陣に臨んでいた。

家康は、稲富宮内《いなとみくない》ら砲術家数十人に約三〇〇挺の大筒（うち「石火矢」は五門）の指揮を執らせ、淀川の中州である備前島から本格的に砲撃させた。当時の大砲（「石火矢」）というのは鉛球を飛ばすだけのことであって、炸裂弾ではないのであるから平原でくり広げられる会戦のような局面では余り威力を発揮することはなかった。しかしながら、そのターゲットが大きくて不動の状態にあることが前提となっている攻城戦においては、かなりの有効性が期待できた。敵城の城門を打ち破り、櫓・塀などの構造物を破壊するという目的のためには、この鈍重な武器も無意味ではなかった。

日本は鉄砲の伝来より火縄銃（「鳥銃《ちょうじゅう》」）を質量ともに発達させ、その使用法も卓越したものとなっていたが、石火矢などの大型銃砲はあまり使用されることがなかった。ところが大きな転機となったのが、かの秀吉による朝鮮出兵であった。日本軍は半島において明・朝鮮連合軍と数度にわたる地上戦を繰り広げるのであったが、日本軍をとまどわせ、苦戦を強いられることになったのが相手方の轟音を響かせながら放ってくる多種多様な大砲（「石火矢」）であった（以下、「大砲」とは「石火矢」の意味で用いる）。

両軍の最初の大規模な会戦となったのが、文禄二年正月、ソウル郊外の碧蹄館《へきていかん》の戦いであった。日本軍は明軍の発射する大砲に大いに悩まされたが、最終的には明軍を敗走せしめることを得た。その時、明軍が置き去りにしていった多数の大砲は鹵獲《ろかく》して、日本に持ち帰ったのではないだろうか。というのは、この朝鮮出兵の直後に発生した関ヶ原合戦では西軍に大砲使用が見られるからである。

一つは、関ヶ原合戦の本戦で笹尾山に陣取った石田隊から大砲が盛んに発射されたために東軍が攻めあぐんだという事実。今一つは、西軍として行動していた大津城主の京極高次が態度を変じ、東軍を称して大津城に籠城したことから、関ヶ原に向かいつつあった立花宗茂ら西軍の軍勢は方向を転じて大津城攻めに臨んだ。そして容易に攻略できないと見るや、西軍は大津城の南西にある長等山《ながらさん》の山上に大砲をならべ、大津城内をめがけて砲撃を敢行した。これによって大津城は降伏・開城するに至っている。

日本の合戦ではあまり例を見ない大砲による攻撃を行っているのが、碧蹄館合戦の勇将である立花宗茂であり、同合戦に軍目付として同行していた石田三成であることを見るならば、右記の推測もあながち的外れでもないであろう。

そして立花らの敢行した大津城砲撃作戦の結果については、関ヶ原合戦で勝利した家康が実際に見分している。関ヶ原から大坂へ向かう途中、大津城に立ち寄って大砲砲撃の跡を視察している。家康の目からしたとき、大津城の開城は大いに不満であったらしく、「かの長篠の合戦のときには長篠城に籠もって武田の猛攻に耐え抜いた奥平信昌らの城内居所の破壊状態はこんなものではなかった」と洩らした由である。

しかし逆に言うならば、鉄砲射撃のくり返しによる破壊よりも小さいかもしれないが、大砲（「石火矢」）による巨大弾丸が屋根を破壊して一撃で人を圧死させたり、櫓を倒壊させたりする威力にともなう恐怖感は遥かに勝っているというふうに捉えることができるかもしれない。

いずれにせよ、この大津城攻撃の経験が家康に大砲戦術の採用を促した要因であったかと思われる。ただ当時の大砲では、その有効射程距離に難点があり、ことに幾重もの堀によって囲われた広大な領域をもつ大坂城に対しては大砲も無力であるはずであったが、大坂城の場合、北東方向に弱点があり、外堀が充分には外へ張り出しておらず、攻城側にとってはこの方面から大坂城の本丸に対して大砲による砲撃を加えることが可能であった。

淀川の中州である備前島はまさに、うってつけの場所だったわけである。家康はここに大砲五門をふくむ大筒群を揃え、大坂城本丸に向けて連日のように砲撃を加えた。大砲の発射時に響きわたる轟音が与える威嚇効果と、そして城内構造物に対する現実の破壊効果とをもって、城内の勢力を心理的に追いつめていった。ことに砲弾が天守閣の柱を直撃破壊して天守閣を傾かせ、さらに淀殿の居間をも打ち砕いたことは、淀殿をはじめとする城内勢力にとって大きな衝撃となったであろう。

それに加えて、籠城持久の中でも表立って味方に参ずる大名軍が見られないという情勢の下では、城内の徹底抗戦派の間にも動揺の色は隠せず、和議休戦しか事態打開の途はないのではないかとする考えが支配的となっていった。

内堀壊平問題

こうして大坂冬の陣は、和議の締結交渉へと向かっていく。そしてこの和議交渉は、極めて異例なことながら、女性たちの手で執り行われることとなった。これは大坂城にあって主戦論をもって全体をリードしていたのが他ならぬ淀殿であったことと、和議の仲介役として適任であったのが淀殿の実妹にして、今は徳川方として参加している京極忠高の母である常高院《じょうこういん》という人物であったことがその理由であった。彼女は浅井長政とお市の方との間に生まれた三姉妹のまん中にあたる女性で（末妹は将軍徳川秀忠夫人であるお江与の方）、後に若狭国九万石の領主となる京極高次に嫁いだが、高次が亡くなったことで落飾して常高院と称していた。

常高院は自ら大坂城に入って淀殿に対する説得工作を行うとともに、家康もまた側室の阿茶局《あちゃ》を家康の意向の伝達者として遣わして、常高院との間で和議の交渉に当たらせた。

まず一二月一八日に徳川方の京極忠高の陣中において、阿茶局・本多正純と城中より招かれた常高院と大蔵卿局が対面して和議のことを議した。そして翌一九日に行われた二回目の会談で基本的に合意に達して和議は成立した。和議条件は次のとおり。

一、今度籠城諸牢人已下、異儀あるべからざる事
一、秀頼御知行、前々のごとく相違あるべからざる事
一、母儀在江戸の儀、これ有るべからざる事
一、大坂開城これ有らば、何国といへども望み次第、替え進らすべき事
一、秀頼に対し、御身上、表裏あるべからざる事
［林羅山撰『大坂冬陣記』（『大日本史料』第十二編、慶長十九年十二月二十一日条）］

すなわち秀頼の身の安全と所領安堵を保証し、もし大坂城を明け渡すのであれば代わりの国を望み次第に進上すること、また淀殿を人質として江戸に送ることはせず、籠城の牢人衆の罪を問わないことなどを誓約する内容であった。

そして同書によれば、さらに和議の条件として大坂城の破却が挙げられ、「城中二丸石垣・矢倉・堀已下、秀頼より人数を以て、これを壊し埋むべし」（同前十二月二十日条）としている。その工事の監督責任者には、京極忠高が家康によって指名された由である。

城堀破却条件をめぐる誤解

これが有名な、惣堀の埋め立てとその範囲をめぐる和議条件の問題なのであるが、ここでもこれまでの通念には誤解があるように見える。

この大坂の陣における和議条件の城堀埋め立て問題については、外周の惣堀だけを埋める約束であったものを、徳川方は「惣」の文字を「すべて」の意味に曲解し、外堀埋め立て工事の余勢をかって、豊臣方の制止をも無視しつつ強行的に内堀まで埋め立ててしまった、という形で伝えられてきた。徳川方は、そのような卑劣な手を使って、大坂城を裸城にしてしまったという形で、昔から長く語り伝えられてきたのである。

巷間あまりにも有名なこのエピソードは、『大坂御陣覚書』『幸島若狭大坂物語』『元寛日記』『翁物語』などかなり多くの書物に記されているために、一概にしりぞけがたいところもあるが、これらはあくまでも後代に記された物語であり、この堀埋め立て工事に関する当時の第一次史料の中には見えないことなのである。

慶長一九年一二月二六日付で細川忠利が国元家臣に宛てた書状には、「大坂御城も二ノ丸、三ノ丸、総構をは御わりなされ、本丸までになされ、秀頼様御座候様にとの儀候、総構はこの方より御人数にて御こわしなされ候、二ノ丸、三ノ丸は城中人数にてわり申候、堀などやがて埋め申すべく候」(『細川家史料』)とあって、本丸のみを残して、他はすべて破却・壊平するということは当初からの予定として記されている。

浅野忠吉の同年一二月二六日付の紀伊寺院宛書状にも「二ノ丸、三ノ丸、惣がまへまで、ことごとく御わりなされ候」とあり、また毛利輝元が国元家臣に宛てた翌年正月八日付の書状でも「御和談相調、二三之丸まで破却の由候」と記されている（『大日本史料』第十二編、慶長十九年十二月二十一日条）。

また『大坂御陣覚書』なる一書には「二三ノ丸は御城方より仰せつけられ候はずに候へども、はかまいらず候につき、遠国の人数、そのうち在陣迷惑仕り候間、すけ（助）申すべき由申し候間、人数を入れ申し候とて、惣人数を以て、二三の丸塀・矢倉まで、ことごとく打ち崩し、堀を埋め申し候」とある。

つまり、二の丸・三の丸の破却については豊臣方の手でおこなうはずであったけれども、なかなかその工事が進捗しなかったので、遠国から来ている大名の家来たちが長期在陣にくたびれて、工事を助けてやろうと申し出て、諸大名の人夫を総動員して、二の丸・三の丸の塀・櫓まで打ち壊して掘を埋めたとしている。

さらに言えば、この工事に関係した伊達政宗、細川忠利ら諸大名の書状の内容を見たときにも、この内堀といわれる二の丸・三の丸の堀の埋め立て工事をめぐって、豊臣側との間でトラブルが発生しているような形跡を認めることができないのである。しかも、第一章にも述べたように、二の丸・三の丸の埋め立て工事というのは、前後一ヶ月近くを要した大掛かりなものであり、豊臣側が止める間もなく一気に押し切って埋め立てたという筋合いのものでもなかったのである。

ことに二の丸の堀は思いの外なる巨大さで、崇伝の日記『本光国師日記』には翌慶長二〇（＝

元和元、一六一五）年正月一〇日になっても、「大坂惣構二之丸堀埋之普請（中略）事の外、手間入り申す由候」と記されていて、工事が進捗していないことがうかがわれる。『駿府記』の同年正月一二日条にも「二之丸堀、存外深く広し、土手引き落とすといへども、土三ヶ一も不足、二之丸千貫櫓を始め、有楽［織田長益］家屋、その外、西之丸幷修理《しゅり》［大野治長］家何れも引き崩し、右之堀埋め」とあって、土砂だけでは足りなくて、櫓も家屋も引き崩して堀の埋没工事を進めていることが知られる。

こうして堀埋め工事がようやく完了するのが、この正月二二、三日頃のことであり、この間、約一ヶ月を要する大工事であった。豊臣側の虚をついて、一気に強行実施したという性格のものでないことが諒解されることであろう。

そのような状況から見るに、惣構えの周囲をめぐる外堀のみならず、二の丸・三の丸の内堀までも埋め立てて、これらのエリアを壊平するというのは、豊臣方も諒解していた当初からの和議条件であったと解されなければならない。徳川方が惣堀という言葉にことよせて、だまし討ち的に内堀を強行的に埋め立てたとしてきた従来の通念は、根本的に改められなければならないであろう。

謀略説は抗戦派向けの説明？

問題があるとすれば、二の丸破却は豊臣方の手で行うというのが取り決めであったところが、その工事が進捗しないという理由で、徳川方が人夫を送り込んで、同所の櫓や家屋まで引き崩して壊平工事を強行した点であろうか。しかしながら、それは豊臣方が約束を履行しなかったことからくる促進行為であるから、豊臣側がこれに抗議したとしても、結局は引き下がる他なかったことであろう。

恐らくは、このあたりの紛議が誇大に伝えられて、外堀埋没だけの取り決めであったものを、内堀まで埋没を強行した謀略というストーリーを生み出し、増幅していったものではないかと思われる。

もう少しうがった見方をすれば、「外堀だけを埋める取り決めを破って内堀までも」というのは、大坂城内で豊臣方首脳たちによって意図的に流されていたのではないかと思われる節がある。すなわち後代史料とはいえ、前掲『大坂御陣覚書』『幸島若狭大坂物語』『元寛日記』『翁物語』といった諸書にそろってこの話が記されているところを見ると、このような言説が実際にも大坂城内で流されていたのではないかと推測してみることも的外れでもないような気がする。すなわち和議を進めるために、牢人衆をはじめとする城内の強硬抗戦派に対する説明として、このストーリーが必要だったのではないだろうか。

内堀の埋め立てを受け入れ、二の丸・三の丸まで壊平してしまうというのは豊臣方にとって自殺行為ではないかと思われるけれども、結局、この大坂の陣の中で、豊臣方は局面打開の展望が見えぬままに追いつめられていたということであろう。そして何とか時をかせぎつつ、家康の死を待つことで状況の一変を計りたいといった希望的空気が支配的になっていったことによるものであろうか。埋め立てられた堀は、ほとぼりの冷めた時点で掘り返せばよいという含みも当然にあったことであろう。

　こうして惣構えの外堀から、巨大な堀を廻らしていた二の丸、三の丸にいたる広大な地域の壊平をもって、大坂冬の陣は和議終熄を迎えた。　（笠谷）

生玉口馬出し堀から菅平右衛門木簡が出土

　第三章で取り上げた、大阪府警本部敷地（調査地T）の生玉口馬出し堀の遺物整理過程で、驚愕する事実が判明した。それは菅平《かんぺい》右衛門《えもん》宛の荷札木簡が、堀内から出土していたことである（図9-1）。

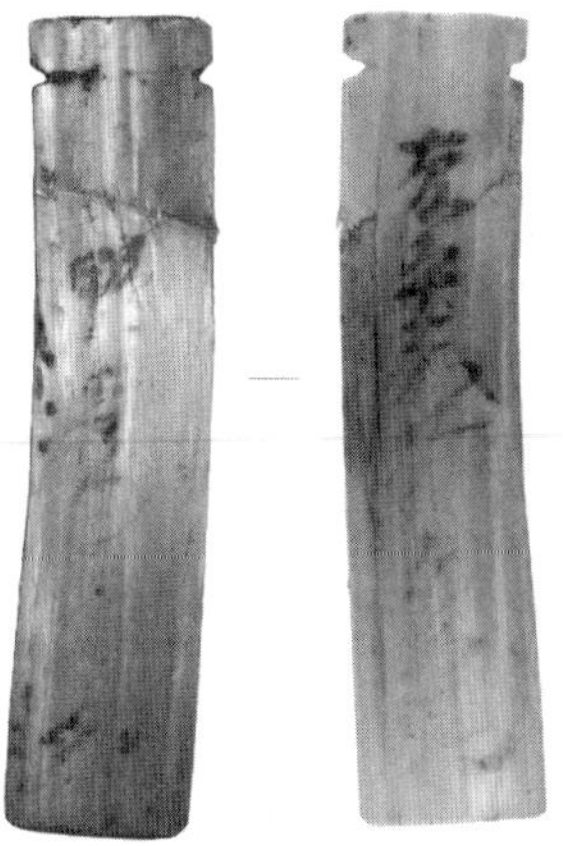

図9-1　菅平右衛門木簡（大阪府文化財センター提供）

　木簡は長さ一三・六センチ、幅三・三センチ、厚さ〇・五センチの杉板を用いた荷札木簡で、表に「菅平右衛門様　赤右衛門」、裏に「鴨　□衛門」と墨書されていた。木簡上方左右に、品物に紐で結び付けるための切込みがある。裏に「鴨」とあるから、この荷札木簡は、紐で鴨の首に括り付けられてきたのであろう。表の下半には「赤

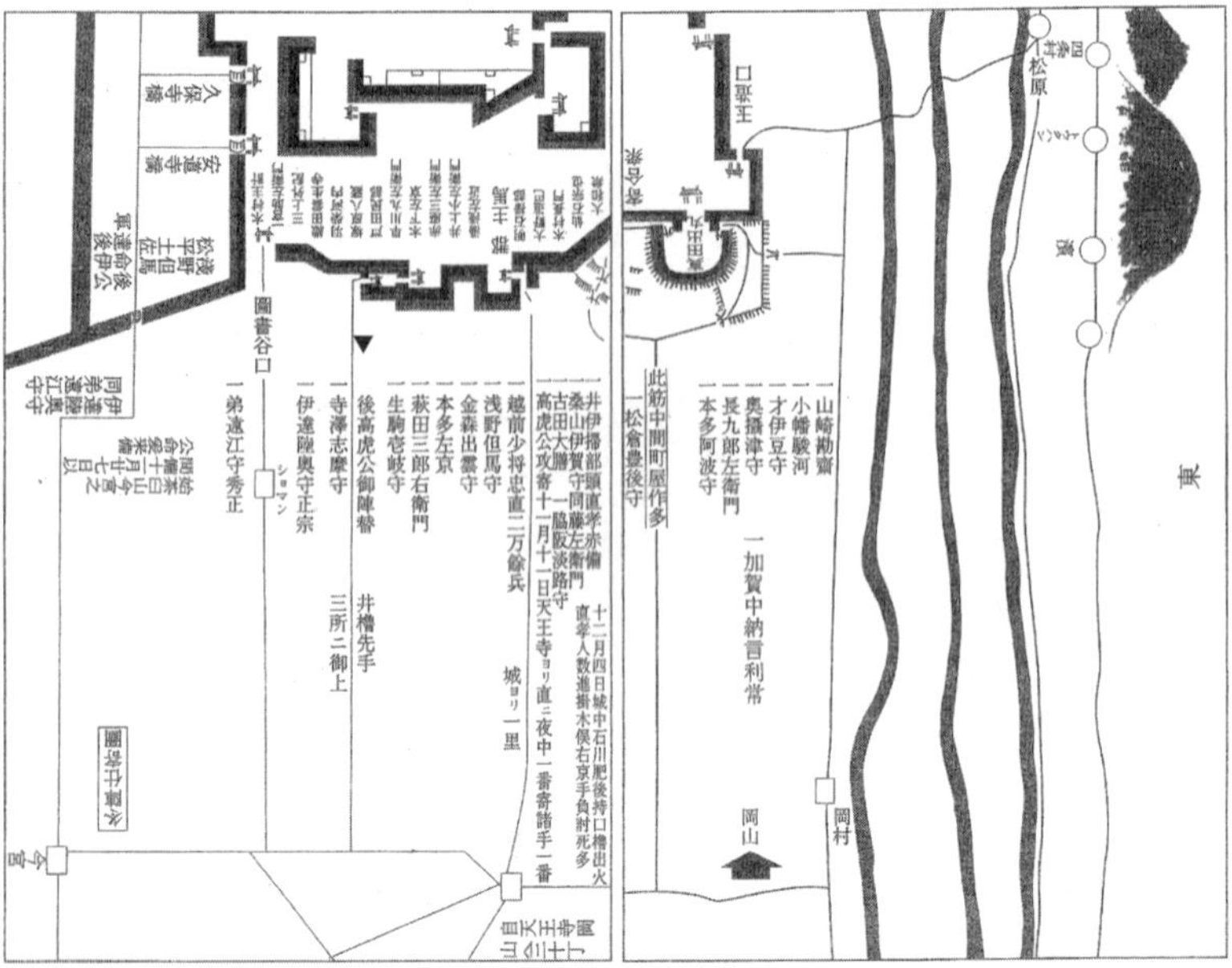

図9-2　『高山公実録』所収「冬陣仕寄図」（▼印が高虎軍）

右衛門」と読める差出人と考えられる人物の名が書かれている。裏の「□衛門」は鴨肉の提供者であろうか？　平右衛門宛ての陣中見舞いであろうが、冬の味覚「鴨」であったことが非常に興味深い。

驚いたのには次の理由がある。平右衛門は大坂城の堀の埋立てを巡って主君の藤堂高虎と口論となり、一二月二六日に切腹していたからである。非常に有名な史実である。

講和の誓書交換が一二月二二日。その翌日から堀の埋戻しが行われるから、工事が始まって実に四日後に陣中見舞いの受け取り手は死んでいるのである。この木簡調査に立ち会った人間は、全知全能の神のトリックに巻き込まれたような錯覚さえ感じた。

『藤堂藩史』によると、平右衛門は二六

日に現場を視察した高虎から、「埋戻しが遅い」と注意されて口論となり、刀に手をかけたため切腹を申し付けられた。

平右衛門は名を達長《みちなが》と言い、元淡路の海賊衆で豊臣水軍として活躍したが、関ヶ原合戦で西軍についたばかりに改易。藤堂高虎領内において蟄居。のち捨扶持五〇〇〇石を得て高虎に仕えていた。慶長一九(一六一四)年に大坂冬の陣が始まると、平右衛門は高虎軍の一員として参陣する。生玉口馬出し堀の府警本部敷地部分は、高虎軍の埋立て工区であることも判明した。

菅平右衛門木簡は、堀の底から約三・五メートルの高さで出土した。城内側から投棄されたものと考えられている。高虎軍は『高山公実録』所収の「冬陣仕寄図」によると、上町筋付近に着陣していたから、そのまま真っ直ぐ北上すると当地に至る(図9-2)。他国軍との混成部隊である戦陣では、同士討ちを防ぐため、他の隊とは距離を置く。同図の配置のまま、北へ平行移動して堀の埋立てに従事した可能性が高い。

高虎軍が二三日からの南惣構え堀埋立てを三日で終わらせ、二六日から生玉口馬出し堀の仕事にかかるとは思えない。高虎軍の丁場小屋は当然、徳川方の工事現場である惣構え堀近くにあったであろうから、菅平右衛門の小屋に残されていた雑物を、後日、豊臣方作業分担の三の丸堀に進出した高虎軍が、埋立ての材料として投げ込んだものと思われる。

もし高虎軍がまだ南惣構え堀埋立ての最中ながら、先遣隊として平右衛門を三の丸堀埋立てに送り、秀吉に人間的魅力を感じていた平右衛門が、高虎の所業に反発して刀に手をかけたとなると、いよいよ稀有な歴史現場に立ち会ったことになるが……。どうであろうか。

大坂の陣をリアルに語る出土品

講和後の埋立て工事には、仮設の工事用道路が敷設されていた。城の建物を破却して得た建築部材や木樋の部材などを転用して、足場板として敷き並べた遺構が五ヶ所で確認された（図9-3）。なかには、瓦の破片や石の上に土嚢を五～八段積み上げて基礎とし、そのうえに板を敷いた丁寧なものもあった。

その一方、竹で編んだ行李のなかに六道銭《ろくどうせん》を添えて屈葬状態で埋葬された人骨や、やはり六道銭を入れた漆器椀を腹部に載せ、手首に数珠を巻いてムシロにくるまれた老女の遺体（図9-6）も発見された。二人とも埋立て土の中に埋葬されていたことから、堀の埋戻し作業に駆り出されたが、過労からか死に至り、急ピッチに進められた埋立て土中に埋葬されたものと思われる。

出土した建築部材には、塀かあるいは木柵の控え柱に当るものもあり、控え柱は風化が全く見られず、加工から一年以内の投棄と思われる。調査主担当の江浦洋氏は、冬の陣の直前、大坂方が家康軍の攻撃に備えて、城内の防御に塀や柵を急拵《きゅうごしら》えしたものが、遺棄されたものと考えている。

つまり、冬の陣の直前の城整備であり、冬の陣が如何に豊臣方にとって青天の霹靂《へきれき》であったかが窺えるのだ。

（黒田）

図9-3　木樋の板を用いた仮設道路（図9-3～7　大阪府文化財センター提供）

図9-4　埋戻し工事に使役されたと思われる牛馬の骨

図9-5　放り込まれた人骨

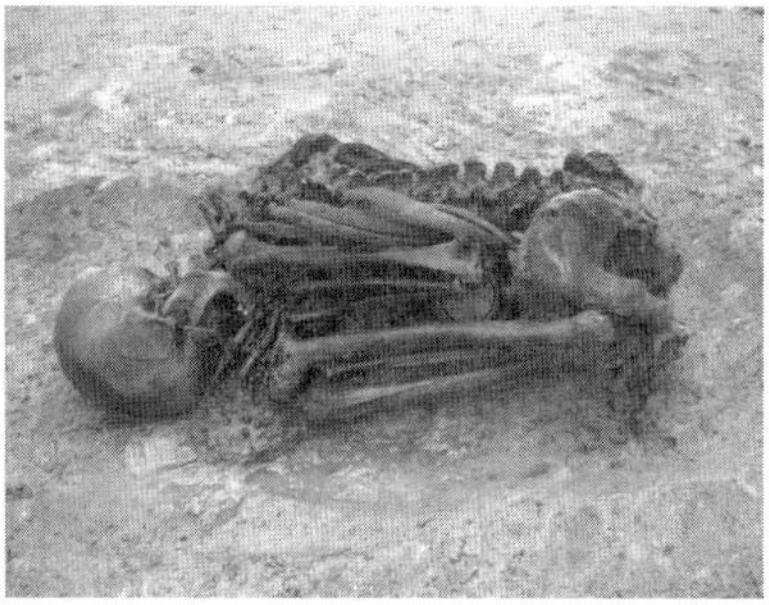

図9-6　ムシロにくるまれた老女の遺体

図9-7　老女に抱かれた漆器椀と六道銭

第十章　夏の陣と落城

既定路線としての再戦

こうして和議条件であった大坂城の外堀・内堀の壊平工事も終結の目途がついた慶長二〇（＝元和元、一六一五）年二月半ば、家康と秀忠は大坂を後にしてそれぞれ駿府と江戸に帰還した。しかし大坂再征は家康にとって既定の路線であった。あとは第二次出征のきっかけをどこに設けるかの問題であった。

家康は三月末頃と思われるが、秀頼に対して大坂城を退去して、他の城地へ転ずべきことを勧告したもようである。すなわち四月五日、家康の下に大野治長の使者が送られて、秀頼母子は移《い》封《ほう》を謝絶する旨を伝えているので、それに先だって、家康から淀殿・秀頼に対して大坂城から別の地へ転ずべき旨の勧告があったことが推測されるのである。家康は常高院を通してこれに回答し、いま移封の命令を拒むことは和平の破談につながることと警告している。

さらに同一〇日には、大坂から遣わされた使者である青木一重《かずしげ》と四人の女使に対して、名古屋にいた家康は大坂方が牢人をなお集めていることを難じ、秀頼は大坂城を去って大和郡山に移ることで再戦準備の疑惑を打ち消すべきこと、大坂城は修築して後日かならず復帰するよう取りはからうことを伝えている。

さすれば大坂の陣の再戦理由は、秀頼に対して大坂城を退去し郡山城へ移るべしとする徳川幕府の移封命令を拒絶したという点に求められることになる。しかし、大坂が秀頼の知行に相違ないというのは、先の和議の明確な一項ではなかったか。

ここで今一度、和議条件を吟味すると奇妙なことに気づく。前章に見た林羅山撰『大坂冬陣記』は、大坂の陣に関する幕府の公式記録であることから記述内容についての信頼性は高いと思われる。同書に記された和議条件は、堀の埋め立て問題を別にすると、それは第九章でも引用した五ヶ条であった。

一、今度籠城諸牢人巳下、異儀あるべからざる事
一、秀頼御知行、前々のごとく相違あるべからざる事
一、母儀在江戸の儀、これ有るべからざる事
一、大坂開城これ有らば、何国といへども望み次第、替え進らすべき事
一、秀頼に対し、御身上、表裏あるべからざる事

ここで問題となるのは、右の第二条と第四条との矛盾である。第二条では秀頼の領地領有については従前通りであると明記しているにもかかわらず、第四条は大坂城を退去するならば、どこ

の国であろうとも望みのままに取り替えて進上する、としている。豊臣方にとっては第二条さえ確認されればよいことで、第四条は不必要な条項である。

この矛盾に留意して再度、右の五ヶ条を眺めるならば、豊臣方がこだわるのは最初の三ヶ条、すなわち大坂城内の牢人衆の身柄の保証、秀頼の大坂城と領地の領有の保証、そして淀殿の江戸人質のないこと、の三ヶ条であり、かつこの三ヶ条で充分なのである。

さすれば右の五ヶ条のうち、前半の三ヶ条は豊臣側からの要求項目であり、後半二ヶ条が徳川側からの要求項目として理解できるのではないであろうか。その後半二ヶ条の項目の中に、秀頼と豊臣家の大坂城からの移封条項が忍びこまされているという図ではないであろうか。第五条は第四条を前提として、秀頼が大坂城を退去しても危害を加えることはないという誓約条項として読めるであろう。つまりこの和議五ヶ条というのは、豊臣方の要求項目と、徳川方の要求項目の単なる列記という性格のものであり、それ故に秀頼と豊臣家による大坂城の領有をめぐって、従来通りという条項と、大坂城からの退去を前提とした条項という矛盾した規定をはらんだ条約となっているわけである。

踏み込んだ言い方をするならば、徳川方は豊臣側がこだわる三条件をすべて明記するという態度をとることによって豊臣側を安堵させ、その見返りとしてという形をとって、徳川側からの要求条件としての秀頼と豊臣家との大坂城退去をうたった条項を入れさせた策略という見方も否定できないであろう。この第四条は、「秀頼と豊臣家の大坂城退去がもしあるならば」という条件文の形をとっているので、豊臣側も「大坂退去を望まなければ、別に問題ない」と解して、この条文を受け入れたのであろう。

しかしこれは、どうやら確信犯的な罠であったようである。徳川方は、この条項を「秀頼と豊臣家の大坂城退去は既定路線としたうえで」という意味合いで主張する。先述した、家康の大坂城からの移封命令なるものと、それをめぐる応酬というのも、実にこの和議五条件に仕掛けられていた時限爆弾の作動の謂《いい》に他ならなかったということであろう。

家康にしても、もはや機の熟するのを待つといった慎重な態度は見られなかった。再戦は既定の路線に他ならず、四月四日、家康は名古屋で執り行われる子・義直と浅野家との婚儀に臨席するという名目で、麾下の将士をひきつれて駿府を発し上洛の途につく。同六日には伊勢・美濃・尾張・三河の諸大名に伏見・鳥羽へ進軍するように命じた。七日、出陣令は西国の諸大名のもとにも発せられた。秀忠もまた京畿の警戒と称して、家康の名古屋到着と同じ一〇日に江戸を発して上洛の途についた。

華やかな秀頼の巡覧行列

秀頼も四月四日、城中にて軍議を開く。もはや戦って勝ち目なく、いまは豊臣家の存続を第一として移封に応じるべしとするのが淀殿や大野治長の考えであった。しかし大坂城の退去は、戦わずしてそのまま豊臣家の滅亡にもつながりかねないのである。秀頼は「そのような和談は臆病者のすること。和談要求は我が髑髏に会って言え」と声高に言い放って、移封要求を決然として却けた由である。

今の世の多くの人たちは言うであろう。あの期におよんで勝目のない戦をおこなって滅亡するよりも、幕府の命にしたがって大坂城から退去して大和郡山城なりに移り、一大名として長く存続するという途をどうして選ぶことができなかったのか、と秀頼と豊臣家の短慮を嘆くのが常である。しかし果たして、そのような「賢慮」はほんとうに賢慮たりうるのかという点について、疑問と反批判にも晒される。

かりに幕府の命に大人しく従って大坂城を退去して大和郡山城なりに移ったとしよう。しかし移ったのちに、徳川方から攻め込まれないという保証などどこにありえようか。大坂城からむざむざと退去したうえに、待ってましたとばかりに徳川軍に攻め滅ぼされたとなった場合、秀頼と豊臣家に対しては後世、どのような侮蔑と無思慮の非難が加えられることであろうか。先のような「賢慮」を口にする人々は、この問題に対して有効にこたえられる解決策をもちあわせているのであろうか。あるならばともかく、所詮は、場当たり的で無責任な結果論にすぎないということを自覚すべきなのである。

秀頼の決断を受けて大坂方では作戦を議し、大坂城がかつての堅牢な構えを失ってしまった以上、籠城は無意味であり外部へ打って出るほかなしと決した。そして迎撃作戦の基本は、七手組の主張にのっとって「城外南方での決戦」と定められた。城こそ手薄になったものの淀川水系によって城北方面の自然の要害は健在であるから、今回も城南方面に敵主力が回り込んでくることは予想できた。

五日、秀頼は戦場となる地形を実地に見分することを目的として、諸将とともに大坂城を出て城外を巡視した。一行は大手門から出発したのち、阿倍野・住吉・茶臼山・四天王寺・岡山といった、来るべき徳川方との戦いの舞台となるであろう方面の地形をくまなく観察した。

このハレの行列に際しては、後藤基次と木村重成の両隊が先鋒の栄誉をにない、続いて千成瓢箪の馬標《うまじるし》を押し立てて秀頼の本隊が堂々の行進をする。毛利勝永は兜を捧げて秀頼に侍し、それより麾下の将士の大部隊がつらなった。後衛には長宗我部盛親と真田幸村の両隊が備え、殿《しんがり》は大野治房の部隊がつとめた。七手組の部隊は城内にとどまって城門を守衛し、大野治長が本丸の留守を預かった。

豊臣軍団の精鋭部隊である七手組は、この折りには大坂城の城門守衛を担当している。ここには大坂衆と呼ばれてきた本来の豊臣家臣団と、今回の戦いのために大坂城に参集した牢人衆との微妙な関係も暗黙の内に語られているようである。もし両者をともにこの行列に動員した場合、相互の序列関係、担当部署の配分関係がより複雑となり、それが原因となって内部に不和を生ずる慴《おそ》れのあることから、両者を截然《せつぜん》と分離してしまい、七手組の将士を大坂城の守衛に徹せさせ、出撃攻撃は牢人衆の部隊の担当と、役割分担を明確にして両者の一体化を図ったものであろう。

家康出撃

一方の徳川方は、家康が四月一八日に京都二条城に入り、秀忠も二一日に伏見城へ到着した。伊達政宗・前田利常・上杉景勝・池田利隆・京極高知・同忠高・堀尾忠晴・森忠政・生駒正俊・

有馬豊氏ら諸大名の参集も進み、和議も結局不調に終わったことで再戦はもはや不可避の情勢となった。

同二二日、家康は京都二条城において、秀忠並びに本多正信・正純・土井利勝・安藤重信・藤堂高虎ら参謀を招いて今次の戦いに関する軍議を開いた。その結果、今回も冬の陣の時と同様、大坂に侵攻する徳川方全軍を二手に分け、一手は河内口をとり、もう一手は大和口をとり、両方面軍は河内南部の道明寺あたりで合流。しかるのち大坂城の南方に主力を集結させて、一気に敵を殲滅すべく作戦を立てた。

そして大和方面軍は四月二八日、河内方面軍は五月五日、それぞれ京を出発した。冬の陣の折りには、家康は大和口、秀忠の部隊は河内口と分かれたが、今回の夏の陣では両者ともに河内口を用いた。かくて家康および秀忠の率いる河内方面軍の兵数一二万余、家康第六男である松平忠輝が総大将となって率いる大和方面軍約三万五〇〇〇、総勢一五万五〇〇〇にのぼる大軍が大坂へと迫っていった。

樫井でくりひろげられた前哨戦

大坂城を堅固にまもってきた巨大な堀が壊平されてしまった以上、大坂方としては籠城戦は無意味であり、積極的に外へ打って出るしか策はなかった。徳川方の大軍が大坂城に迫ってくる前に、要衝をおさえ、近畿地方の徳川勢力を打倒し、予想される徳川方の兵站基地を焼き払い、さらに進んでは敵方進軍路に待ちかまえて、家康および秀忠の本隊を急襲するという戦術が考えら

図10-1　豊臣大坂城周辺地図

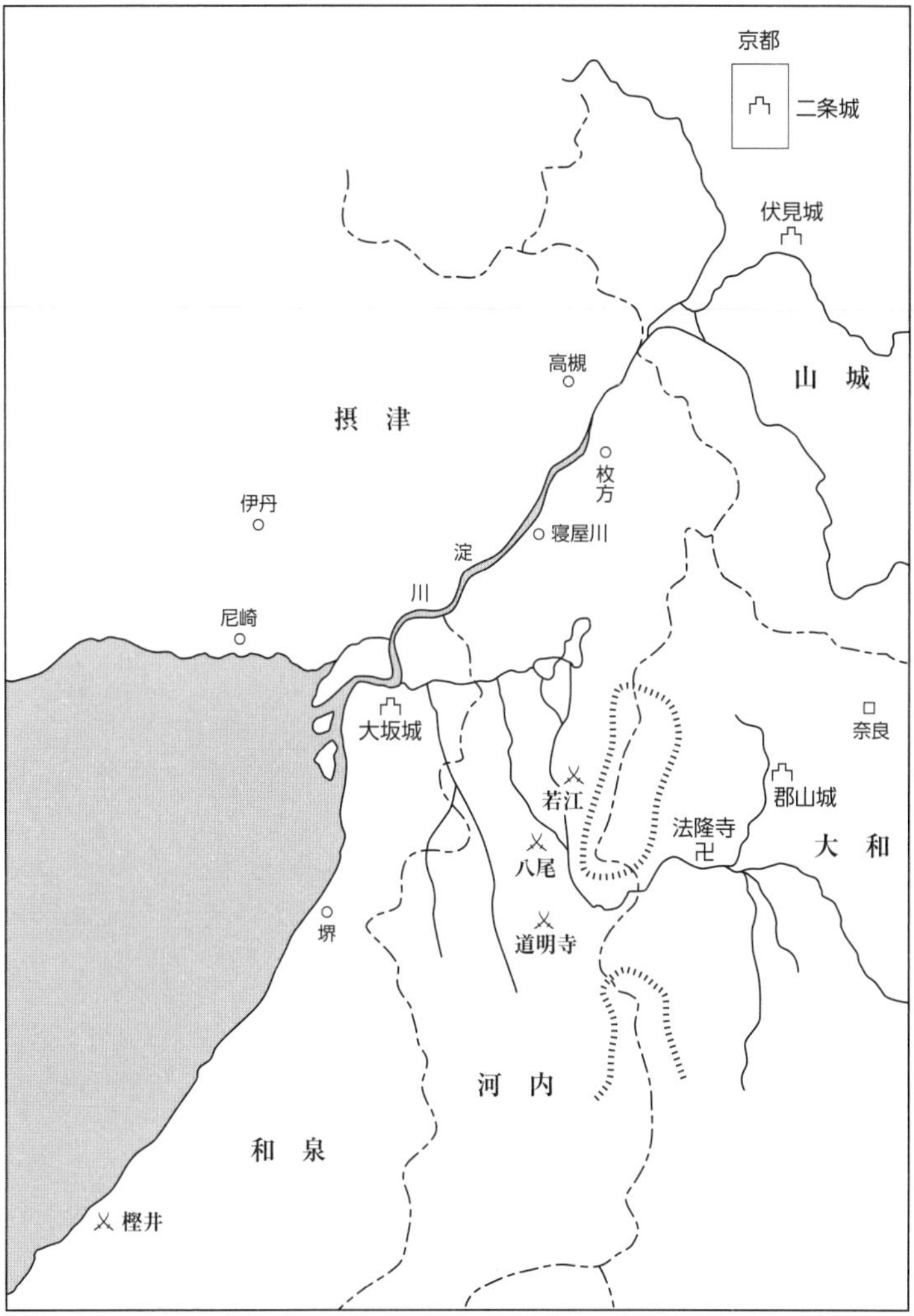

れた。

大坂夏の陣における両軍激突の最初は、和泉国樫井《かしい》の地（現・泉佐野市南樫井）を舞台にして行われた豊臣方と紀州浅野家の両軍勢によるそれであった。紀伊三七万石の浅野家は、本来ならば豊臣恩顧の大名として大坂に馳せ参ずべき筋合いではあったが、先代の幸長は慶長一八（一六一三）年死去し、現在の長晟の代となってからは大坂の陣の後に家康の実女を正室に迎えるなど徳川大名と化しており、豊臣方よりの呼びかけに応ずる気配はまったく無かった。

豊臣方としてみれば、このような浅野家の離反に対する憎しみもあり、また純粋に戦略的な観点からしても、大坂城の周辺を見わたした場合、徳川本隊以外では浅野家は最大の軍事動員を実現できる規模と能力を有していた。主戦場となると予想される大坂城の南方に領地が連なっているということもあり、浅野勢の進撃を阻止することは豊臣方にとっては戦略上の優先課題となっていた。

そこで機先を制して大坂から紀伊に向けて進攻軍を派遣する一方で、紀伊の土豪・地侍には恩賞の約束を以てはたらきかけ、浅野長晟の出陣直後に一揆を勃発させて後方を攪乱するとともに、和歌山城を攻略するように命じた。このように一揆勢との協同による挟撃作戦を計ったのである。

四月二八日、浅野軍の北上に対応する形で大野治房は、弟の治胤《はるたね》・塙直之・淡輪重政《たんのわしげまさ》（紀州路の先導）・岡部則綱・御宿政友《みしゅくまさとも》・長岡正近および大野治長の手兵ら三〇〇〇人を率いて大坂城を出撃した。先鋒は塙直之・岡部則綱ら約一〇〇〇人。

後衛の大野治胤は午後四時頃に堺に到着した。堺は大坂にも近く、秀吉の時代には数多くの優遇策をこうむりながら、今次の戦いでは徳川方一色というありさまで、資金的にも武器・兵粮の供給という兵站の面でも全面的に徳川方に協力する姿勢を見せていたことから、治胤は配下に命じて堺の街を焼き払ってしまった。

浅野長晟の方は、徳川方軍勢が大坂付近に展開する時点で出陣する予定だったが、京都所司代板倉勝重からの急使によって督促され、同じ二八日に兵五〇〇〇を率いて和歌山を発した。午後一時に先鋒は和泉佐野に到着し、本隊は信達《しんだち》に陣した。

長晟は斥候から、豊臣方が二万の大軍を編成して南下しつつあるとの報告を受け、諸将を集めて軍議を開いた結果、兵力数で不利と見た浅野方は佐野から四キロ後方の狭隘の地である樫井において防戦することに決定した。

二九日夜明け、豊臣方先鋒の岡部則綱は貝塚の願泉寺を発し、続いて塙直之・淡輪重政が出発した。直之一行は佐野に至ったが、すでに浅野勢が退却した後であったので敵状を偵察した後に再び南下を開始。そして、午前八時頃に浅野勢の待ち受ける樫井の地において会戦に突入した。

両者入り乱れての激しい白兵戦となり、岡部則綱が樫井川沿いに迂回して浅野隊を西の側面から衝くといった奮闘ぶりのまえに浅野勢の前衛が崩れた。しかし、塙たちには後続部隊が続いていない一方、浅野勢の側はつぎつぎに後詰の加勢を繰り出してきて攻勢をかけてくる。そして四時間に渡る激戦の末に塙・淡輪は戦死し、岡部は傷を負って敗走した。主たる指揮官を失った先鋒隊は壊滅し、残兵は安松の地まで引き上げた。

大野治房は貝塚に在陣していて先鋒隊の単独行動を知らず、一揆勢の蜂起を合図に浅野勢を挟撃するつもりでいた。先鋒隊の敗戦を聞くや、ただちに御宿政友と長岡正近の部隊を樫井に急行させたが、既に浅野勢は態勢を立て直すために引き上げており、塙らの遺骸を火葬しただけで、虚しく大坂へ撤退した。

誤算が重なった道明寺の戦い

四月三〇日、豊臣方の諸将は改めて軍議を開いて徳川本隊の来襲に対する包括的な作戦を検討した。

冬の陣の経験に照らしても、また大軍の展開という軍事的理由からしても、徳川軍が京からは南下してくる河内口と、大和大路を進んで奈良方面を迂回して河内平野に入ってくる大和口の二つ方向から大坂に進撃してくること。そして冬の陣でそうであったように、家康と秀忠はこの両方向に分かれて進んでくることが予想された（冬の陣では、家康が大和口、秀忠が河内口）。

そこで豊臣方では、この二手の口に対して、豊臣の両先鋒大将である後藤基次と木村重成を差し向けることとした。家康が生駒山系を抜けて進んで来るであろう大和口には後藤を、秀忠が高野街道方面に沿って南下してくるであろう河内口には木村が、それぞれ迎撃に立ち向かっていった。

こうして道明寺の合戦がはじまることとなる。第八章でも述べたが、大坂城から東南二〇キロにある道明寺は生駒山系を抜けて奈良・郡山方面から河内平野に向かう出口にあたっており、また道明寺のさらに東二キロの地には国分の要衝があり、奈良から堺にいたる街道と、紀伊から山城へ通ずる街道との交差点にあたっており、大和方面に展開した徳川軍がこのコースを進んでくる可能性は高かった。

そして冬の陣の経験を踏まえるならば、家康がふたたびこのコースを取って向かってくることが予想された。そこで豊臣方は大坂城の主力をここへ投入して、家康の軍を一気に覆滅すること、さらには家康軍が生駒山系の隘路を抜け切る前に打倒すべきことが策定された。

その限りで、この方面に徳川隊の進撃路を見定めて迎撃態勢をとった豊臣方の作戦は間違ってはいなかったのであるが、しかしながら、すでにしてここに大きな誤算が生じていた。それはこの大和方面軍には家康も秀忠もいなかったということである。冬の陣では、家康と秀忠の二人は大和口、河内口と分かれて進撃し、家康は大和方面軍を率いてこの大和路を進んだにも拘わらず、この夏の陣には両大将とも河内口を進んで、大和口を使わなかったのである。

作戦ミスではなくて不運であったと言うほかはないが、豊臣方は主力軍の投入方向を誤ったということである。

そして明白な作戦ミスがこれに重なったのが道明寺合戦であった。大和口迎撃部隊の当初の編成は以下の通り。前隊は後藤基次・薄田兼相・井上時利・山川賢信・北川宣勝・明石全登ら兵数六四〇〇。後隊は真田幸村・毛利勝永・渡辺糺・福島正守・細川興秋ら兵数一万二〇〇〇。

五月一日、後藤基次の率いる先鋒隊が城から出撃して平野に宿営し、情報収集にあたった。六日午前〇時、基次は藤井寺に到着し、そこで後続部隊の到着を待ったが、濃霧にさえぎられたもようで、一向に追いつく気配がない。ここで時間を空費してしまうと、徳川方の軍勢が生駒山系を抜けきって河内平野に展開してしまう。やむなく基次は単独で出発して道明寺に到着した。出遅れた基次が次善策として選んだのは、国分の西方に位置して好陣地の体をなしている小松山での迎撃戦であった。

一方、徳川方では、大和口方面の先鋒武将である水野勝成が四月二八日に奈良に入って防備を固めていた。そこに後藤基次の率いる豊臣方の大軍が大和方面に向かっているとの情報が入るとともに、奈良方面に徳川方の軍勢も順次増強されてきたことから、五月五日、勝成は松倉重政・堀直寄・丹羽氏信・別所孫次郎・奥田忠次らとともに兵数三八〇〇ほどをもって奈良を発出し、国分にいたって宿営した。

この先鋒第一番隊に続いては、第二番隊に本多忠政の五〇〇〇、第三番隊に松平忠明《ただあきら》の三八〇〇、第四番隊に伊達政宗の一万、第五番隊に松平忠輝の一万二〇〇〇という大軍がつらなった。

水野の部隊は後藤勢の到着前に国分西方の小松山に至っており、諸将からはこれを陣所に定めて豊臣軍を迎撃すべしとの意見が相次いだ。しかし水野勝成はひとりこれに強硬に反対し、全軍を国分まで引き下げて敵を迎え撃つという作戦を立てた。水野は、後藤の率いる大坂方の軍勢は、徳川方先鋒部隊をはるかにしのぐ大部隊と推量し、四方から攻め立てられる形となる小松山に陣を構えるのは不利と見て、むしろ通路狭隘な国分の地へ引き込むことによって戦いを有利に運ぼうと考えたのである。

後藤基次の討ち死に

さて後藤勢の小松山占領を見た勝成は、諸将を指揮して攻撃を開始した。未明の午前四時の頃であった。戦いは一進一退を繰り返したが、時が経つにつれて徳川方が徐々に勢いを増し、山を包囲する形となる。後藤勢は後続部隊から切り離されて先行したために、小松山に孤立する形勢となってしまったのである。

そこへ午前九時頃から伊達政宗の部隊が到着して参戦し、その先鋒である片倉小十郎重長が射撃戦を展開して小松山の山腹に取り付いた。本多忠政・松平忠明らの部隊も東から迫って山上を目指し、ついに三方より包囲攻撃を受けることになった後藤勢は窮地においこまれた。基次はすでに勝算の無いことを知り、配下の兵に向かって「死を欲しない者はここから速やかに去れ」と諭した。しかし逃亡する者は見られず、いずれも基次とともに死地に赴くことを誓った。

基次は小松山を西に下山して平地で最後の戦いを挑んだ。平地に出ると手勢を二手に分けて突撃し、たちまちに一、二隊を蹴散らしたけれども、彼我の兵力差はいかんともしがたく、乱戦の中で後藤隊の先鋒、山田外記と古沢満興が伊達勢の猛射撃の前に戦死した。

基次は壊滅した先鋒を収容するために自ら陣頭指揮を執ったが、彼もまた胸に被弾して倒れた。それでもなお戦う気力を示した基次であったが、体がいうことをきかなかった。従兵が肩に抱きかかえて退こうとしたが、甲冑を帯した巨軀の基次は引き起こすこともできなかった。かくて観念した基次は、従兵に首を討たせて田に埋めさせた。

後藤勢は部隊としては壊乱の体となったが、残兵はなおも逃げ去ることなく戦い続け、敵中に突撃して基次に殉ずる者が相次いだ。既に時刻は正午にせまっており、未明より実に八時間近くに及ぶ激戦となった。

後藤基次を死闘の末に破った徳川軍は残兵を追撃。先鋒大将の水野勝成を先頭に、二番手本多忠政らが石川を越えて進撃して行った。豊臣軍もその頃、薄田兼相らが石川左岸の河原に集結していた。薄田兼相は、冬の陣の博労淵の戦いで陣所を留守にしていて敗北を喫した汚名を雪《そそ》がんと、後藤勢の残兵と合流して徳川方を迎え撃った。

薄田の奮戦によって徳川軍は石川より大きく押し戻された。しかし兵数差はいかんともしがたく、徳川軍が新手の後続部隊を次々に繰り出してくる中で薄田隊は消耗していき、兼相はその場で討ち死にして果てた。敗戦を喫した豊臣軍は、さらに西の誉田方面へと引き退いていった。

真田・伊達のドリーム対決

豊臣方による大和口方面の迎撃策は、前述のように不発に終わっていた。毛利勝永は夜明けに天王寺を発して藤井寺に到着したが、その頃になると後藤や薄田の敗兵が戻って来ており、敵の追撃を警戒しながら彼らを収容した。

午前一一時過ぎに真田幸村隊が到着し、その他の諸将も順次到着して戦線が再構築された。真田隊は水野勝成に敗れた渡辺隊と合流し、誉田（現・羽曳野市誉田）に向けて進撃した。このとき徳川方の伊達政宗の部隊が、応神天皇陵（誉田陵）を迂回して豊臣軍の後方にまわりこみ、前後挟撃して包囲殲滅の策をとろうとする動きが見えたことから、真田隊は先手をとって応神天皇陵の陰に兵を配備し、鉄砲、長柄槍の部隊には折り敷きと呼ばれる片膝立ての形をとらせて待機

図10-2　道明寺の戦い

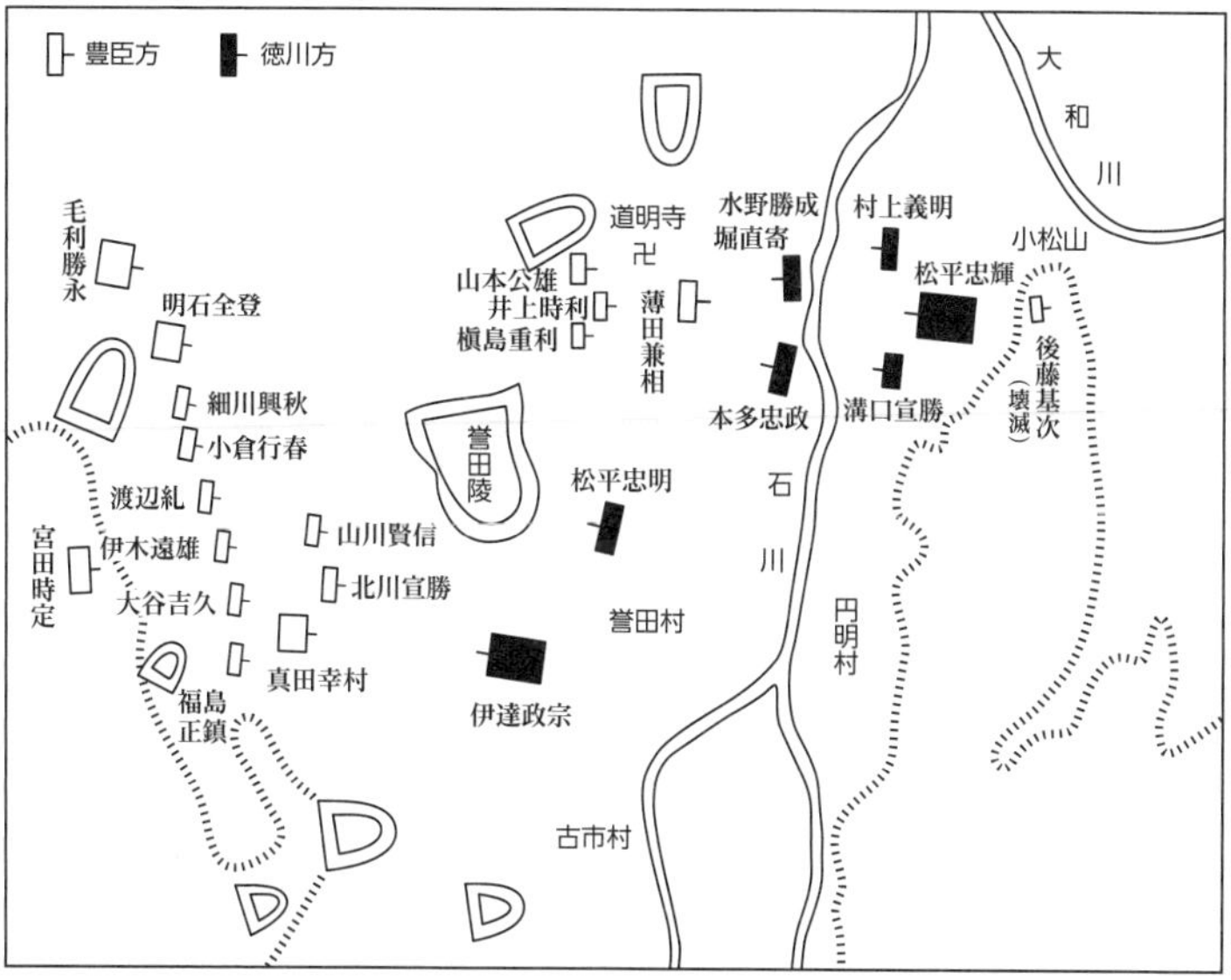

させ、伊達隊の進出に対して待ちかまえた。こうして、真田幸村の部隊と伊達政宗の軍勢との直接対決という、大坂夏の陣のハイライトの一つがくり広げられることとなる。

真田隊は伊達隊が応神天皇陵にさしかかったと見るや鉄砲隊をもって、伊達隊先鋒をなす片倉重長の隊列に対して一斉射撃を加えて戦闘に入った。両隊ともに鉄砲の装備率が高かったことから、激しい射撃戦が展開された。真田勢はさらに射撃戦の間隙をぬって槍で突撃を敢行したために片倉隊は押し込まれて誉田村まで後退した。

伊達政宗は、先鋒の片倉隊が朝からの連戦で疲労していると見て二番手の奥山兼清隊と入れ替えようとしたが、その交替の動きを真田勢は見逃さず、そこに再び攻撃をかけたことから伊達勢は崩されて八〇〇メートルも後退。政宗の周囲にあった麾下の将士までも迎撃に参加せざるを得ないほどに混乱した状況であった。結局、伊達勢は道明寺付近まで後退し、真田勢もそこまで押し込んだのちに引き揚げた。この一戦で、未明より続いた徳川方の攻勢も収まることになる。

この後、徳川方には大和口方面から松平忠輝の部隊などが到着して兵力が増強されるとともに、豊臣方にも大野治長の率いる大軍が後方に現れ、両軍は態勢を立て直して相対した。徳川方は道明寺から誉田にかけて展開し、豊臣方は誉田の西から藤井寺に連なって双方にらみ合いの態勢に入った。しかしながら徳川方では水野勝成や忠輝が進撃を主張したものの、政宗が自軍の疲労を理由に断わったために戦いは膠着状態となった。

午後二時半頃、豊臣方の前線に大野治長からの伝令が到着し、後述するもうひとつの戦いである若江・八尾の戦いの敗報と退却命令が伝えられた。木村、長宗我部両隊が展開していた河内口方面が徳川方の手に落ちた以上、豊臣諸隊はこの誉田の地にとどまる限り孤立して、徳川方の包囲網に陥ってしまうこととなるからである。

それ故に、豊臣方はこの状況下で退却しなければならないのであるが、戦陣において最も難しいのがこの退却の局面である。当時の槍と鉄砲を主たる武器として闘う戦闘では、双方が正面から闘っている限り、戦死者の数も限られている(かの冬の陣における真田丸の攻防戦のように兵士の数にものを言わせて無理攻めをすれば、あのような甚大な被害を発生させることもあるけれども、一般には無いことである)。ところが、一方が退却を余儀なくされる状態となると、たちまちに彼我の間に甚大な損害―戦果を発生させることとなる。敗走する敵を追撃して、背後から襲いかかって打撃を加えるぐらい容易で大戦果を挙げる機会は他にないであろう。

それ故に誉田の豊臣方諸将にとって、この厳しい両軍対峙の状況下における退却戦をいかに最小限の損害で乗り切るかということは、きわめて難しい課題であった。午後四時頃から諸隊は順次退却していった。

一方の徳川方は勝成と一柳直盛が強く追撃を主張したが、またも政宗が朝からの戦闘による疲労を理由にこれを辞すと、本多忠政や松平忠明ら他の諸将もためらったために、豊臣方諸隊の撤退を空しく見送ることになった。これは実に信じられないことである。徳川方は豊臣方に倍する軍勢を擁しながら、敵方の退却に対して手をこまねいて見送るなどということが、かつてあったであろうか。

後述する八尾の戦いでは長宗我部盛親の軍は前半の戦いで敵を撃破する善戦を展開しながら、撤退の態勢に入るや敵の追撃を受けて八〇〇におよぶ兵士を失っている。関ヶ原合戦では島津の退却戦が名高いが、徳川方の追撃を受けた島津勢は一〇〇〇人の兵数が数十人になるほどに討ち取られている。退却で史上名高いのは、秀吉の中国大返しであるが、これは毛利方の小早川隆景の配慮によって成功裡に無事撤退をなしえたもので、これは例外とすべきもの。

追撃側が寡兵であるというのならばともかく、徳川方がこれほどの大軍を揃えながら豊臣方の退却を見送ったのは、偏《ひとえ》に幸村に対する恐怖からに他ならない。冬の陣の真田丸における巧妙な戦術の駆け引きの記憶、そしていま正に目の当たりにした、徳川方の最強軍団の一つと目されている伊達政宗の軍勢を撃退したという事実、それらが追撃をためらわせた理由であり、このときすでに幸村神話は形成されつつあったということであろう。そして徳川の大軍が豊臣軍の退却を空しく見送ったという事実がさらにまた幸村神話を増大させていくこととなったのである。

八尾・若江の戦い

さて同じとき、この道明寺方面と並行して若江（現・東大阪市）、八尾（現・八尾市八尾木）でも戦いが展開された。道明寺からは北に八～一〇キロほど、大坂城の東八キロほどに位置する。ともに長瀬川と玉串川の間に位置し、両村の距たりは五キロ弱であった。

この進入路こそいわゆる河内口であり、徳川方が京都から大坂に向けて進撃してくる際の一方の手をなす。先述のとおり、豊臣方では徳川方の進軍してくる大和口と河内口の二手に対して、軍勢を分かって出撃してこれを迎え討たんとしていた。すなわち大和口方面には後藤基次を先鋒とする軍勢を差し向けたが、他方、この河内口方面には木村重成と長宗我部盛親の二隊が投入された。そこに家康・秀忠の徳川本隊が進軍してきた。

五月二日、木村重成は山口弘定・内藤長秋らとともに城北方面の京街道に備えていたが、徳川方の主力（河内方面軍）が星田・砂・千塚を経て道明寺に進撃する噂を聞くと、いったん帰城して長宗我部盛親とともに迎撃軍を編成した。

重成は、京街道を南下してくる家康・秀忠の徳川本隊を側面から急襲して討ち取る作戦を計画し、側撃のために効果的な地点を求めて諸村を巡視した結果、若江村の東、玉串川の屈曲する流路にそった堤上を適地と認めた。

重成は兵四七〇〇を率いて六日の午前二時に出陣し、右の陣地を目指し桃燈《ちょうちん》一個のあかりを頼りに夜間の行軍を続けた。大和橋を渡った頃、道明寺方面から銃声が轟きわたるのを聴いたけれども、木村勢はこれにかまわず進軍をつづけ、午前五時には若江に着陣した。そして、家康・秀忠のいる徳川本隊に狙いを定めるとともに、先方を行く徳川軍の転進にも対応すべく全軍を三手に分けて備えを立てた。木村勢は途中、徳川方の先鋒部隊（藤堂隊）が右方向にあることに気づいたが、あくまでも家康・秀忠の本陣を攻撃するのが目的であったから、これを後続の長宗我部隊に委ねて敢えて顧みなかった。

六日午前四時、遊軍の長宗我部盛親は増田盛次とともに手勢を率いて城を発し、久宝寺《きゅうほうじ》を経て八尾に進出した。長宗我部隊もまた木村隊につづいて北上し、家康・秀忠の本陣を攻撃せんとする構えであった。

手痛い損害を被る藤堂隊

これに対して徳川方では、井伊直孝とともに河内口の先鋒を任されていた藤堂高虎が、五日の夜の星田の軍議から千塚の本営に帰ると全軍に明朝の進撃を伝達した。しかるに六日未明、西の八尾・若江方面に豊臣方の動きがある旨が斥候から報告されたため、高虎は秀忠の本営へ自ら赴いて攻撃の可否を仰ぐことにした。五〇〇メートル程進むと霧が晴れ、豊臣の大軍が久宝寺・八尾・萱振《かやふり》・西郡《にしこおり》・若江一帯に展開しているのが見えた。敵が家康・秀忠の本営を急襲せんと目指していることを悟った高虎は、もはや一刻の猶予もならずとして開戦に踏み切った。

藤堂高虎は、その中備えである藤堂高吉《たかよし》と藤堂家信の部隊を進めさせて、萱振村に布陣する長宗我部勢先鋒を攻撃させた。これは、若江の木村重成と連絡を取ろうと計る長宗我部隊の先鋒である吉田内匠《たくみ》の部隊と衝突することとなった。盛親は先鋒を引き取らせようとしたが、時すでに遅く、撤退をあきらめた内匠は三〇〜四〇人ずつに分散して応戦する。藤堂高吉らは鉄砲隊二〇〇人余でこれに猛射をかけ、長宗我部隊を壊滅させた。鉄砲隊が未着の長宗我部勢は、藤堂隊の圧倒的な火力の前に効果的な応戦ができなかったのである。

藤堂隊左先鋒の藤堂高刑《たかのり》・桑名一孝らは玉串川を越えて、東から長宗我部本隊へ迫り、旗本先鋒の藤堂氏勝は八尾の北方に進出して、これも同じく敵本隊へと向かった。

一方の盛親は、麾下の三〇〇騎を皆下馬させ、長瀬川の堤上に折り敷かせて（左足を立て膝の形で地にすわる形）藤堂勢の接近を待つ。そして敵に火力無しと判断した高刑が突っ込んで来たとき、盛親は「起て」と号令をかけて、兵を一気に突撃させた。いきなりの乱戦となり、藤堂諸隊は鉄砲が使えないままに次々に崩れ去り、藤堂高刑・桑名一孝・藤堂氏勝などの主立った部将たちが、枕を並べて討ち死にするという壊滅的打撃を受けた。

さらに遅れて参戦した藤堂高吉も、本隊の援護を受けられないままに逆襲に失敗する。長宗我部勢は勢いに乗じてこれを追撃して、結局、馬上六〇騎・兵二〇〇人を討ち取る大勝を挙げた。

若江方面では、藤堂隊の右先鋒である藤堂良勝・藤堂良重率いる部隊が、木村隊の前衛に対して攻撃を仕掛けた。これに対して萱振村に陣を構える木村隊の右翼七〇〇人が迎撃し、戦いは進退を繰り返すこと三度に及んだが、藤堂隊はついに崩れ藤堂良勝はその場に討ち死にし、敵陣に突入を図った良重もまた負傷して撤退した。

木村勢は勢いに乗じて藤堂勢を追撃しようとしたが、重成は深追い無用としてこれを制した。そして戦功者・負傷者を若江の本隊に送り、兵を収めて次の戦いに備えた。木村隊はじゅうぶんな戦果をあげたので、弓隊長の飯島三郎右衛門は重成に対して、この戦果をもって城へ引き上げることを勧めたが、重成は「いまだ家康・秀忠両将軍を獲ず。区々たる勝利は言うに足りず」と述べて帰還論を一蹴した。

一方、藤堂高虎隊とともに河内口の先鋒を務める井伊直孝は、予定通りに道明寺方面へ進攻するつもりでいたが、高虎からの通告を受けて八尾・若江方面へ転進することにした。総兵力は五六〇〇余。井伊隊は先手の鉄砲部隊を若江の前堤に進撃させ、全軍も山道を下って転進し木村勢へと向かった。午前七時のあたりであった。

対する重成は玉串川の西方堤上に鉄砲隊三六〇人を配置。さらに伏兵を置き、井伊勢を田の畦道に誘いこんで迎撃を計るという作戦である。来襲したのは井伊勢の左先鋒、川手良列率いる一〇〇〇人。良列は先年冬の陣における真田丸をめぐる攻防戦の失態の汚名返上に燃えていた。かくて両軍の間で激戦が展開されたが、良列は戦死。次いで右先鋒の庵原朝昌《いおはらともまさ》が一〇〇〇の手勢を率いて来たが、これも撃退された。

衆寡敵せず、豊臣方撤収

直孝は先鋒隊の敗戦に怒り、自ら本隊を率いて戦線に加わり、双方激突の形勢となった。兵数的には優位であったものの、藤堂隊との戦いを経て消耗度の濃い木村勢は次第に崩れていき、井伊勢が押し気味となる。まず木村勢は、井伊家の十本槍衆と戦っていた十二人衆が全滅。飯島三郎右衛門とその父が続いて戦死する。青木四郎左衛門と早川茂太夫は主君の重成を戦場から離脱させようとするが、重成はこれを聞かず、自ら槍を執って最前線に突撃して討ち死にした。

山口弘定・内藤長秋も戦死。奈良街道に備えていた岩手村の左翼木村宗明も、井伊勢の大勝に乗じて進撃してきた榊原康勝らの攻撃を受けて敗走し、あえなく全軍が壊滅した。

藤堂勢は若江に向かった右先鋒も木村勢に惨敗し、先鋒隊は指揮官を失って壊滅した。全軍の七〇パーセント以上を戦線に投入して全敗した藤堂勢は、玉串川の東堤に引き揚げ、長宗我部盛親は長瀬川の堤上に駐留して残る敵に備えた。

態勢を立て直した両勢は対峙を続けたが、若江の戦いにおける豊臣方木村隊の敗北の報が伝わるや形勢は逆転した。孤立を恐れた盛親は撤退を図るが、藤堂隊の遊軍の渡辺了が攻勢に出て久宝寺に進撃。退却する長宗我部隊に追撃をかけて多大な戦果を上げた。長宗我部勢の殿をつとめていた増田盛次は、磯野行尚に討ち取られている。

渡辺了は勢いに乗じて一気に平野まで兵を進め、主君の藤堂高虎が深追いを危惧して渡辺に撤兵を命じたが、了は命令を拒否するばかりか、道明寺方面で戦っていた徳川勢と連繫して敵を挟撃することを主張した。彼は秀忠から遣わされている軍目付を説いて本隊の進撃を要求した。こ

図10-3　若江・八尾の戦い

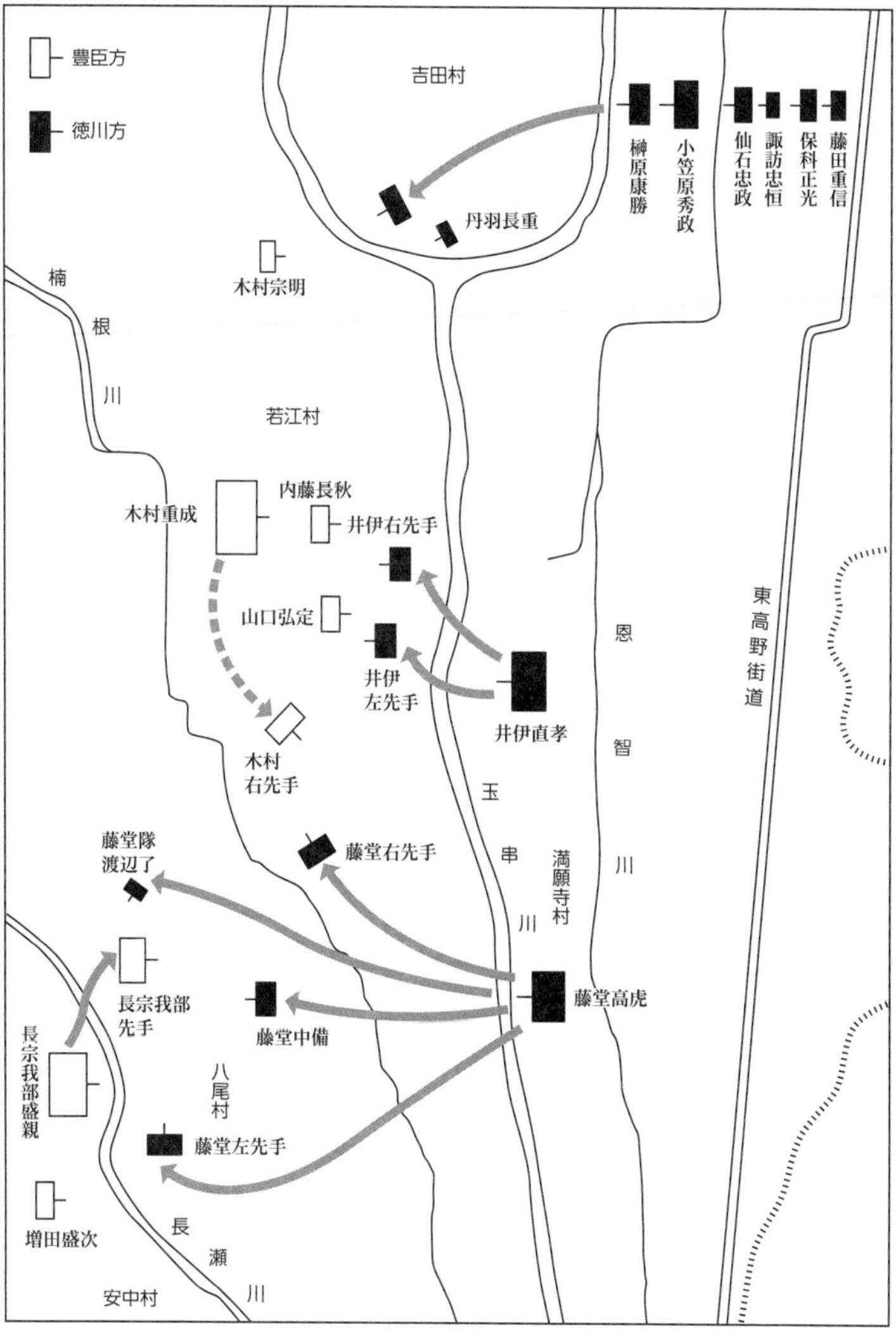

のため、道明寺方面から退却する豊臣軍は本道を通過できずに支道を通過するはめになった。

この戦いにより、藤堂勢は敵首七八八を挙げて長宗我部勢に大打撃を与えたが、部将六人と兵三〇〇人の痛い損失をこうむった。

こうして豊臣方は道明寺の戦いに後藤基次・薄田兼相を、若江の戦いに木村重成を失い、徳川方の藤堂隊に大きな打撃を与えた戦果以外には何ら得るところなく、むなしく全軍を大坂城に撤収するほかはなかった。

五月七日の最終決戦

翌日の慶長二〇（＝元和元、一六一五）年五月七日、大坂の陣はその最終決戦の時を迎えた。冬の陣と同様、この夏の陣においても主戦場は大坂城の南方地域に設けられた。河内口を高野街道に沿って南下した家康と秀忠の軍は、道明寺で大和口を進んできた軍勢と合流し、それより平野町の方面に軍を進めた。そして徳川の前線部隊は天王寺・岡山方面へと向かい、天王寺を中心に陣を構える豊臣軍と対峙する形で展開した。この方面に配備された徳川方兵力は約一五万。これに対して豊臣方兵力は総計約五万、兵力比は三対一ほどであった。

【徳川方布陣】

まず徳川軍の先鋒を命ぜられていた藤堂高虎は枚岡《ひらおか》の家康・千塚の秀忠の両本営に使者を遣わし、前日の若江・八尾の戦いにおいて藤堂軍に多数の戦死者を出してしまったことから、先鋒を辞退した。家康はこの申し入れを承諾。藤堂隊・井伊隊を秀忠麾下の前備えに改めて任じ、前日に道明寺合戦において死闘を演じた大和口の諸将も後方に下げた。

これらに代わって、天王寺口の先鋒大将には本多忠朝、二キロほど東の岡山口には前田利常という新たな布陣をもって臨んだ。この天王寺口の先鋒を命ぜられた本多忠朝（上総《かずさ》大多喜《おおたき》五万石）は、かの平八郎忠勝の二男にして、関ヶ原合戦にも参加して活躍し、父の武名を辱めることのない剛勇の士として聞こえていた。この大坂の陣、最後の決戦に際して徳川軍の先鋒に配備されたのは、それらの故をもってのことであった。

岡山口の先鋒前田利常は加賀一〇〇万石という最大級の大名であり、それとの釣り合いから言うならば、天王寺口の先鋒には越前六七万石の松平忠直あたりが相応しかった。だが松平忠直隊については、前日の若江・八尾の戦いにおいて藤堂隊が壊滅的な打撃を蒙っていながら、これを傍観していたことを家康は厳しく叱責し、忠直のことを腰抜け呼ばわりした。そしてそれ故に、この日の戦いでも先鋒をはずされたのである。

はたせるか激高しやすい性質の忠直は、奮戦して見返してくれようものをと抜け駆けの挙に出て、午前七時頃には天王寺の西南の敵陣から一キロ先の前線に着陣した。他の諸将も午前中には予定された地に着陣し、家康は平野から天王寺方面へと本営を前進させた。

【豊臣方布陣】

一方の豊臣方も当初の作戦にあった城外南方の決戦を試みるべく、この方面に防衛線を敷いた。

天王寺口を真田・毛利・大野治長、岡山口を大野治房が固め、後方の天王寺〜惣構え跡には遊軍の七手組が構えた。真田は茶臼山に陣を構えて徳川軍を睥睨し、毛利勝永は天王寺に布陣して豊臣軍の中央を受け持ち、徳川軍主力を迎え撃つ態勢をとった。

開戦、天王寺口

天王寺口の徳川軍の間では、豊臣方が徐々に兵を増していく様子を見て決戦近しの雰囲気を感じ取っていたが、家康はなお慎重に構えていた。戦いは昼近くになっても始まらなかった。当時の合戦は払暁から開始され、夕方になると兵を撤するというのが常であるので、この遅延には含みがあった。恐らくは決戦を回避して、講和開城を家康は大坂方に求めていたのであろう。それが纏まらないまま徒《いたずら》に時間は経過していた。

炎天下において相対する両軍兵士はじりじりしながら開戦命令を待っていたのであるが、正午近くになると、先鋒の本多忠朝の部隊がしびれを切らして、毛利勝永隊の前衛に向けて威嚇の発砲を始めた。そして毛利隊もこれに応射したことから、次第に射撃戦は熱を帯び始めてきた（「鉄砲せり合」）。

そして戦闘の機が熟したと見た忠朝は自軍に突撃を命令し、こうして戦いの火蓋は切られ本格的な戦闘へと突入していった。戦国最大にして最後の合戦は、双方の予期せぬ形で開戦に至ったのである。

徳川軍の突撃を見るや毛利勝永は自軍の足軽鉄砲隊を折り敷かせ、向かいくる敵を充分に引き

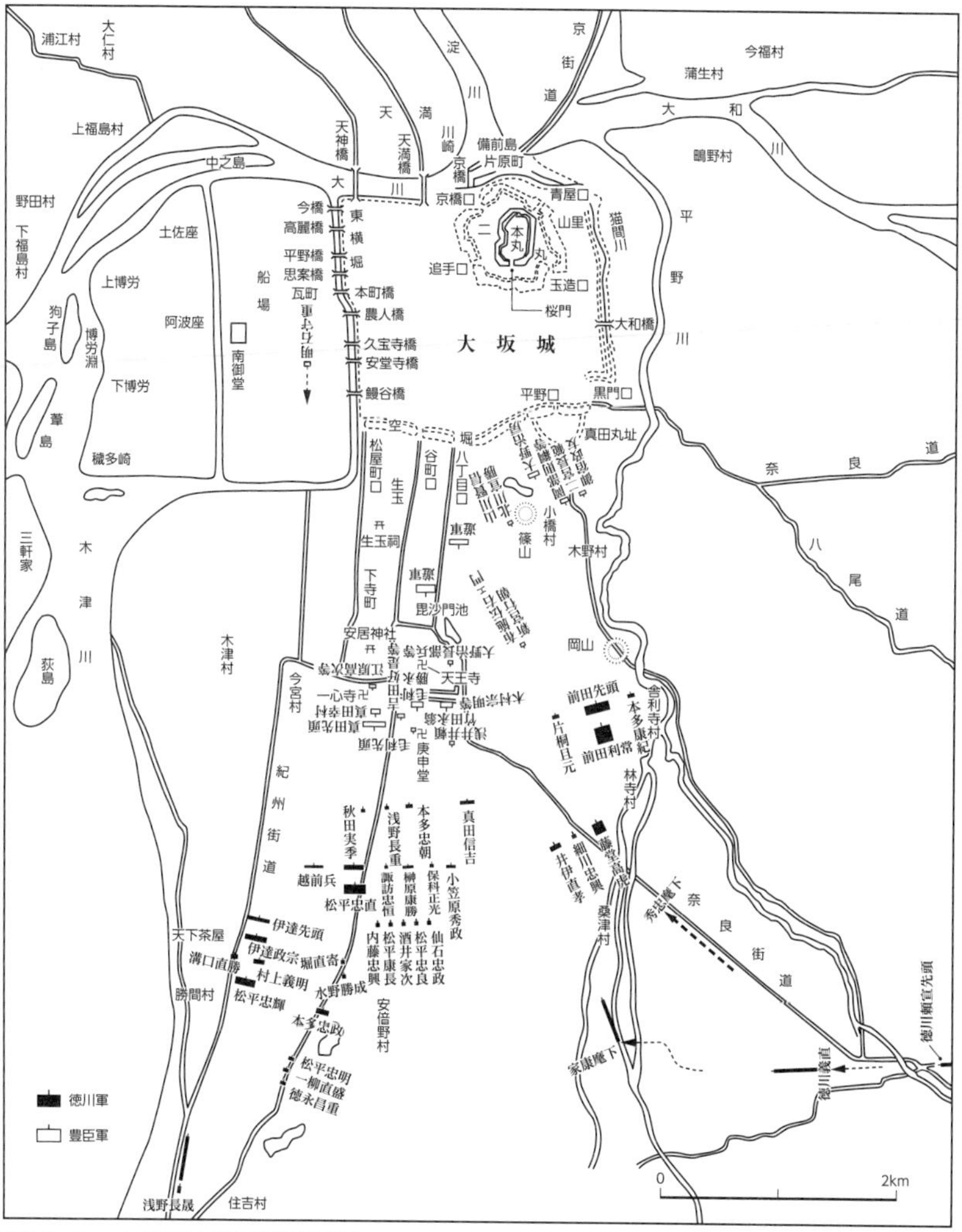

図10-4　大坂夏の陣両軍配置図

付けて一斉射撃を命じた。この射撃をまともに受けた徳川先鋒の本多軍は七〇人余りの死傷者を出して大きく動揺した。

毛利勝永の奮戦

それを見た勝永は、自軍右翼を構成する息子の毛利勝家・山本公雄などの部隊を、徳川方の秋田実季《さねすえ》・浅野長重隊らに、浅井井頼《いより》・竹田永翁ら左翼の部隊を徳川方である真田信吉・信政（幸村の兄・信之の息子）兄弟の部隊に向かわせた。それと同時に勝永みずから率いる毛利本隊は本多の本隊を目がけて突入していった。突撃された本多隊は防戦するが、毛利隊が見せた必死の攻撃の前に名のある家臣を次々と討ち取られて、壊乱状態に陥った。

大将の忠朝は馬上で自ら槍を振るって戦い、踏みとどまって戦えと味方を叱咤するが、本多隊はじりじりと後退を余儀なくされる。忠朝は孤軍奮闘する中で毛利隊の鉄砲兵によって狙撃されて落馬し、さらに奮戦を続けたが二〇ヶ所以上の傷を受け、遂には毛利隊の雨森伝右衛門に首を獲られてしまう。かくて本多隊は壊走するに至った。

その頃、毛利隊の右の部隊は秋田実季・浅野長重隊らを撃破し、左の部隊は本隊と共に徳川方の真田兄弟隊に猛攻撃をかけた。真田兄弟は奮戦したものの、毛利隊の勢いの前に敗走を余儀なくされた。

天王寺の東の方面では、徳川隊の小笠原秀政が竹田永翁を破って大野治長と戦っていたが、勢いに乗った毛利勢が小笠原隊の左側面を目がけて来襲。こうして小笠原隊のあたりは混戦状態となり、その中で秀政は重傷を負って退却する（この夜死去）。長男・忠脩《ただなか》はこの戦いで討ち死に、次男・忠真もまた重傷を負い、指揮官を失った小笠原隊は壊滅した。こうして毛利勝永隊の猛攻の前に、徳川部隊はドミノ倒しの状態に陥っていった。

すなわち先鋒部隊が毛利隊の攻撃によって撃破されるや、その敗走する部隊が後続の徳川部隊へなだれこんで混乱を引き起こし、そこへ毛利隊がさらに突撃敢行することによって後続部隊もまた混乱敗走し、それがまた後続部隊へなだれ込んで混乱をさらに増幅することによって収拾不能の状態に陥り、そこへさらに毛利隊が突入して打撃を加えるという現象が発生していたのである。

毛利勝永の本隊は、徳川方第二陣の榊原康勝・仙石忠政・諏訪忠恒《ただつね》の部隊にも突入攻撃し、これらの諸隊もまた毛利隊の猛攻の前にあっけなく敗走。毛利隊はさらに、その後に控える酒井家次・相馬利胤《としたね》・松平忠良ら五三〇〇余りの隊にも攻撃を開始した。これらは小大名の集まりで統制も取れていなかったため、毛利隊の相手ではなく次々と敗走していった。そして遂に毛利隊は徳川家康の本陣へと迫っていった。

真田隊の猛攻

真田幸村はしばらく戦況を観察していたが、毛利隊の善戦で徳川軍天王寺方面の第一陣、第二陣が敗走するのを見て好機と判断し、三五〇〇の兵を率いて茶臼山から目の前の松平忠直隊一万五〇〇〇に突撃を開始した。これに合わせて大谷吉治・渡辺糺・伊木遠雄隊二〇〇〇も松平隊に突撃を開始し、たちまち大混戦となった。

両方とも士気が非常に高く、真田の赤備えと松平忠直率いる越前衆のツマ黒家紋の旗が交互に入り乱れた。

しかも後方にいた浅野長晟が今宮に移動するのを見て、「浅野隊が豊臣軍に寝返り」という虚報が流れ、「裏崩れ」（前線から崩れていくのではなく、後方から崩れていくこと）が起きて松平隊は混乱し、兵が忠直の周りにまで雪崩込んで来た。

この状況を打開するために家康は旗本衆を援護に向かわせたが混乱は収まらず、兵は次々と敗走、戦死していった。この猛攻にたまらず松平隊の背後にあった家康本陣が動揺し、その旗奉行たちが進退を誤って旌旗《せいき》が崩れ乱れたために、徳川部隊の混乱がいっそう増幅されることとなった。

この家康本陣の旌旗の混乱については、合戦後に厳しい穿鑿《せんさく》が行われ、旗奉行保坂金右衛門、荘田安信らが戦いの中でうろたえて旌旗の扱いを取り乱し、ために麾下の士をまどわせた罪は重いとして、金右衛門・田野秀行・山上彌四郎らの所領は没収され、安信は閉門に処せられている。

この旌旗の乱れに関する詮議のもようについては、かの大久保忠教《ただたか》の『三河物語』によって詳しく知ることができる。今次の合戦には槍奉行として加わっていた大久保忠教であったが、旌旗の混乱の責任は槍奉行大久保の上にもふりかかることとなり、旌旗の乱れの事実認識をめぐって、家康と忠教、両者の間で激論がたたかわされている有様を知ることができる。

豊臣方の退勢

さて戦場では、まさかの事態に家康は後退を余儀なくされ、戦場を離脱してはるか後方に避難する有様であった。ときに家康の傍らにあった騎馬士クラスの者はといえば、小栗又一ひとりだけであったと徳川の正史『朝野旧聞裒藁《ちょうやきゅうぶんほうこう》』には記されている。これをもってしても、毛利・真田隊の猛攻がいかに凄まじいものであったかを理解することができるであろう。

しかし結局は兵数の差がものを言う結果となった。岡山口から救援部隊として派遣された井伊・藤堂隊が援護に回ったことによって徳川の旗本部隊も態勢を立て直した。進撃を阻まれ、後方も危うくなったことから、幸村は自ら殿を務めてその場を引き揚げた。

松平忠直隊の攻撃で豊臣方の前線本営である茶臼山は陥落し、越前勢が山上に旗を立てた。幸村は、疲労困憊の中で山北の安居神社に休息していたとき、忠直の鉄砲頭、西尾宗次に槍で討たれ、さしもの真田勢も壊滅の時を迎えた。

大谷吉治・石川康勝も乱戦中に戦死。岡山口の御宿政友も忠直家臣、野元右近に討たれ、次々と部将が戦死する。一時の攻勢が途絶えた時が勝敗の決する時であった。

毛利勝永はなお一人残って獅子奮迅の働きをなしていたが、真田勢が壊滅し、茶臼山が陥落したと知るや撤退を決意し、途中の土手に導火縄をつけた火薬箱を配置して爆発させた。これに追撃の敵兵が動揺するや、それを合図に遊軍の七手組とともに反撃。勝永は冷静に藤堂勢を突破口にして敵中を駆け抜け、黒門口・大和橋口に撤退した。

一方、市街南端の生国魂《いくくにたま》あたりで立ちはだかったのが明石全登である。明石勢も果敢に暴れ、午後二時頃には越前勢を突き崩して家康本陣への突入を試みた。越前勢の敗兵が紛れ込んだことで水野勢まで混乱に陥ったが、藤堂勢や本多忠政などが防戦に加わり、家康本陣への進撃を阻止した。

水野勝成は自らも奮闘しつつ兵を励まして態勢を立て直し、反撃に転じて明石勢を打ち破った。本陣突入を断念した全登は脱出口を開いて離脱していった。

こうして豊臣方の猛攻をしのいだ天王寺口の徳川方諸隊は、大坂城へと迫っていった。

岡山口の戦い

一方の岡山口でも、天王寺口の開戦を確認した秀忠が開戦命令を発して同じく正午頃に開戦し、先鋒の前田勢が進撃した。泥地が多く、戦いに不向きな地形だったが激戦が展開された。藤堂・井伊勢は、天王寺口の戦いで本多隊が敗退したのを見て、そちらへ転進する。

前田隊の先鋒、山崎閑斎・本多政重・寺西若狭・村井飛驒らが東寄りに進撃すると、秀忠麾下の書院番頭、水野忠清・青山忠俊・松平定綱らが各々の配下の書院番組の旗本隊を率いて進む。大番頭の阿部正次・高木正次もまたその大番組を率いて進撃に入る。岡山口は前田勢を別にすると、将軍秀忠の率いる旗本番士を主体とする部隊であった。

迎え撃つ豊臣方の岡山口主将は大野治房である。両軍は激突したが勝敗は定まらず、しだいに両軍入り交じっての混戦状態となってきたために敵・味方の区別がつけられなくなってしまい同士討ちも避けられないような有様となってきた。

大野治房は、このように秀忠直属の旗本部隊が相次いで前線に展開している状況からして、秀忠近辺が手薄になっていることを確信した。そこで治房は寄騎武将たちに前田勢を任せ、自らは弟の治胤・内藤長宗らとともに鉄砲隊を率い、長駆迂回したのち秀忠麾下に突撃を敢行した。

この急襲によって秀忠の本陣は混乱に陥った。すでに前線へ馬を進めていた酒井忠世《ただよ》・土井利勝の部隊は、後方に銃声を聞きつけたため急ぎ反転しようとしたが、治房率いる急襲部隊は土井隊の隊列を打ち破って秀忠本陣へ迫った。

本陣は手薄であり、秀忠みずから槍を取って敵中に突入せんとする有様であったという。秀忠の本陣は崩れる危地に追い込まれていたが、このとき秀忠の下には、歴戦のつわもの黒田長政と加藤嘉明が詰めていた。かれらは冬の陣では江戸に留め置かれていたが、この夏の陣に際しては、豊臣家の最期をみずからの目で確かめたいという思いから、家康に強く従軍を希望しており、秀忠の本営に詰めることを許されていた。

そのことが、この危急の事態において徳川に幸いした。戦い経験の豊かな彼らが陣頭に立って、周囲の兵士たちを指揮して敵の猛攻をしのいだことによって戦列は立て直され、土井利勝ら秀忠の参謀たちも旗本勢を鼓舞して応戦せしめた。

そして天王寺口で大野治長・毛利勝永と戦っていた井伊勢も、秀忠本陣の騒擾《そうじょう》を見るにおよんで取って返し、多くの戦死者を出すも辛うじて踏ん張り、結局、秀忠隊は激戦の末に大野治房隊を退けることを得たのである。

治房は本多康紀・片桐且元らの追撃を受けつつも敗兵を収容し、さらに反撃に移って、徳川方を撃退すること数町、しかし稲荷祠付近まで押し込んだところで、勢いを増した前田勢の前に敗退し、玉造口方面へと撤退していった。

大坂落城

天王寺・岡山の両口とも三時間にわたる激戦の末に勝敗は決し、将士の大半が戦没した豊臣方の残兵は城中へ退却し、勝ちに乗じた徳川方は裸城となった三の丸へ迫り、かねて城の周辺に駐留していた池田利隆・京極忠高・高知・石川忠総《ただふさ》・堀尾忠晴らの二万余の諸隊も城へ押し寄せた。

五月七日朝、豊臣秀頼は天王寺口に出て家康隊と決戦する覚悟を決め、本丸桜門に旌旗を並べて出陣の態勢を整えた。しかし家康からの和議の使者が到来したともいい、また秀頼出馬ののち叛応者が城中に火を放つという流言が広まるなどしたことから、出馬の機会をつかめないままに空しく時は移っていった。

既にして、大野治長が深手を負って茶臼山から戻っている。そして時をおかずして天王寺・岡山の敗報が届けられた。秀頼は憤然として出馬して討ち死にせんとしたが、戦場から戻ってきた速水守久はこれを諫めて、「むしろ退いて本丸を守るべき。しかして力尽きた後に自害しても遅くはない」と言って、秀頼を本丸まで引き揚げさせた。

直後の午後四時頃、城中に逆心する者が城に火をかけ、おりからの強風に乗って火炎は天を覆うばかりの激しさであった。これを見た徳川方の軍勢は競い進んで三の丸の木柵を越えて進撃し、城内各所に火を放った。もはや城中では防戦の指揮を執る者もおらず、五時頃に二の丸が陥落した。

このような状況の中で、豊臣方将士に自害する者が相次いだ。郡良列《こおりよしつら》は太閤秀吉の時代以来、その直属の親衛隊士であある黄母衣衆のひとりであったが、秀頼の旗と馬標とを持ち帰って本丸御殿の千畳敷に置き、豊臣家積年の恩に報ぜんとして腹を切って果てた。その子もまた父に続いた。真野頼包・中島氏種・成田兵蔵らも相次いで死を選んだ。堀田正高・野々村吉安は本丸に入ろうとしたが、火炎に行く手を阻まれてしまい、二の丸と本丸の間にある石壁上に座して自害した。他方、大野治房・治胤・伊東長次《ながつぐ》・仙石秀範らは城から脱出して、諸方へ落ち延びていった。

秀頼は淀殿、千姫とともに天守閣に上がって自害を図ろうとしたが、またも速水守久がこれを止め、その勧めで山里曲輪へ退き、同地にある土蔵に入って火を避けた。この時、秀頼たちに従う者は五〇〇〜六〇〇人だったという。

守久と同じく戦場から帰還していた大野治長は、千姫とその侍女に使者と護衛を付けて城外へと脱出させた（五時頃）。最終手段として自分がこの戦役の一切の責任を負うものとし、家康・秀忠に淀殿母子の助命を嘆願させたのである。

一行は本丸を出たところの途中で火災のために立ち往生したが、偶然遭遇した徳川軍の坂崎直盛の誘導により、無事城を脱出。本多正信が千姫を引き取り、この旨を茶臼山に陣を構える家康に報告した。

戦いから一夜明けた五月八日の朝、淀殿母子の所在を入手したのは、皮肉にも大坂の陣勃発の因をなした豊臣家の重臣、片桐且元であった。且元が自分で情報を摑んだのか、豊臣家から取りなしを頼まれたことによるのかは微妙なところであるが、いずれにしてもその情報は家康と秀忠の下に届けられた。

千姫による秀頼親子の助命嘆願を受けて、徳川陣営では秀頼に対する最終処分が議された。家康には、なおためらいの色が見られたが、秀忠は千姫が秀頼とともに自害しなかったことを怒るとともに、秀頼親子の助命を強く拒絶した。

山里曲輪の土蔵の中で一縷《いちる》の望みを抱いていた秀頼・淀殿に向けられた回答は空しく残酷なものであった。曲輪を警護する井伊直孝・安藤重信の兵は蔵へ向けて発砲し、助命嘆願が拒絶されたこと、そして残された道は自害のみであることを、無言のうちに伝えた。

観念した秀頼・淀殿は自害。大野治長・毛利勝永・速水守久・荻野道喜・真田幸昌・竹田永翁・大蔵卿局ら約三〇人の男女が殉じ、蔵には火がかけられ炎上した。同日正午頃のことであった。

執拗な残党狩り

大坂の陣後、豊臣方の残党狩りが盛んに行われた。城を落とすためには、あえて退路を開いて城内の人間を脱出させるのが定石であり、この大坂落城に際しても城内の多くの将士、女性たちが脱出した。溺死者も出しながら、城を取り巻く堀と大河を泳ぎ渡って必死に脱出していくありさまは、「大坂夏の陣図屏風」にリアルに描かれているとおりである。

しかしながら、このようにして城を脱出した豊臣方の将士に対しては、従来の慣例とは異なって、執拗な残党狩りの手が伸ばされた。関ヶ原合戦もふくめて従来の合戦の慣例では、敗北者の側では総大将ら主要幹部の命は奪われたが、それ以外の将士というのは不問に付されるのが常識であったのであるが、この大坂の陣後の残党狩りは熾烈《しれつ》をきわめ、長宗我部盛親のように牢人の身で大坂城に立て籠もった者を中心として、数多くの人間が捕縛され、斬られた。

大野治胤は方広寺付近に隠れていたところを捕らえられた。彼は大坂の陣で堺の市街や神社・仏閣をことごとく焼き滅ぼしたことによって堺市民の怨みを受けていたことから、身柄は堺の市民に引き渡され、堺において磔刑に処せられた。

大野治房については行方が杳《よう》として知れず、のち慶安年間にいたっても、なお生存の風説が飛び交っていたほどであった。すなわち慶安二年、治房生存のうわさがあったことから、これを厳重捜索すべきことが幕府から指令されている。

このように大坂籠城将士に対する執拗な残党狩りが行われている中で、市中に匿われ潜伏していた秀頼の嫡男、国松と女子が捕らえられた。そして国松は五月二三日京都で斬首され、女子は尼とされた。男子は根絶やしにするが、女子には害をおよぼさないのが武家の慣例であり、秀頼の女子もまた命を助けられ、天秀尼と名乗って鎌倉の松岡山東慶寺に第二〇世住職として入寺する。有名な縁切寺である。

同寺はそれ以前から縁切寺としての性格を備えていたが、天秀尼が住職となってよりは縁切り駈込の寺法はいよいよ厳格に守られ、江戸時代の安定状況とともに自余の多くの寺院がこの種の機能を失っていく中で、同寺の縁切り駈込寺としての性格はいささかもゆらぐことなく、幕末に至るまで守りつがれた。

戦後処理と論功行賞

五月八日、秀頼自尽の報を聞いた家康は、板倉勝重をともなって桜門から城中に入り、大坂城の廃墟をつぶさに眺め渡したのち、京橋に出て、それより京都にもどり同日夜半に二条城に帰還した。千姫もまた家康の庇護下に二条城に入った。

秀忠は麾下の将士に大坂城の城門警衛を命じ、西国・中国の諸大名に対しては一〇〇日を限って城墟に駐屯し、焼け残り諸所の修治を施すべきことを令した。さらに大坂城中の武具や遺金の取り扱いなど万般の処置をほどこしたのち、翌九日に伏見城に戻った。

そして、この合戦をめぐる論功行賞が行われた。今次の戦いにおける戦功の第一は、松平忠直の率いる越前勢であるとされた。けだし五月七日の最後の戦いにおいて、真田幸村隊との激戦を制して徳川方勝利の流れを作った功績が最も高く評価されたということであろう。

実際、この五月七日の戦いを見たとき、豊臣方の多くは果敢に突撃を試みて縦横無尽に奮戦した後に遂に力尽きて倒れていったという姿を呈しており、徳川方の目立った攻撃的戦果としては、遊撃として随所で著しい働きをした井伊直孝の部隊を別とするならば、越前勢の働きを挙げるくらいというのが実情でもあった。

しかして忠直に対しては、二条城に諸大名がいならぶ中で、褒賞として脇差し（「高木貞宗」）と牧谿《もっけい》筆の画幅が家康から手渡された。それは武人としての名誉には違いなかったが、逆に言えば、恩賞の中身はそれだけにすぎなかったということである。官位こそ従三位参議という高位に昇せられたが、父秀康が正三位中納言であったことからすれば当たり前の地位でしかない。特に領地石高の加増についてはまったくの沙汰無しであった。

それは忠直が期待していたものとは、およそかけ離れた内容であった。忠直はこの処置の一件を大いに含むこととなり、こののち彼がことごとに将軍家に対して、参勤交代の拒否に見られるような反抗的態度をとることになる直接の因をなすことになるのである。

忠直に次いでは井伊直孝と藤堂高虎が功労者として評価された。直孝については決戦前日の若江の戦いにおける戦功、ならびに七日の決戦時における遊軍としての目覚ましい戦いぶりが評価されたものであろう。高虎については、前日の若江・八尾の戦いにおいて自軍の七割方を消耗させたといわれる奮戦ぶりが評価されたものであろう。かくて直孝には近江国において五万石、高虎には伊勢国において五万石が加増された。

次いで松平忠明が五万石を賞賜され一〇万石となって大坂城を与えられた（元和五年に大和郡山城一二万石に移封）。破格の厚遇である。松平忠明については目立った軍功というものは見当たらないが、道明寺の戦いに参加しており、節目ごとの後詰めの的確な隠功が評価されたものであろうか。忠明は、父が奥平信昌であるが、母が家康の長女亀姫であることから家康の外孫となり、そのような出自故の殊遇であろう。

むしろ徳川勢の中で最も高い評価を受けなければならなかったのは、決戦前日の道明寺の戦いを勝利に導いた水野勝成である。彼の水際立った指揮と獅子奮迅の戦いぶりとによって、真田幸村とならぶ豊臣方最強の武将である後藤基次を葬り去ることで、道明寺の攻防戦を勝利に導いたのみならず、基次を五月七日の決戦の場にあらしめなかった功績は絶大と言わねばならない。かくて勝成に対しては三万石が加増されて六万石となり、大和郡山城が与えられた（のち、元和五年に備後福山一〇万石へ加増転封されていく）。

勝成とならんで大きな軍功をうちたてていたのは松倉重政である。彼は道明寺の合戦における功績のゆえに三万石の加増をもって四万三〇〇〇石となり、肥前国島原へ移されている。

「討ち死に」の功としては、本多忠朝の戦死に対して兄の本多忠政に五万石の加増で播磨国姫路城が与えられ、忠政の第二子政朝をして叔父忠朝の封を嗣がせている。小笠原秀政の戦死に対しては、その子の忠政に二万石を加増して、播磨国明石城一〇万石に移封している。

藤堂以外の外様大名では、蜂須賀至鎮の冬の陣での木津川口における一連の軍功が高く評価された。これらの戦いで手柄を立てた稲田植久・中村重勝ら蜂須賀の七部将に対して家康・秀忠から感状が交付されるとともに、蜂須賀至鎮に対して淡路一国七万石が恩賞として加増された。

ちなみに茶人として名高い古田織部が、非力ながら、京都で二条城を焼き討ちして家康を討とうと企てたのが、大名で大坂方に加わった殆ど唯一の例外であった。織部の家老木村宗喜が画策した作戦であったが、事前に露見して木村は捕われ、落城後、古田織部は切腹に処せられた。

戦後処理の中でもっとも厄介な問題となったのは、秀吉を祀った豊国神社のあつかいである。その広大な社殿を備えた秀麗な廟社の取り壊しが行われようとした。しかしこれに対しては、秀吉夫人の高台院が家康に哀訴したことによって、取り壊しは中止され、ただ自然の朽廃にまかせるとした。

　大明神の像は方広寺の回廊中に移され、大仏殿の鎮守とされた。その方広寺大仏殿であるが、これはその大仏とともに廃毀されることもなく、妙法院門跡の管轄下におかれ、かの大坂の陣の発端をなした「国家安康」の銘文をもつ梵鐘とともに江戸時代を生き延びることとなる。金銅の大仏は寛文年間になって地震によって損壊したことで鋳銭（寛永通宝の増鋳）のために鋳つぶされたが、代わりにほぼ同じ大きさの木造仏が安置され、方広寺大仏はのちのちまでも京の観光名所として人々に親しまれた。

　洛中洛外図屏風の構図にはさまざまな種類のものがあるけれども、その多くには五条大橋のかなたに巨大な姿をもって方広寺大仏殿が描かれている。さらにその奥、東山の麓には風化しつつあるとはいえ豊国神社の残映もまた幽かに止められている。それらの風景と記憶とが廃絶されることなく永く後世に伝えられていったのは、秀吉と豊臣家の人々に対する鎮魂の思いによるものであったろう。

（笠谷）

あとがき

著者の一人である黒田は、二〇一四年二月下旬より、二の丸南東辺の雁木《がんぎ》（石の階段）整備工事に先立って、玉造口そばの一番櫓周辺の発掘調査を行っていた。大阪城そのものが明治以降、陸軍に接収され、第二次世界大戦の進行に伴い、本丸にあった第四師団司令部は調査地のそばに移された。ためにB－29による当地への空襲は熾烈を極め、特に終戦前日の白昼に行われた空襲により、司令部のみならず大阪城の多くの古建築物も烏有に帰した。二の丸南東隅の二番櫓も焼け落ちたが、一番櫓のみ奇跡的に残った。しかし爆撃で当地の雁木はガタガタである。

徳川大坂城の石垣は美しい花崗岩切石によって積まれている。花崗岩はさまざまな膨張率の異なる鉱物によって組成しているから、特に火に弱い。南外堀に面した櫓台は精密な切石によって築造されたが、今や丸味を帯びて野面石化している。しかし、その元来の姿を想像することは容易で、徳川幕府による当時の石垣普請の精緻さが偲ばれる。

ちょうど発掘調査を行っていた時、本丸では「太閤なにわの夢募金」によって、豊臣大坂城の石垣の一部を野外展示するプロジェクトの調査が進められ、豊臣の石垣が三日間だけ一般公開された。第一章にも述べたように、秀吉の本丸は現本丸の北半に詰めの丸という高所がある以外は、中の段、下の段、堀底と雛段状に低くなり、二番目の高所である中の段も現地表面下七・二メートルと低く、知恵をしぼらねば、とても野外展示などできない。

今回は豊臣詰めの丸の南東隅角部のみの公開であったが、一目見て「醜《みにく》い」という言葉を発せざるを得なかった。徳川大坂城の精巧な石垣を日々目にしていたためであろう。おそらく奈良時代の難波宮大極殿に用いられたと思われる柱座のある分厚い六甲山系花崗岩の礎石が、真っ二つに割られ上下に積まれていた。

詰めの丸石垣

詰めの丸築造は秀吉の天下統一事業の最中であり、拙速な石垣普請に止まらざるを得なかった。その後、天下統一、朝鮮出兵、関ヶ原合戦を経て、西国の国持大名による築城ラッシュ、名古屋城・江戸城などの天下普請で、石垣構築技術は究極まで研《と》ぎすまされた。豊臣大坂城の三二年間は石垣技術においても、時代の画期に位置する。

豊臣大坂城において過去の研究で見過ごされてきたのが、秀頼時代の「パクス・オーザカーナ」の検討であろう。京都と伏見を中心に活動し、大坂を多く留守にした秀吉時代、彼の晩年に第四期工事（大坂町中屋敷替え）で惣構え内を重厚化したのはいいが、関ヶ原合戦で西軍は大敗し、通説では豊臣秀頼と豊臣家の地位が一大名に転落したとされてきた。

しかし、本書で指摘したとおりこの通説は誤りで、秀頼の領地が摂河泉三国を越えて西国方面に広く分布し、豊臣恩顧の国持ち大名は京都以西の西国に蟠踞し、関ヶ原合戦以降も豊臣家はいまだ公儀を構成していた。豊臣五大老の一人で、豊臣秀頼の政務代行者に過ぎなかった徳川家康は、慶長八年の将軍就任、開幕以降も二重公儀体制を取らざるを得なかった。

家康が採用した政治体制の構想は、東西分治論であった。東西分治的な政治体制は特に奇異ではなく、むしろ武家政治の伝統に従ったものと言うことができる。家康は徳川幕府の干渉を控える「豊臣特区」という形で国家デザインを描いてみせた。徳川将軍型の公儀と、豊臣関白型の公儀との東西棲み分けによる二重公儀体制こそ、関ヶ原合戦後の政治世界を規定した基本構造であり、この二重公儀体制下、大坂の地は西国の中心として、また公儀所在地として、空前の繁栄を迎えるのである。

しかし、家康は自己の没後の秀忠時代に思いを致した時、二重公儀体制の均衡は不可であり、徳川にとって不利であるだけではなく、関ヶ原合戦の復讐戦という形でもたらされる徳川家滅亡の危険が伏在していることを認識せざるを得なかった。それが大坂の陣の構造的要因である。

秀頼時代の盤石な大坂城は、秀吉による第一〜四期工事によって達成された。第四期工事はこれまで「三の丸築造」という言葉に置き換えられることが多かったが、最近の発掘調査成果に鑑み、整理しなおすことで、「物構え全体の嵩上げと船場の建設」であったことを、本書で示し得たと思う。

「パクス・オーザカーナ」の大坂の繁栄は、家康による豊臣家武力討伐と共に烏有に帰したが、元和偃武後の都市・大坂の素早い復興は、秀頼時代の遺産が大きく作用したと思われる。

豊臣大坂城の誕生から終末までをまとめたのが本書である。忌憚なき御批判を請うものである。

この企画は新潮社・庄司一郎氏から二〇〇六年春頃にいただいたと思うが、考古学から豊臣大坂城本丸を中心とする豪華絢爛たる発掘成果を、という希望にはとても沿えないことから、一度はご辞退したが思い直し、再度こちらから刊行をお願いしたものである。

以前の笠谷・黒田共著出版の際、ぜひとも豊臣大坂城についても共著を出したい、と望んで一五年を経、両者が薫陶を受けた考古学者・高井悌三郎先生が死去されてから満一〇年が経過した。

笠谷は甲陽学院中学・高校で、黒田は大学に入ってから、そのお人柄に触れたが、教えを受けた現役世代が定年を迎える今、先生の薫陶を受けた二人が本書を上梓し得たことを、御霊前に報告するとともに、本書を先生に捧げることを許されたい。

二〇一五年三月吉日

参考文献

第一章（黒田）

跡部信『豊臣秀吉と大坂城』吉川弘文館、二〇一四年
大阪市文化財協会『大坂城跡』Ⅰ～ⅩⅠ、一九八五～二〇〇九年
大阪市文化財協会『大坂城下町跡』Ⅰ～Ⅱ、一九九四～二〇〇四年
大阪文化財研究所『大坂城跡』ⅩⅡ～ⅩⅦ、二〇一一～二〇一四年
大阪府文化財センター『大阪城跡発掘調査報告』Ⅰ、二〇〇二年
大阪府文化財センター『大阪城址』Ⅲ、二〇〇六年
大阪府文化財調査研究センター『大坂城址』Ⅱ、二〇〇二年
大林組広報室『季刊大林』第一六号「城」一九八三年
岡本良一『大坂城』岩波新書、一九七〇年
黒田慶一「豊臣氏大坂城の北外郭」『葦火』五五号、大阪市文化財協会、一九九五年
黒田慶一・藤田幸夫「秀吉が動員した瓦工―大阪城本丸の調査から―」『葦火』一二九号、大阪市文化財協会、二〇〇七年
小倉徹也・宮本佐知子・田中清美「達磨窯」『葦火』一〇〇号、大阪市文化財協会、二〇〇二年
佐久間貴士編『よみがえる中世』二　本願寺から天下一へ　大坂、平凡社、一九八九年
櫻井成廣『豊臣秀吉の居城　大阪城編』日本城郭資料館出版会、一九七〇年
成美堂出版『秀吉の城と戦略』一九九八年
田中清美「豊臣期武家屋敷出土の桔梗紋鬼瓦」『葦火』一八号、大阪市文化財協会、一九八九年
桑田忠親他編『戦国合戦絵屏風集成』第四巻　大坂冬の陣図・大坂夏の陣図、中央公論社、一九八〇年
中部よし子「近世における三都と一般城下町の成立」『講座日本の封建都市』第一巻、文一総合出版、一九八二年
中村博司『天下統一の城・大坂城』新泉社、二〇〇八年
日本史研究会編『豊臣秀吉と京都―聚楽第・御土居と伏見城』文理閣、二〇〇一年
松尾信裕「大坂城三の丸に見つかった防御施設」『葦火』一五号、大阪市文化財協会、一九八八年

森毅「上町にあった豊臣時代前期の大名屋敷」『葦火』二七号、大阪市文化財協会、一九九〇年
脇田修・趙哲済ほか『大阪上町台地の総合的研究―東アジア史における都市の誕生・成長・再生の一類型―』平成二一～二五年度（独）日本学術振興会科学研究費補助金基盤研究（A）報告書、二〇一四年

第二章（黒田）

片山まび「倭城出土の陶磁器に関する予察―日本出土品を視座として―」黒田慶一編『韓国の倭城と壬辰倭乱』岩田書院、二〇〇五年
唐津市教育委員会『波多城跡』唐津市文化財調査報告書第一五四集、二〇一〇年
唐津市教育委員会『岸岳古窯跡群』Ⅲ、唐津市文化財調査報告書第一五九集、二〇一一年
木島孝之「『唐津焼創始時期―一五八〇年代説―』を問う―岸嶽城の縄張り構造の解明を通して―」黒田慶一編『韓国の倭城と壬辰倭乱』岩田書院、二〇〇五年
黒田慶一・寺井誠「惣構造成の陰で―天王寺区空清町の調査から―」『葦火』八四号、大阪市文化財協会、二〇〇〇年
堺市教育委員会『堺市文化財調査報告』第二〇集、一九八四年
積山洋「豊臣氏大坂城惣構の防御施設―発掘調査の現状と課題―」『大阪の歴史』第四六号、大阪市史編纂所、一九九五年
鎮海市・慶南発展研究院歴史文化センター『鎮海熊川磁器窯址』Ⅰ、（韓・日文）、二〇〇一年
根津美術館『知られざる唐津―二彩・単色釉・三島手―』二〇〇二年

第三章（黒田）

植木久「発掘された豊臣時代大坂城二の丸の堀」『葦火』一七号、大阪市文化財協会、一九八八年
宇田川武久「近世初頭における石火矢の出現と普及」『国立歴史民俗博物館研究報告』第六六集、一九九六年
江浦洋「豊臣期大坂城と大坂冬の陣―大阪府警察本部地点検出の堀をめぐって―」『大阪の歴史』第六五号、大阪市史編纂所、二〇〇五年
江浦洋「豊臣期大坂城跡に関する考古学的新知見―大阪府警察本部地点検出の堀をめぐって―」『城郭史研究』二六、日本城郭史学会、二〇〇六年

大阪市文化財協会（辻美紀執筆）『日本生命保険相互会社による建設工事に伴う森の宮遺跡等発掘調査（MR九八―二）完了報告書』一九九九年
岡村勝行「解明される豊臣期大造成の姿」『葦火』一六二号、大阪市文化財協会、二〇一三年
岡本良一「加賀藩の大坂夏の陣首取状について」『大阪の歴史』第九号、大阪市史編纂所、一九八三年
黒田慶一「近世の砲弾作り」『大阪市文化財論集』大阪市文化財協会、一九九四年
黒田慶一「球状の鋳型―豊臣氏大坂城下で見つかった砲弾の鋳型―」『葦火』三二号、大阪市文化財協会、一九九一年
黒田慶一「豊臣氏大坂城の算用曲輪批判―内田九州男・松尾信裕氏に対する疑問」『中世城郭研究』一〇、中世城郭研究会、一九九六年
黒田慶一「鉄砲荷札木簡と玉造の大名屋敷―大阪女学院は小出吉政邸跡か―」『大阪の歴史』四八号、大阪市史編纂所、一九九六年
黒田慶一「豊臣氏大坂城三の丸再考―玉造口馬出曲輪（算用曲輪）を中心として―」『織豊城郭』第七号、織豊期城郭研究会、二〇〇〇年
黒田慶一「夏の陣前夜の大坂城―玉造口馬出曲輪周辺を中心として―」『織豊城郭』第一〇号、織豊期城郭研究会、二〇〇三年
黒田慶一「歴史的名辞としての大坂城『三の丸』」『森宏之君追悼城郭論集』織豊期城郭研究会、二〇〇五年
黒田慶一「豊臣氏大坂城と三の丸論争」『戦国城郭の考古学』ミネルヴァ書房、二〇〇六年
松尾信裕「豊臣期大坂城の規模と構造―発掘調査から推定される豊臣期大坂城三ノ丸の範囲―」『大阪市文化財論集』大阪市文化財協会、一九九四年
松田毅一監訳『十六・七世紀イエズス会日本報告集』第一期第三巻、同朋舎出版、一九八八年
松本啓子「物構で見つかった大坂城の石垣」『葦火』九二号、大阪市文化財協会、二〇〇一年
八木久栄「第七一次発掘調査概報」『難波宮跡研究調査年報一九七五―一九七九・六』大阪市文化財協会、一九八一年
渡辺武「豊臣時代大坂城の三の丸と物構について―『僊台武鑑』所収『大坂冬の陣配陣図』を中心に―」『難波宮址の研究』第七論考篇、大阪市文化財協会、一九八一年

第四章、第六章（笠谷）

朝尾直弘『将軍権力の創出』岩波書店、一九九四年

今谷明『武家と天皇』岩波新書、一九九三年
小和田哲男編『関ケ原合戦のすべて』新人物往来社、一九八四年
笠谷和比古『近世武家社会の政治構造』吉川弘文館、一九九三年
笠谷和比古『関ヶ原合戦—家康の戦略と幕藩体制—』講談社、一九九四年。講談社学術文庫、二〇〇八年
笠谷和比古『関ケ原合戦と近世の国制』思文閣出版、二〇〇〇年
笠谷和比古『関ヶ原合戦と大坂の陣』吉川弘文館、二〇〇七年「戦争の日本史」一七巻
北島正元『江戸幕府の権力構造』岩波書店、一九六四年
栗田元次『江戸時代史・上巻』内外書籍、一九二七年。復刊、近藤出版社、一九七六年
参謀本部編『日本戦史・関原役』村田書店、一九七七年
柴田顕正編『徳川家康と其周囲』岡崎市役所、一九三四年『岡崎市史』別巻
曾根勇二『大坂の陣と豊臣秀頼』吉川弘文館、二〇一三年「敗者の日本史」一三巻
高木昭作「江戸幕府の成立」岩波書店、一九七五年『岩波講座・日本歴史』近世一
辻達也『江戸開府』中央公論社、一九六六年「日本の歴史」一三
徳富蘇峰『近世日本国民史・家康時代中巻　大阪役』民友社、一九二二年
中村孝也『新訂徳川家康文書の研究』日本学術振興会、一九八〇年
中村孝也『家康伝』講談社、一九六五年
中村孝也『家康の臣僚　武将篇』人物往来社、一九六八年
福田千鶴『豊臣秀頼』（歴史文化ライブラリー）吉川弘文館、二〇一四年
藤井譲治『天下人の時代』吉川弘文館、二〇一一年「日本近世の歴史」一
藤野保『日本封建制と幕藩体制』塙書房、一九八三年
藤野保『幕藩体制史の研究』吉川弘文館、一九六一年。新訂版一九七五年
二木謙一『関ケ原合戦』中公新書、一九八二年
三上参次『江戸時代史』富山房、一九四三年。講談社学術文庫、一九七七年

[史料]

『御当家令条』（『近世法制史料叢書』二、創文社）
『寛政重修諸家譜』（続群書類従完成会）
『慶長年中卜斎記』（『改定史籍集覧』第二六冊）
『舜旧記』（『史料纂集』、続群書類従完成会）
『大日本史料（第一二編）』（東京大学史料編纂所編、東京大学出版会）
『朝野旧聞裒藁』（『内閣文庫所蔵史籍叢刊』特刊、汲古書院）
『旧記雑録後編』（『鹿児島県史料』、黎明館）
『当代記』（『史籍雑纂』二、続群書類従完成会）
『徳川実紀』（『新訂増補国史大系』、吉川弘文館）
『譜牒余録』（『内閣文庫影印叢刊』）

第五章（黒田）

大阪城天守閣編『豊臣期大坂図屛風―大阪城・エッゲンベルグ城友好城郭締結記念特別展―』二〇〇九年
黒田慶一「刀の鞘でできた垣根―豊臣氏大坂城北外郭の景観―」『葦火』七九号、大阪市文化財協会、一九九九年
杉本厚典「大坂城三ノ丸北辺の調査から」『葦火』一二九号、大阪市文化財協会、二〇〇七年
杉本厚典「大坂城三ノ丸での宴のあと」『葦火』一三〇号、大阪市文化財協会、二〇〇七年
滋賀県国宝修理都久夫須麻神社境内出張所『国宝都久夫須麻神社本殿修理工事報告書』一九三七年
高橋隆博編『新発見　豊臣期大坂図屛風』清文堂出版、二〇一〇年
津田三郎『秀吉の悲劇―抹殺された豊臣家の栄華―』ＰＨＰ文庫、一九八九年
藤木久志『豊臣平和令と戦国社会』東京大学出版会、一九八五年
文化財保護委員会『姫路城保存修理工事報告書』Ⅱ、一九六四年
李亨在「倭城城門の復元的考察―泗川倭城を中心に―」『倭城の研究』第六号、城郭談話会、二〇一〇年

第七章（笠谷）

岡本良一『大坂冬の陣夏の陣』創元新書、一九七二年
栗田元次『江戸時代史・上巻』内外書籍、一九二七年。復刊、近藤出版社、一九七六年
旧参謀本部編『大阪の役』徳間書店、一九六五年「日本の戦史」第七
徳富蘇峰『近世日本国民史・家康時代中巻　大阪役』民友社、一九二二年
二木謙一『大坂の陣：証言・史上最大の攻防戦』中公新書、一九八三年
三上参次『江戸時代史』富山房、一九四三年。講談社学術文庫、一九七七年

第八章（笠谷）

朝日新聞社編『朝日日本歴史人物事典』朝日新聞社、一九九四年
上田正昭［ほか］監修『日本人名大辞典』講談社、二〇〇一年
桑田忠親他編『戦国合戦絵屏風集成』第四巻　大坂冬の陣図・大坂夏の陣図、中央公論社、一九八〇年
永岡慶之助『大坂の陣名将列伝』学陽書房、二〇一四年
徳島市立徳島城博物館編『大阪の陣と徳島藩』徳島市立徳島城博物館、一九九四年
三善貞司『大阪人物辞典』清文堂出版、二〇〇〇年
戦国人名辞典編集委員会編『戦国人名辞典』吉川弘文館、二〇〇六年
黒田慶一「近世の砲弾作り」『大阪市文化財論集』大阪市文化財協会、一九九四年
黒田慶一「球状の鋳型―豊臣氏大坂城下で見つかった砲弾の鋳型―」『葦火』三二号、大阪市文化財協会、一九九一年
小林計一郎『真田幸村のすべて』新人物往来社、一九八九年
家臣人名事典編纂委員会編『三百藩家臣人名事典』一～七　新人物往来社、一九八七～八九年
戦国合戦史研究会編『戦国合戦大事典』新人物往来社、一九八八～八九年
（黒田）
大阪文化財研究所（趙哲済執筆）『天王寺区玉造本町における建設工事に伴う大坂城跡発掘調査（OS一四―一）報告書』、二〇一四年
北垣聰一郎「豊臣時代大坂城『本丸図』と『真田丸』について」岡本良一編『大坂城の諸研究』（日本城郭史研究叢書第八巻）名著

出版、一九八二年
趙哲済「『茶臼山古墳』の発掘調査」『葦火』四号、大阪市文化財協会、一九八六年

第九章（笠谷）

小和田哲男『戦国三姉妹物語』角川選書、一九九七年
岡本良一『大坂城』岩波新書、一九七〇年
（黒田）
江浦洋「秀吉晩年の大坂城改造―大阪府警本部地点検出の堀をめぐって―」『国際シンポジウム　韓国の倭城と大坂城資料集』倭城・大坂城国際シンポ実行委員会、二〇〇五年

第十章（笠谷）

中村達夫『井伊軍志』彦根藩史料研究普及会、一九八九年
中村達夫『井伊軍志』宮帯出版社、二〇〇七年
岡本良一「加賀藩の大坂夏の陣首取状について」『大阪の歴史』第九号、大阪市史編纂所、一九八三年
佐伯朗『藤堂高虎家臣辞典』一九九四年
高橋富雄編『伊達政宗のすべて』新人物往来社、一九八四年
武田鏡村「毛利勝永」『歴史と旅』特集号、秋田書店、二〇〇〇年
藤堂高吉公顕彰実行委員会『藤堂高吉公顕彰事業計画書』藤堂高吉公顕彰実行委員会
中村勝利校訂『藤堂藩元和先鋒録』三重県郷土資料刊行会、一九七六年
中村孝也『家康の族葉』講談社、一九六五年
福本日南『大阪城の七将星』文会堂書店、一九二一年
二木謙一「大阪夏の陣道明寺の戦い」中央公論社、一九八三年

＊は大阪文化財研究所提供
図4-1～3、図5-21、図8-1、図10-1～4：図版作成クラップス

大坂本願寺時代の古地理図

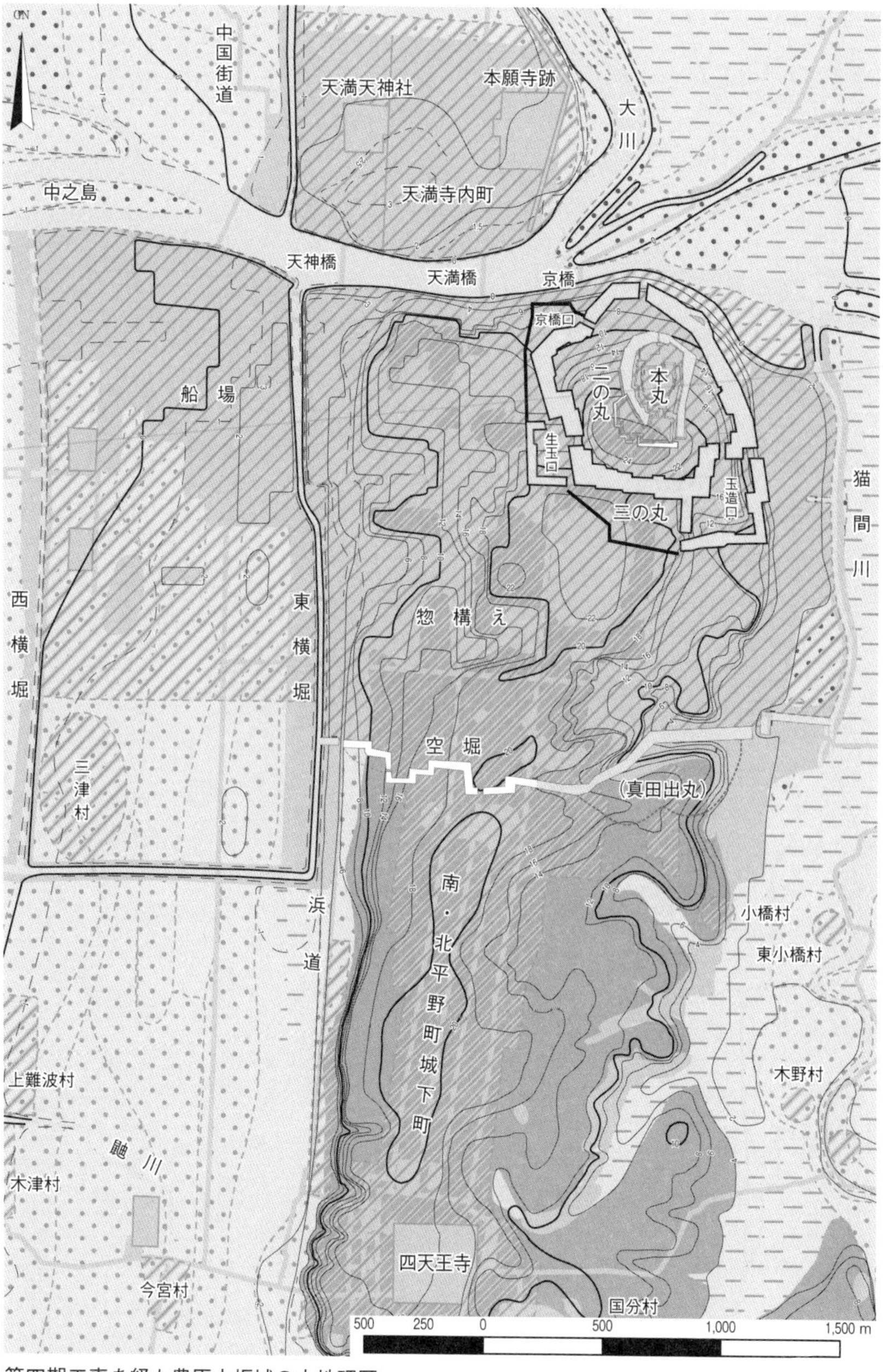

第四期工事を経た豊臣大坂城の古地理図
脇田修・趙哲済ほか『大阪上町台地の総合的研究』(2014年)に加筆。

索　引

さ行

た行

な行

は行

ま行

や行

ら行

わ行

新潮選書

豊臣《とよとみ》大《おお》坂《さか》城《じょう》　秀吉《ひでよし》の築城《ちくじょう》・秀頼《ひでより》の平和《へいわ》・家康《いえやす》の攻略《こうりゃく》

著　者………………笠谷《かさや》和比古《かずひこ》　黒田《くろだ》慶一《けいいち》

発　行………………2015年4月25日

発行者………………佐藤隆信
発行所………………株式会社新潮社
〒162-8711 東京都新宿区矢来町71
電話　編集部03-3266-5411
　　　読者係03-3266-5111
http://www.shinchosha.co.jp
印刷所………………錦明印刷株式会社
製本所………………株式会社大進堂

乱丁・落丁本は、ご面倒ですが小社読者係宛お送り下さい。送料小社負担にてお取替えいたします。
価格はカバーに表示してあります。

ISBN978-4-10-603766-5 C0321

武士道と日本型能力主義
笠谷和比古

厳格な身分社会と思われていた江戸時代に、家臣が藩主を更迭したり、下級武士が抜擢される能力主義が機能していた。日本型企業のルーツを探る組織論。《新潮選書》

ミッドウェー海戦
第一部 知略と驕慢
第二部 運命の日
森史朗

「本日敵出撃ノ算ナシ」——この敵情報告で南雲艦隊は米空母部隊に大敗北した。太平洋戦争の分岐点となった大海戦を甦らせる壮大なノンフィクション。《新潮選書》

戦争の日本中世史
「下剋上」は本当にあったのか
呉座勇一

源平合戦、元寇、南北朝動乱、応仁の乱……中世の二百年間ほど死が身近な時代はなかった。下剋上だけでは語られぬ「戦争の時代」を生きた人人のリアルな実像。《新潮選書》

主戦か講和か
帝国陸軍の秘密終戦工作
山本智之

太平洋戦争で早期講和路線を進めたのは、頑迷で悪名高い陸軍内で秘密の工作活動を行った一派だった！「陸軍徹底抗戦一枚岩」史観を覆す異色の終戦史。《新潮選書》

日本人の愛した色
吉岡幸雄

藤鼠《ふじねずみ》、銀鼠《ぎんねず》、利休鼠《りきゅうねずみ》、鳩羽鼠《はとばねずみ》、深川鼠《ふかがわねずみ》、丼鼠《どぶねずみ》、源氏鼠《げんじねず》……。あなたが日本人なら違いがわかりますか？ 化学染料以前の、伝統色の変遷を辿る「色の日本史」。《新潮選書》

不《ふ》干《かん》斎《さい》ハビアン
神も仏も棄てた宗教者
釈徹宗

禅僧から改宗、キリシタンとして活躍するも、晩年に棄教。仏教もキリスト教も知性で解体した、謎多き男の生涯と思想から、日本人の宗教心の原型を探る。《新潮選書》